ADALBERT-CHRISTIAN HOFFKNECHT

Die leitenden Angestellten im Koalitions- und Arbeitskampfrecht

Schriften zum Sozial- und Arbeitsrecht

Band 21

Die leitenden Angestellten im Koalitions- und Arbeitskampfrecht

Von

Dr. Adalbert-Christian Hoffknecht

DUNCKER & HUMBLOT / BERLIN

Gedruckt 1975 bei Buchdruckerei A. Sayffaerth - E. L. Krohn, Berlin 61
Printed in Germany

ISBN 3 428 03503 8

Inhaltsverzeichnis

Erstes Kapitel

Problemstellung

Indem das Arbeitsrecht an das Arbeitsverhältnis anknüpft, geht es von der Eigenschaft der Beteiligten als Arbeitgeber oder Arbeitnehmer und damit von einer eindeutigen und feststehenden Rollenverteilung aus[1]. Es scheint der Satz vom ausgeschlossenen Dritten zu gelten: tertium non datur. Falls es daher neben Arbeitgebern und Arbeitnehmern noch eine dritte Gruppe geben sollte, so ist die Anwendung der arbeitsrechtlichen Regeln auf diese Gruppe infolge des dualistischen Systems des Arbeitsrechts überprüfungsbedürftig.

Inzwischen ist es Allgemeingut, daß es einen Personenkreis gibt, dessen pauschale und ausschließliche Zuordnung zur Sphäre der Arbeitnehmer oder der Arbeitegeber problematisch ist — ohne daß die Frage abschließend beantwortet werden soll, ob es sich hier um eine eigenständige Gruppe, eine „dritte Kraft" handelt. Gemeint sind die leitenden Angestellten. Die leitenden Angestellten sind in jüngster Zeit sehr in das Zentrum der Diskussion gerückt[2], und zwar sowohl im Zusammenhang mit der

---

[1] Diese so selbstverständlich anmutende Aussage wird überprüfungsbedürftig, wenn allgemein die paritätische Mitbestimmung eingeführt wird und man für diesen Fall einen Umschlag des Arbeitsverhältnisses in ein Gesellschaftsverhältnis annimmt. So *Löwisch*, in: Mitbestimmung — Ordnungselement oder politischer Kompromiß? S. 131 (140). Vgl. auch Materialien zum Bericht zur Lage der Nation 1974 (Bundestags-Drucksache 7/2423), TZ 373: „Die gesetzliche Einführung der paritätischen Mitbestimmung wird ... den sozialen Freiheitsraum des einzelnen Arbeitnehmers in der Unternehmung erweitern und auf einen neuen, *eher mitgliedschaftlich verfaßten Status* in der Unternehmensordnung stellen." (Hervorhebung vom Verfasser.)

[2] *Apel*, Leitende und wissenschaftliche Angestellte in einer künftigen Rechtsordnung, BB 1970, 1145; *Borgwardt*, Leitende Angestellte und Betriebsverfassung, BB 1971, 1106; *Guido Fischer*, Probleme zur Abgrenzung und Eingliederung der „Leitenden Angestellten", Personal, Mensch und Arbeit 1971, 43; *Hartfiel*, „Leitende Angestellte" — leidende Angestellte in der Betriebsverfassung? GMH 1972, 9; *Ansgar Fischer*, Die Abgrenzung der leitenden Angestellten nach § 5 Abs. 3 BetrVG, DB 1972, 437; *Boldt*, Die Rechtsstellung der leitenden Angestellten nach dem BetrVG 1972, DB 1972, Beilage Nr. 5 zu Heft Nr. 18; *ders.*, Sprecherausschüsse der leitenden Angestellten, Die AktG 1974, 239; *Grüll*, Die leitenden Angestellten im neuen Betriebsverfassungsrecht, RdA 1972, 171; *ders.*, Leitender Angestellter im Sinne des § 5 Abs. 3 Nr. 3 BetrVG. Eine Stellungnahme zum Beschluß des BAG vom 5. 3. 1974 — 1 ABR 19/73, BB 1974, 653; *Wiedemann*, Die „arbeitgeberähnlichen" leitenden Angestellten im Betriebsverfassungsrecht, RdA 1972, 210; *Rüthers/Stindt*, Der Kreis der leiten-

Reform des Betriebsverfassungsrechts[3] als auch aus Anlaß der geplanten Einführung der paritätischen Mitbestimmung[4]. Doch läßt sich kaum sagen, daß das Problem der leitenden Angestellten neu ist[5].

Der Gesetzgeber hat der besonderen Stellung der leitenden Angestellten dadurch Rechnung getragen, daß er entweder sie von der Geltung

---

den Angestellten in der neuen Betriebsverfassung, BB 1972, 973; *Rüthers*, Rechtsprobleme betrieblicher Sondervertretungen für leitende Angestellte, BB 1972, 1105; *Säcker*, Die Rechtsstellung der leitenden Angestellten im kollektiven Arbeitsrecht, BB 1972, 1197; *Becker-Schaffner*, Der Begriff des leitenden Angestellten nach dem Betriebsverfassungsgesetz, BlStSozArbR 1972, 257; *ders.*, Zur Frage der Zulässigkeit von Sprecherausschüssen der leitenden Angestellten, BlStSozArbR 1974, 151; *Hartmann*, Soziallage und Interessenvertretung der Leitenden, ArbuSozPol 1972, 91; *Hartmann/Bock-Rosenthal*, Leitende Angestellte befürworten die Mitbestimmung ihrer Interessen, F.A.Z. vom 1. Dezember 1972, Wirtschaftsblatt S. 19; *Rose*, Zum Streit um die Begriffsbestimmung des „Leitenden Angestellten" nach § 5 Abs. 3 BetrVG 1972, AuR 1972, 309; *Geitner*, Zur Zulässigkeit der Gründung von Sprecherausschüssen für leitende Angestellte, DB 1973, 280; *Borgwardt/Steffens*, Sprecherausschüsse leitender Angestellter, RdA 1973, 70; *Zöllner*, Zur Abgrenzung der leitenden Angestellten im Sinne des Betriebsverfassungsrechts, dargelegt am Beispiel der angestellten Wirtschaftsprüfer, in: Gedächtnisschrift für Rolf Dietz, S. 377; *Meenzen*, Leitende Angestellte: Die dritte Kraft formiert sich. 1973; *Hartmann/Bock-Rosenthal/Helmer*, Leitende Angestellte. Selbstverständnis und kollektive Forderungen, 1973; *Steffens*, Institution und Funktion der Sprecherausschüsse der leitenden Angestellten in Betrieb und Unternehmen, Rechtswiss. Diss. 1973; *Witte/Bronner*, Die leitenden Angestellten. Eine Empirische Untersuchung, 1974; *Janert*, Leitende Angestellte i. S. von § 5 Abs. 3 BetrVG, DB 1974, 286; *ders.*, Dezimierung der leitenden Angestellten durch das BAG? DB 1974, 1237; *Herrmann*, Leitende Angestellte im Sinne einer neuen Verfassung des Unternehmens, BB 1974, 934; *Dietrich Hoffmann*, Der Beschluß des Bundesarbeitsgerichts zum Begriff des leitenden Angestellten, NJW 74, 1161; *Mayer-Maly*, Gedanken zur Entwicklung der Abgrenzung der leitenden Angestellten, BB 1974, 1124; *ders.*, Der leitende Angestellte im österreichischen Recht, ZAS 1974, 203; *Föhr*, Die Abgrenzung der leitenden Angestellten nach dem Beschluß des Bundesarbeitsgerichts vom 5. 3. 1974, DB 1974, 1767; *Schoeneberg*, Der Begriff des leitenden Angestellten im Betriebsverfassungsgesetz 1972, Rechtswiss. Diss. 1974; *Gerhard Müller*, Der leitende Angestellte der § 5 Abs. 3 Nr. 3 BetrVG 1972 in der bisherigen Rechtsprechung des Bundesarbeitsgerichts, RdA 1975, 63; *Rudolf Hoffmann*, Leitende Angestellte in der Betriebsverfassung — Zwischenbilanz und Ausblick —, RdA 1975, 119; *Ebert*, Zur Abgrenzung der Leitenden Angestellten, BB 1975, 609. Vgl. ferner die Protokolle der 45. und 46. Sitzung des Bundestagsausschusses für Arbeit und Sozialordnung am 24. und 25. Februar 1971 (BT-Ausschuß-Protokoll VI/45), S. 16 f. und das Protokoll der 55. Sitzung des Bundestagsausschusses für Arbeit und Sozialordnung am 7. November 1974, S. 1 - 31.

[3] Durch das Betriebsverfassungsgesetz vom 15. Januar 1972, BGBl. I, S. 13.

[4] Vgl. den Regierungsentwurf eines Gesetzes über die Mitbestimmung der Arbeitnehmer, Mitbestimmungsgesetz — MitbestG, Bundesrats-Drucksache 200/74 = Bundestags-Drucksache 7/2172.

[5] Vgl. etwa: *Schäfer*, Zur Begriffsbestimmung des „leitenden Angestellten", ArbR 1920, 188; *Höfchen*, Begriffsbestimmung und arbeitsrechtliche Stellung des „leitenden Angestellten", ArbR 1921, 277; *Potthoff*, Die leitenden Angestellten im künftigen Arbeitsrecht, ArbR 1922, Sp. 145; *Schnorbusch*, Die Stellung des leitenden Angestellten im Arbeitsrecht, Rechtswiss. Diss. 1929; *Berg*, Das Arbeitsrecht der leitenden Angestellten, Rechtswiss. Diss. 1930; *Totscheck*, Der Begriff des leitenden Angestellten, Rechtswiss. Diss. 1932.

verschiedener arbeitsrechtlicher Gesetze ausgenommen (vgl. § 1 Abs. 2 Ziff. 1, 2 ArbeitszeitO, § 5 Abs. 3 BetrVG, § 17 Abs. 3 Ziff. 3 Kündigungsschutzgesetz hinsichtlich der Bestimmungen über anzeigepflichtige Entlassungen) oder für sie Sondernormen geschaffen hat (vgl. § 14 Abs. 2 Kündigungsschutzgesetz, § 22 Abs. 2 Ziff. 2 Arbeitsgerichtsgesetz, § 16 Abs. 4 Ziff. 4 Sozialgerichtsgesetz, § 15 Abs. 2 i. V. m. § 3 Ziff. 3 Mitbestimmungsgesetzentwurf). Seine Motivation hierfür verläuft zweispurig: teils sollen die leitenden Angestellten nicht in die allgemeinen Arbeitsschutzgesetze einbezogen werden (nicht in die Arbeitszeitordnung, nur beschränkt in das Kündigungsschutzgesetz)[6], teils sollen sie in denjenigen arbeitsrechtlichen Gesetzen, die ordnungspolitischen Charakter tragen wie das Betriebsverfassungsgesetz[7], der Mitbestimmungsgesetzentwurf und auch — soweit es sich um Fragen der Besetzung der Richterbank handelt — das Arbeitsgerichtsgesetz und das Sozialgerichtsgesetz, nicht der übrigen Arbeitnehmerschaft zugerechnet werden[8].

Diese Überlegungen führen zu der Frage, wie es um die leitenden Angestellten in denjenigen Teilgebieten des Arbeitsrechts bestellt ist, die einer gesetzlichen Regelung ermangeln: dem Koalitionsrecht und dem Arbeitskampfrecht. Sowohl das Koalitionsrecht als auch das Arbeitskampfrecht sind gekennzeichnet einerseits durch die soziale Polarität von Arbeitgebern und Arbeitnehmern[9], andererseits durch die sich ge-

[6] Die Berechtigung für diese Aussparung der leitenden Angestellten aus der Arbeitsschutzgesetzgebung wird allerdings immer mehr angezweifelt: *Dersch*, Die Union 1955, 98 (98); *Kleine*, Der leitende Angestellte 1966, 163 (166); *Trinkhaus*, DB 1968, 1813 (1814); *Apel*, BB 1970, 1145 (1145); *Borgwardt*, BB 1971, 1106 (1106); *Fitting/Auffarth/Kaiser*, BetrVG, § 5 Rdnr. 20; *Becker-Schaffner*, BlStSozArbR 1972, 257 (257); *Rüthers*, BB 1972, 1105 (1107, 1108); *Steffens*, Institution und Funktion der Sprecherausschüsse, S. 19.

[7] *Borgwardt*, BB 1971, 1106 (1106) sowie *Borgwardt/Steffens*, RdA 1973, 70 (75). *Wiedemann*, RdA 1972, 210 (213, 217) bezeichnet das BetrVG als Organisationsgesetz; dagegen aber und für Betonung des Schutzrechtscharakters des BetrVG *Rose*, AuR 1972, 309 (313); ebenso *Stephan*, Das Mitbestimmungsgespräch 1972, 217 (218). Zu dieser Kontroverse vgl. folgende Ausführungen von *Rüthers*, Arbeitsrecht und politisches System, S. 20:

„Arbeitsrecht ist seiner Funktion nach heute nicht mehr in erster Linie ein staatliches Schutzgehäuse für ‚sozial schwache' Bevölkerungsschichten. Es beeinflußt vielmehr den aktiven gesellschaftlichen und politischen Status der großen Bevölkerungsmehrheit in Industriegesellschaften."

[8] Für den Regierungsentwurf eines Mitbestimmungsgesetzes (Bundesrats-Drucksache 200/74) gilt diese Aussage nur mit Einschränkungen. Zwar werden die leitenden Angestellten (i. S. des § 5 Abs. 3 BetrVG, vgl. § 3 Ziff. 3 MitbestG-Entwurf) der Arbeitnehmerschaft zugerechnet. Doch ist ihnen insofern ein Minderheitenschutz garantiert, als dem Aufsichtsrat in jedem Fall mindestens ein leitender Angestellter angehören muß (§ 15 Abs. 2 MitbestG-Entwurf).

[9] *Lerche*, Verfassungsrechtliche Zentralfragen des Arbeitskampfes, S. 57, 87: „antagonistischer Grundcharakter"; *Zöllner*, DB 1970, 54 (61): „Prinzip der Konfrontation"; *Biedenkopf*, Die Betriebsrisikolehre als Beispiel richterlicher Rechtsfortbildung, S. 15: „Grundsatz von der sozialen Gegenspielerschaft"; ebenso *Gerhard Müller*, GMH 1972, 273 (281) sowie Arbeitskonflikte und Arbeitskampf, S. 63 (90).

rade in den Koalitionen ausdrückende Solidarität der Arbeitnehmer bzw. der Arbeitgeber untereinander[10]. Das kontradiktorische Verhältnis von Arbeitgebern und Arbeitnehmern ist im Koalitionsrecht und im Arbeitskampfrecht ausgeprägter als in anderen Bereichen des Arbeitsrechts: in der Betriebsverfassung etwa wird es durch das gesetzliche Gebot der vertrauensvollen Zusammenarbeit, § 2 Abs. 1 BetrVG, und durch das Verbot des Arbeitskampfes, § 74 Abs. 2 Satz 1 BetrVG, gemildert[11].

Die leitenden Angestellten sind Arbeitnehmer; zugleich werden sie aber in dem grundlegenden Beschluß des Bundesarbeitsgerichts vom 5. März 1974 der Unternehmer- (Arbeitgeber)seite zugerechnet[12]. Daher bedarf die Gruppe der leitenden Angestellten, will man sie einer sachgerechten rechtlichen Regelung unterwerfen, in diesem Koordinatensystem von Polarität einerseits und Solidarität andererseits besonders sorgfältiger Einordnung. Das Thema lautet daher: ergeben sich aus den allgemeinen Regeln des Koalitions- und Arbeitskampfrechts Besonderheiten für die leitenden Angestellten? Vor allem: dürfen sich die leitenden Angestellten unbeschränkt in den Gewerkschaften der übrigen Arbeitnehmerschaft organisieren? Sind die Verbände, in denen sich die leitenden Angestellten zusammengeschlossen haben, tariffähig und Gewerkschaften im Sinne der arbeitsrechtlichen Gesetzgebung? Dürfen die leitenden Angestellten um eigene oder fremde Arbeitsbedingungen streiken und dementsprechend auch ausgesperrt werden? Findet die Betriebsrisikolehre in der Ausformung und mit der Begründung, die sie durch

---

[10] *Scholz*, Koalitionsfreiheit, § 32 B 4, S. 186: „Das Koalitionswesen versteht sich als organisierte Solidarität".

[11] Vgl. etwa *Buchner*, Kooperation als Leitmaxime des Betriebsverfassungsrechts, DB 1974, 530 (532, 533); *Beuthien*, SAE 1974, 173 (176). Auch der Präsident des Bundesarbeitsgerichts, *Gerhard Müller*, weist darauf hin, „daß das jetzige — ebenso wie das frühere — Betriebsverfassungsgesetz zusammen mit der Sicht der Interessenpolarität die Maxime der Kooperation als die schlechthin allgemeine Grundregelung normiert. Beide Gesichtspunkte sind gleichzeitig zu beachten" (Festschrift für Professor Brun, Lyon).

[12] BAG, Beschluß v. 5. 3. 1974 — 1 ABR 19/73, AP Nr. 1 zu § 5 BetrVG 1972 mit Anm. Wiedemann = DB 1974, 826 (830), unter III 3 d der Gründe:

„Die unternehmerischen Funktionen eines Angestellten müssen unter Berücksichtigung der ‚Interessenpolarität' der Tätigkeit des Angestellten das Gepräge geben, um ihn als leitenden Angestellten charakterisieren zu können. Er muß eindeutig mit seinen Aufgaben der Unternehmer-(Arbeitgeber)seite zugeordnet sein."

Die mit dieser Grundsatzentscheidung eingeleitete Rechtsprechung des BAG zur Frage der Abgrenzung der leitenden Angestellten im Rahmen der Betriebsverfassung ist bisher durch folgende weitere Entscheidungen bestätigt worden: BAG, Beschluß v. 19. 11. 1974 — 1 ABR 20/73, DB 1975, 405; BAG, Beschluß v. 19. 11. 1974 — 1 ABR 50/73, DB 1975, 406; BAG, Beschluß v. 4. 12. 1974 — 1 ABR 48/73, DB 1975, 1031; BAG, Beschluß v. 17. 12. 1974 — 1 ABR 105/73, DB 1975, 1032; BAG, Beschluß v. 17. 12. 1974 — 1 ABR 131/73, DB 1975, 887; BAG, Beschluß v. 17. 12. 1974 — 1 ABR 113/74, DB 1975, 984; BAG, Beschluß v. 28. 1. 1975 — 1 ABR 52/73, DB 1975, 1034.

die herrschende Lehre erfahren hat, auch auf die leitenden Angestellten Anwendung?

Mangels einer Kodifikation des Koalitions- und Arbeitskampfrechts und angesichts des sehr umstrittenen Problems, inwieweit der Rechtsprechung des Bundesarbeitsgerichts Rechtsquellencharakter zukommt[13], können diese Fragen — will man die leitenden Angestellten nicht rechtlich vergewaltigen — nicht völlig losgelöst vom Selbstverständnis der leitenden Angestellten erörtert werden[14]. Daher wird zunächst auf einige Rechtstatsachen eingegangen werden. Das soll nicht heißen, daß tatsächliche soziale Gegebenheiten mit Hilfe des faktischen Institutionsbegriffs[15] in rechtlich verbindliche Normen transformiert werden sollen. Wohl aber soll gesagt sein, daß angesichts des weitgehenden Fehlens rechtlicher Regelungen die Ergebnisse — wie auch immer sie ausfallen mögen — nicht anders als als rechtspolitische Entscheidungsvorschläge verstanden werden können. Wo dem Rechtsanwender keine Maßstäbe an die Hand gegeben werden, kann er auch keine Ergebnisse finden, die er redlicherweise mit normativem Geltungsanspruch auszustatten vermag. Es erweist sich, „daß ein Recht nicht gefunden werden kann ohne eine entsprechende Weisung, daß ein Wahrspruch nicht wahr ist ohne die Kriterien, die seine Richtigkeit beurteilen lassen"[16]. Der Verfasser, der die vorliegende Arbeit nicht ohne erhebliches methodologisches Unbehagen geschrieben hat, richtet sein Bemühen darauf zu versuchen, für die aufgeworfenen Fragen einen abgewogenen Entscheidungsvorschlag zu finden, der den Interessen der Beteiligten gerecht wird.

---

[13] Aus der umfangreichen Literatur vgl. nur *Scholz*, DB 1972, 1771 (1775 und 1771 Fn. 2) sowie einerseits *Adomeit*, Rechtsquellenfragen im Arbeitsrecht, der im Wege des deskriptiven Verfahrens (S. 38) zu der Aussage gelangt, das Richterrecht sei „ein allen Rechtsquellen — auch der Verfassung — anhaftender Vorbehalt inhaltlicher Konkretisierung, Ergänzung oder Änderung" (S. 45) und andererseits *Larenz* mit seiner Formulierung, das Richterrecht sei keine Rechtsquelle, sondern bloße Rechtserkenntnisquelle (Methodenlehre der Rechtswissenschaft S. 424, Allgemeiner Teil des deutschen Bürgerlichen Rechts, § 1 I c, S. 10). Siehe ferner das Urteil des BAG zur Unverfallbarkeit von Ruhegeldanwartschaften (BAG, Urt. v. 10. 3. 1972 — 3 AZR 278/71, DB 1972, 1486 = BB 1972, 1005 = SAE 1972, 193 mit Anm. von Adomeit) und die sich im Schrifttum daran anschließende Erörterung der Grenzen richterlicher Rechtsfortbildung, etwa *Lieb/Westhoff*, DB 1973, 69.

[14] Kritisch gegenüber dem Selbstverständnis einer Gruppe als Maßstab einer rechtlichen Regelung *Steindorff*, AuR 1973, 97 (97). Was den Begriff des leitenden Angestellten angeht, ist das BAG, Beschluß v. 5. 3. 1974 — 1 ABR 19/73, DB 1974, 826 (828), der Ansicht, das Selbstverständnis der Gruppen der leitenden Angestellten selbst könne schon deshalb kein brauchbares Abgrenzungsmerkmal sein, weil sie nach ihren Satzungen und Aufnahmebedingungen den Kreis der leitenden Angestellten zu unterschiedlich und durchweg sehr weitgreifend bestimmten.

[15] *Rüthers*, Institutionelles Rechtsdenken, S. 34, 35.

[16] *Esser*, Vorverständnis und Methodenwahl, S. 14; zu der daraus folgenden Problematik des Arbeitskampfrechts, S. 196, 197 (Fn. 24).

Zweites Kapitel

Rechtstatsachen über die leitenden Angestellten

A. Die Organisation der leitenden Angestellten in den Verbänden

I. Die Verbände der leitenden Angestellten

Den leitenden Angestellten wird eine individualistische Einstellung nachgesagt[1]. Gleichwohl liegt der erste Zusammenschluß leitender Angestellter in einem eigenen Verband schon über 50 Jahre zurück. Er steht im Zusammenhang mit dem Streik der Angestellten der Berliner Metallindustrie im November 1918. Bei dem Versuch, Tarifforderungen durchzusetzen, verwehrten die Angestellten durch ihre Streikposten auch den leitenden Angestellten den Zutritt zu den Büros. Dieser Versuch der Zwangssolidarisierung der leitenden Angestellten mit der übrigen Angestelltenschaft hatte die genau entgegengesetzte Wirkung und war der Anlaß dafür, daß am 18. Dezember 1918 die „Vereinigung der leitenden Angestellten in Handel und Industrie" (Vela) gegründet wurde. Es folgte am 30. März 1919 die Gründung des „Verbandes oberer Bergbeamter" (VoB), des Vorläufers des heutigen „Verbandes der Führungskräfte in Bergbau, Mineralölindustrie und Kraftwirtschaft" (VdF) und am 10. und 11. Mai 1919 in Halle an der Saale die Gründung des „Bundes angestellter Chemiker und Ingenieure" (Budaci), des Vorläufers des heutigen „Verbandes angestellter Akademiker und leitender Angestellter der chemischen Industrie" (VAA). Schließlich wurde am 14. Oktober 1919 der Bund der Coloristen und Färbereitechniker der Farbenfabriken Deutschlands gegründet (Coloristenbund; Neugründung als Bund der Coloristen und Textilingenieure der Deutschen Farbenfabriken am 12. 6. 1954).

Diese Zusammenschlüsse haben sich keineswegs mit einem platonischen Dasein begnügt. Es kam bereits am 27. April 1920 zum Abschluß des berühmten Reichstarifvertrages zwischen dem Arbeitgeberverband der chemischen Industrie einerseits und dem Bund angestellter Chemi-

---

[1] *Säcker*, BB 1972, 1197 (1197); vgl. *Otto A. Friedrich*, Der leitende Angestellte 10/1972, S. 6 (8). Dagegen ist nach *Hartmann* und *Bock-Rosenthal*, F.A.Z. vom 1. Dezember 1972, Wirtschaftsblatt, S. 19, die Vorstellung vom individualistischen Stereotyp des leitenden Angestellten überholt.

ker und Ingenieure sowie der Vela andererseits. Die Bedeutung dieses Tarifvertrages läßt sich daran ermessen, daß er mit fast allen späteren Ergänzungen und Änderungen für allgemeinverbindlich erklärt worden ist. Der Tarifvertrag beschäftigte sich mit Fragen der Kündigung, der Arbeitszeit, des Erfinderrechts, des Wettbewerbsverbots, der Dotierung und des Urlaubs; er ist als Vorläufer des heute geltenden Manteltarifvertrages für akademisch gebildete Angestellte in der chemischen Industrie vom 5. November 1959[2] anzusehen.

Heute sind die Verbände der leitenden Angestellten zusammengefaßt in der Union der leitenden Angestellten (ULA, seit dem 1. Januar 1951 unter dieser Bezeichnung). Im einzelnen handelt es sich um folgende Verbände:

1. Verband angestellter Akademiker und leitender Angestellter der chemischen Industrie e. V. (VAA), Sitz: Köln.
2. Verband der Führungskräfte in Bergbau, Mineralölindustrie und Kraftwirtschaft e. V. (VdF), Sitz: Essen.
3. Verband oberer Angestellter der Eisen- und Stahlindustrie e. V. (VOE), Sitz: Essen.
4. Verband der Führungskräfte der Metall- und Elektroindustrie e. V. (VFME), Sitz: Essen.
5. Verband der Führungskräfte der Bauwirtschaft e. V. (Fd-Bau), Sitz: Essen.
6. VELA, Vereinigung leitender Angestellter e. V., Sitz: Köln.
7. Bund der Ingenieure in Anwendungs- und Verfahrenstechnik der Deutschen Farbenfabriken (Coloristenbund — CB), Sitz: Frankfurt/M.
8. Verband Deutscher Akademiker für Landwirtschaft, Ernährung und Landespflege e. V. (VDL) — Sparte Privatangestellte —, Sitz: Bonn.
9. Verband Deutscher Diplomingenieure e. V. (VDDI) — Sparte Privatangestellte —, Sitz: Karlsruhe.
10. Verband genossenschaftlicher Geschäftsleiter e. V. (VGG), Sitz: Bad Wörishofen.

Kooperierend:

Bundesverband der Geschäftsstellenleiter der Assekuranz e. V. (VGA), Sitz: Köln.

---

[2] In der Fassung vom 1. Januar 1971.

II. Der Organisationsgrad der leitenden Angestellten

Die Zahl der leitenden Angestellten in der Bundesrepublik anzugeben, ist nur schwer möglich. Sie ist naturgemäß eng verknüpft mit der Auslegung des § 5 Abs. 3 BetrVG: eine extensive oder restriktive Interpretation muß sich unmittelbar auf die Zahlenwerte auswirken. Schätzungen auf der Grundlage des alten § 4 Abs. 2 Buchstabe c BetrVG 1952 gehen davon aus, daß etwa 1 - 2 % der Arbeitnehmerschaft leitende Angestellte sind, in forschungsintensiven Betrieben wie etwa der Chemie und Elektroindustrie bis zu 5 % der Belegschaft: so z. B. der Geschäftsführer der Union der leitenden Angestellten, *Borgwardt*, am 24. Februar 1971 vor dem Bundestagsausschuß für Arbeit und Sozialordnung[3]. *Trinkhaus* und *Schaub* nennen als Zahl der leitenden Angestellten 1,5 % der Erwerbspersonen[4]. Nach *Meenzen*[5] gibt es bei der Daimler Benz AG 1 380 leitende Angestellte, d. h. 4,8 % der Angestellten und 1,2 % der Gesamtbelegschaft. Die Schätzung *Borgwardts* von bis zu 5 % für den Bereich der forschungsintensiven Industrie wird bestätigt durch eine Aussage von *Kleb*, des Leiters der Personalabteilung „leitende Angestellte" in den Farbenwerken Bayer AG, Leverkusen, vor dem Bundestagsausschuß für Arbeit und Sozialordnung[6]: danach sind in einem chemischen Großbetrieb mit 60 000 Beschäftigten 4 400, also 7,3 % übertarifliche Angestellte, d. h. außertarifliche und leitende zusammen, davon etwa 70 %, das sind 5,2 % der Gesamtbelegschaft, also 3 100, leitende Angestellte.

Die neuesten Zahlenangaben enthält eine empirische Untersuchung von *Witte* und *Bronner*, die im Februar 1973 vom Bundesministerium für Arbeit und Sozialordnung in Auftrag gegeben wurde[7]. Danach beträgt das Verhältnis der leitenden Angestellten zur Gesamtzahl der Beschäftigten 2,14 % und zur Gesamtzahl der Angestellten 6,03 %[8]. Nach Wirtschaftsbereichen aufgeschlüsselt ergibt sich folgende Tabelle[9]:

---

[3] BT-Ausschuß-Protokoll VI/45, S. 20 und ebenso in: Der leitende Angestellte 8/1972, S. 7, 8.

[4] *Trinkhaus*, DB 1968, 1756 (1756); *Schaub*, Arbeitsrechtshandbuch, § 14 I 1, S. 44.

[5] *Meenzen*, Leitende Angestellte, S. 26, 66.

[6] BT-Ausschuß-Protokoll VI/45, S. 39.

[7] *Witte/Bronner*, Die leitenden Angestellten. Eine empirische Untersuchung, München 1974.

[8] *Witte/Bronner*, Die leitenden Angestellten, S. 46 und DB 1974, 1233 (1235).

[9] *Witte/Bronner*, Die leitenden Angestellten, S. 80 und DB 1974, 1233 (1235).

	Montan	Chemie	Maschinen	Elektro	Handel	Sonstige
Leitende A./ Beschäftigte	2,2 %	4,3 %	1,4 %	1,9 %	0,8 %	2,2 %
Leitende A./ Angestellte	9,6 %	11,6 %	6,0 %	4,7 %	1,1 %	6,6 %

Wenn man von insgesamt rund 20 Mill. Arbeitern und Angestellten sowie von 8 Mill. Angestellten ausgeht[10], ergibt sich bei Zugrundelegung der Prozentsätze 2,1 (von der Gesamtzahl der Beschäftigten) und 6,0 (von der Gesamtzahl der Angestellten) eine Zahl von 420 000 bzw. 480 000[11] leitenden Angestellten. Als Mittelwert gelangt man damit zu der Zahl von 450 000 leitenden Angestellten[12].

Allerdings muß die Relativität all dieser Angaben berücksichtigt werden; dies insbesondere, nachdem das Bundesarbeitsgericht betont hat, es müsse immer auf die besonderen Verhältnisse des konkreten einzelnen Unternehmens abgestellt werden, so daß es keine festen Prozent-

[10] Vgl. die Angaben in: Statistisches Jahrbuch für die Bundesrepublik Deutschland, 1973, S. 140, sowie in: Sozialbericht 1973, hrsg. vom Bundesministerium für Arbeit und Sozialordnung, S. 52:

	Statistisches Jahrbuch (Stand: April 1971)	Sozialbericht (Stand: 1972)
Arbeiter	12.004.000	12.096.000
Angestellte	7.977.000	8.285.000
Beamte	1.442.000	1.959.000
Arb. + Ang.	19.981.000	20.381.000

[11] 480 000 leitende Angestellte in der Bundesrepublik weist das Ergebnis einer Hochrechnung aus, die das Institut für Entscheidungs- und Informationsforschung unter Leitung von Professor Witte (München) vorgenommen hat (Der leitende Angestellte 6/1974, S. 1).

[12] Nach einer im Auftrag des „Spiegel" durchgeführten Untersuchung von „Infratest" gibt es 337 000 „leitende Angestellte" und nochmals 93 000 „qualifizierte Angestellte" (Der leitende Angestellte 2/1972, S. 11). Der DGB hat in einem Schreiben an den Verfasser (Juni 1972) die Zahl der leitenden Angestellten mit 450 000 angegeben. *Meenzen*, Leitende Angestellte S. 66 spricht von etwa 500 000 leitenden Angestellten, *Becker-Schaffner*, BlStSozArbR 1972, 257 (257) von 400 000 und *Schleyer*, Der leitende Angestellte 8/1972, S. 7 von 300 000; wieder anders *Böker*, Der leitende Angestellte S. 1 Fn. 1, dem zufolge die Schätzungen zwischen 80 000 und 150 000 leitenden Angestellten liegen.

sätze für die Größe des Personenkreises der leitenden Angestellten gebe[13].

Im Verhältnis zu der Zahl von 450 000 leitenden Angestellten läßt sich der Organisationsgrad der leitenden Angestellten ablesen. Die in der Union der leitenden Angestellten zusammengeschlossenen Verbände hatten zur Jahresmitte 1973 rund 38 000 Mitglieder[14], das sind 8,44 % der errechneten Zahl von 450 000 leitenden Angestellten[15]. Unter den 4 bedeutendsten Mitgliederverbänden der ULA schlüsselt sich die Zahl von 38 000 leitenden Angestellten wie folgt auf[16]:

Verband angestellter Akademiker und leitender Angestellter der chemischen Industrie: rund 15 000 Mitglieder, d. h. ein Organisationsgrad von 65 - 70 % der Naturwissenschaftler und Ingenieure.

Verband oberer Angestellter der Eisen und Stahlindustrie: rund 8 000 Mitglieder, was für diesen Bereich einen Organisationsgrad von etwa 65 % bedeutet.

Verband der Führungskräfte in Bergbau, Mineralölindustrie und Kraftwirtschaft: rund 7 000 Mitglieder, d. h. ein Organisationsgrad von 80 % der leitenden Angestellten.

VELA, Vereinigung leitender Angestellter: etwa 4 000 Mitglieder.

Diese Zahlen scheinen einen Widerspruch zu enthalten: wenn 450 000 als Gesamtzahl der leitenden Angestellten in etwa richtig ist, so weisen die in der ULA zusammengeschlossenen Verbände mit 38 000 Mitgliedern einen Organisationsgrad von 8,44 % der leitenden Angestellten auf[17]. Dann aber überrascht es, daß der Verband angestellter Akademiker und leitender Angestellter der chemischen Industrie, der Verband oberer Angestellter der Eisen- und Stahlindustrie und der Verband der Führungskräfte in Bergbau, Mineralölindustrie und Kraftwirtschaft auf Organisationsgrade von 65 - 80 % kommen können. Der scheinbare Widerspruch ist aber wohl in den Besonderheiten der chemischen Industrie, des Bergbaus und der Eisen- und Stahlindustrie begründet, die zu

---

[13] BAG, Beschluß v. 5. 3. 1974 — 1 ABR 19/73, DB 1974, 826 (829).

[14] *Meenzen*, Leitende Angestellte S. 28.

[15] Nach *Meenzen*, Leitende Angestellte S. 91, sind die leitenden Angestellten zu etwa zehn Prozent in eigenen Verbänden organisiert.

[16] *Meenzen*, Leitende Angestellte S. 28.

[17] Nach *Meenzen*, Leitende Angestellte S. 91 sind die leitenden Angestellten zu etwa zehn Prozent in eigenen Verbänden organisiert.

Im Jahre 1972 hatten der Deutsche Gewerkschaftsbund (DGB), die Deutsche Angestelltengewerkschaft (DAG) und der Deutsche Handels- und Industrieangestelltenverband (DHV) zusammen 7 514 544 Mitglieder (Statistisches Jahrbuch für die Bundesrepublik Deutschland, 1973, S. 153). Wenn man von 20 Millionen Arbeitern und Angestellten ausgeht (ohne Beamte), bedeutet das einen Organisationsgrad von 37 Prozent.

günstigen Organisationsbedingungen führen[18]. Die übrigen Verbände der ULA müssen dann allerdings — falls die Angaben über den VAA, den VOE und den VdF richtig sind — einen Organisationsgrad haben, der weit unter 8,44 % liegt.

Der Deutsche Gewerkschaftsbund hat nach eigenen Angaben in seinen Gewerkschaften 90 000 - 100 000 leitende Angestellte organisiert[19, 20]. Diese Zahl ist errechnet als 10 % der Angestellten-Mitgliederzahl, die 900 000 - 1 Mill. beträgt[20]. Sie erscheint wenig gesichert[21], weil nach ihr rund 22 % der leitenden Angestellten in den Gewerkschaften des DGB organisiert sein müßten — gegenüber einem Organisationsgrad von 8,44 % in den Verbänden der ULA.

B. Der Begriff des leitenden Angestellten in den Satzungen der Verbände

I. Der Streit um den Begriff des leitenden Angestellten in der Betriebsverfassung

Es wurde bereits erwähnt, daß Zahlenangaben über die leitenden Angestellten vornehmlich auf der Grundlage des § 5 Abs. 3 BetrVG (bzw. seines Vorläufers, des § 4 Abs. 2 Buchst. c BetrVG 1952) gesehen werden müssen, dessen Interpretation für den Begriff und infolge dessen auch für die Zahl der leitenden Angestellten von besonderer Bedeutung ist. Der Streit um die leitenden Angestellten entzündet sich denn auch an dieser Vorschrift, was naturgemäß vor allem bei den Betriebsratswahlen im Frühjahr 1972 deutlich wurde[22]. In deren Verlauf soll es zu rund

[18] Vgl. dazu näher: *Rolf Müller*, Die Verbände der leitenden Angestellten S. 109 - 111 sowie die Bemerkung von *Rüthers*, BB 1972, 1105 (1109), die Bereiche Chemie, Stahl und Bergbau wiesen bei den leitenden Angestellten schon traditionell einen vergleichsweise stärkeren Organisationsgrad auf.

[19] Nachrichten für Angestellte, Sondernummer 1/1970 „Leitende Angestellte", S. 10 sowie Schreiben des DGB an den Verfasser im Juni 1972.

[20] *Bieding* im WDR, Oktober 1968. Im Jahre 1972 waren in den Gewerkschaften des DGB 1 140 803 Angestellte organisiert (Statistisches Jahrbuch für die Bundesrepublik Deutschland, 1973, S. 153).

[21] Vgl. *Hartmann*, ArbuSozPol 1972, 91 (99 Fn. 60): „Der Deutsche Gewerkschaftsbund behauptet zwar, rund 90 000 seiner Mitglieder seien Leitende Angestellte; demgemäß müßte man annehmen, daß heute schon viele Leitende den Betriebsrat als allgemeine Interessenvertretung im Unternehmen anerkennen würden. Die Grundlagen der zahlenmäßigen Schätzung werden jedoch außerhalb des DGB stark angezweifelt; und die Umfragen bei Leitenden beweisen eine verbreitete Präferenz für eine eigene, vom Betriebsrat unabhängige Interessenvertretung."

[22] Vgl. die aufschlußreiche Bemerkung von *Höfchen*, ArbR 1921, 277 (277), der zufolge schon vor fünfzig Jahren die Betriebsratswahlen das Reagenzglas waren, mit dessen Hilfe der Kreis der leitenden Angestellten praktisch abgegrenzt wurde (auf der Grundlage des § 12 Abs. 2 des Betriebsrätegesetzes vom

800 arbeitsgerichtlichen Beschlußverfahren gekommen sein, die sich allesamt mit der Abgrenzung der leitenden Angestellten zu befassen hatten[23].

Da § 5 Abs. 3 BetrVG textlich nur unwesentlich von dem bisherigen § 4 Abs. 2 Buchst. c BetrVG 1952 abweicht[24], ist der Begriff des leitenden Angestellten nach wie vor unscharf. Insbesondere ist die alte Streitfrage nicht geklärt worden, ob das Betriebsverfassungsgesetz für seinen Geltungsbereich den Begriff des leitenden Angestellten selbständig und abschließend definiert, so daß jeder Angestellte, der eine der drei gegebenen Voraussetzungsgruppen erfüllt, für den Bereich der Betriebsverfassung leitender Angestellter ist[25], oder ob das Betriebsverfassungsgesetz von einem allgemeinen Begriff des leitenden Angestellten ausgeht und dann für seinen Geltungsbereich noch zusätzliche Voraussetzungen aufstellt[26].

---

4. 2. 1920, des Vorläufers des § 4 Abs. 2 lit. c BetrVG 1952 und des heutigen § 5 Abs. 3 BetrVG).

[23] Vgl. die Rechtsprechungsnachweise bei *Brill*, BB 1973, Beilage 3 zu Heft 8, S. 2 und Beilage 15 zu Heft 34, S. 2 und 3; ferner BAG, Beschluß v. 5. 3. 74 — 1 ABR 19/73, DB 74, 826. — Anläßlich der empirischen Untersuchung von Witte/Bronner wurden 116 Unternehmen interviewt (*Witte/Bronner*, Die leitenden Angestellten S. 42); in 7 % dieser Unternehmen war es zu arbeitsgerichtlichen Beschlußverfahren über die Frage der Abgrenzung der leitenden Angestellten gekommen (ebd., S. 53).

[24] Vgl. die Begründung zum Regierungsentwurf des BetrVG, BT-Drucksache VI/1786, S. 36:

„Bei der Umschreibung der zum Kreis der leitenden Angestellten zu zählenden Arbeitnehmer lehnt sich Abs. 3 zum Teil an das geltende Recht an, wobei jedoch der Begriff des besonderen persönlichen Vertrauens des Arbeitgebers vermieden wird, da er sich als zu unbestimmt erwiesen hat. Durch die statt dessen eingefügten neuen objektivierenden Kriterien wird gegenüber dem geltenden Recht eine eindeutigere Abgrenzung gewährleistet, ohne daß dabei der Personenkreis gegenüber dem geltenden Recht wesentlich verändert wird."

[25] So für das BetrVG 1952: *Neumann-Duesberg*, Betriebsverfassungsrecht S. 154; *Nikisch*, ArbR I, § 15 III 3, S. 135; *Dietz*, BetrVG, § 4 Rdnr. 58 c.

Für das BetrVG 1972: *Göbel*, BlStSozArbR 1972, 45 (48); *Erdmann/Jürging/Kammann*, BetrVG, § 5 Rdnr. 10; *Rüthers/Stindt*, BB 1972, 973 (976); Dietz/*Richardi*, BetrVG, § 5 Rdnr. 102; Fabricius/*Kraft*/Thiele/Wiese, BetrVG, § 5 Rdnr. 31; *Janert*, DB 1974, 286 (286); *Wiedemann*, RdA 1972, 210 (214, 217); *Beuthien*, SAE 1974, 173 (175); *Brecht*, BetrVG, § 5 Rdnr. 20 nimmt nur im Falle der Ziff. 3 eine abschließende Definition an; ebenso für die Ziff. 3 *Zöllner*, Dietz-Festschrift, S .377 (401).

[26] So für das BetrVG 1952: BAG, Beschluß v. 28. 4. 1964 — 1 ABR 2/64, AP Nr. 4 zu § 4 BetrVG 1952 = BAGE 16, 8; BAG, Urt. v. 28. 9. 1961 — 2 AZR 428/60, AP Nr. 1 zu § 1 KSchG Personenbedingte Kündigung = BAGE 11, 278 (entsprechend für § 12 lit. c KSchG 1951); BAG, Urt. v. 16. 1. 1965 — 5 AZR 154/64, AP Nr. 1 zu § 1 AZO (entsprechend für § 1 Abs. 2 Ziff. 2 AZO); LAG Hannover, Beschluß v. 13. 11. 1953 — 1 Ta 85/53, BB 1954, 192; LAG Bremen, Beschluß v. 15. 7. 1959 — I SaB 1/59, AP Nr. 9 zu § 76 BetrVG 1952, Bl. 4; *Koch*, BB 1953, 265 (265); *Weyrich*, BB 1953, 354 (354); *Wittholz*, AuR 1953, 111 (112); *Bulla*, Herschel-Festschrift S. 121 (S. 132 - 134 und S. 143, 144); *Monjau*, Der leitende Angestellte 1967, 22 (26); *Trinkhaus*, DB 1968, 1813 (1813); *Galperin*, Der leitende Angestellte 7/1971, 3 (6); *Ellefret*, Die betriebsverfassungsrechtliche Stel-

Eine vermittelnde Auffassung geht dahin, daß alle diejenigen Angestellten, die eine der drei Voraussetzungen des § 5 Abs. 3 BetrVG erfüllen, in jedem Fall zugleich auch leitende Angestellte im allgemeinen Sinne sind[27].

Das Bundesarbeitsgericht schließlich vertritt die Ansicht, das neue Betriebsverfassungsgesetz gehe von einem allgemeinen Begriff des leitenden Angestellten aus, definiere diesen jedoch nicht näher, sondern setze ihn offenbar als bekannt voraus[28]. Es gebe aber keinen allgemeingültigen Begriff des leitenden Angestellten, weder kraft gesetzlicher Definition[29], noch nach der Verkehrsanschauung[30], noch auch nur nach allgemeinem Sprachgebrauch[31]. Die leitenden Angestellten seien jedoch dadurch gekennzeichnet, daß sie wesentliche Unternehmerfunktionen wahrnähmen und sich dadurch gleichsam in einem natürlichen Interessengegensatz zu der vom Betriebsrat vertretenen Belegschaft befänden[32].

Sofern man einen allgemeinen Begriff des leitenden Angestellten anerkennt, stellt sich die Frage nach dem Inhalt dieses Begriffs. Im Ergebnis ist diese Fragestellung weitgehend identisch mit derjenigen, welche Angestellten von einer der drei Fallgruppen des § 5 Abs. 3 BetrVG erfaßt werden. Sie läßt sich dahin formulieren[33], ob für den allgemeinen

---

lung der leitenden Angestellten S. 48, 52 - 55, 57, 87, 97, 102, 124, 126; *Sturzenhecker*, Der leitende Angestellte S. 158, 159; *Böker*, Der leitende Angestellte S. 13, 14, 106, 132, 177.

Für das BetrVG 1972: LAG Hamm, Beschluß v. 28. 9. 1973 — 8 Ta BV 17/73, DB 1973, 2353; LAG Düsseldorf, Kammer Köln, Beschluß v. 22. 11. 1973 — 3 Ta BV 22/73, EzA § 5 BetrVG 1972, Entscheidung Nr. 4 S. 26, 27; *Auffarth*, AuR 1972, 33 (36); *Fitting/Auffarth/Kaiser*, BetrVG, § 5 Rdnr. 21 und 27; *Brecht*, BetrVG, § 5 Rdnr. 20 und 22, 23 jeweils a. E. für Ziff. 1 und 2 des § 5 Abs. 3; *Stege/Weinspach*, BetrVG, S. 39; *Frauenkron*, BetrVG, § 5 Rdnr. 15 und 16; *Kehrmann/Schneider*, BlStSozArbR 1972, 81 (82); *Gnade/Kehrmann/Schneider*, BetrVG, § 5 Rdnr. 5; *Sahmer*, BetrVG, § 5 TZ 16; *Rose*, AuR 1972, 309 (314); *Stephan*, Das Mitbestimmungsgespräch 1972, 217 (219); *Föhr*, DB 1974, 1767 (1767).

[27] Für das BetrVG 1952: LAG Hannover, Beschluß v. 9. 2. 1954 — 2 Ta 87/53, DB 1954, 328; *A. Hueck*, RdA 1953, 441 (443); *Dersch*, Die Union 1955, 98 (100); *Hueck/Nipperdey*, Lehrb. I, § 12 IV 2 b, S. 78 Fn. 21 sowie Lehrb. II/2, § 53 A II 2 f., S. 1117.

Für das BetrVG 1972: LAG Düsseldorf, Kammer Köln, Beschluß v. 14. 11. 1972 — 8 BV Ta 11/72, DB 73, 576; *Galperin*, Das Betriebsverfassungsgesetz 1972, S. 23; *Boldt*, DB 1972, Beilage Nr. 5 zu Heft Nr. 18, S. 3; *Raatz*, DB 1972, Beilage Nr. 1 zu Heft Nr. 1, S. 2; *Grüll*, RdA 1972, 171 (172) und BB 1974, 653 (654); *Wiegand*, Der leitende Angestellte als Arbeitnehmer S. 34 Rdnr. 53; *Geitner*, DB 1973, 280 (280 Fn. 2); *Hoffmann*, NJW 1974, 1161 (1161).

[28] BAG, Beschluß v. 5. 3. 1974 — 1 ABR 19/73, DB 1974, 826 = NJW 1974, 965 unter III 2 pr. der Gründe.

[29] BAG, DB 1974, 826 unter III 2 a der Gründe.

[30] BAG, DB 1974, 826, unter III 2 b der Gründe.

[31] BAG, DB 1974, 826, unter III 2 c der Gründe.

[32] BAG, DB 1974, 826, unter III 3 b der Gründe.

Begriff des leitenden Angestellten bzw. für die leitenden Angestellten i. S. d. § 5 Abs. 3 BetrVG eine eigenverantwortliche, hochqualifizierte Tätigkeit genügt[34] oder ob die Wahrnehmung von Arbeitgeberfunktionen als unverzichtbares, konstituierendes Merkmal angesehen werden muß[35].

Auf einer mittleren Linie liegt diejenige Auffassung, die für die Anerkennung als leitender Angestellter zwar nicht die Wahrnehmung von Arbeitgeberfunktionen verlangt, eine eigenverantwortliche, hochqualifizierte Tätigkeit jedoch nur dann genügen läßt, wenn diese sich als Teilhabe an wesentlichen Unternehmerfunktionen darstellt und der Ange-

---

[33] Vgl. *Fitting/Auffarth/Kaiser*, BetrVG, § 5 Rdnr. 19.

[34] Für das BRG 1920: *Schäfer*, ArbR 1920, S. 188 (190); *Schnorbusch*, Die Stellung des leitenden Angestellten S. 20, 21; *Berg*, Das Arbeitsrecht der leitenden Angestellten S. 10, 12, 13.

Für das BetrVG 1952: BAG, Urt. v. 16. 1. 1965 — 5 AZR 154/64, AP Nr. 1 zu § 1 AZO = BAGE 17, 41 (44); BAG, Urt. v. 17. 11. 1966 — 5 AZR 225/66, AP Nr. 1 zu § 611 BGB Leitende Angestellte = BAGE 19, 126 (128); *Hueck*, RdA 1953, 441 (442); *Bulla*, Herschel-Festschrift S. 121 (139, 141); Kaskel/*Dersch*, ArbR, § 6 III 3 d, S. 32; *Neumann-Duesberg*, Betriebsverfassungsrecht S. 154 (insbes. Fn. 16); *Nikisch*, ArbR I, § 15 III 3, S. 134; *Galperin/Siebert*, BetrVG, § 4 Anm. 20; *Hueck*/Nipperdey, Lehrb. I, § 12 IV 2 b, S. 78; *R. Müller*, Die Verbände der leitenden Angestellten S. 23, 24; *Dietz*, BetrVG, § 4 Rdnr. 58 b; *Trinkhaus*, DB 1968, 1813 (1814) und AR-Blattei, D Angestellter II, II Leitende Angestellte, unter B V 3; *Ellefret*, Die betriebsverfassungsrechtliche Stellung der leitenden Angestellten S. 74, 125.

Für das BetrVG 1972: LAG Düsseldorf, Kammer Köln, Beschluß v. 14. 11. 1972 — 8 BV Ta 11/72, DB 1973, 576; LAG Baden-Württemberg, Kammer Mannheim, Urt. v. 3. 3. 1972 — 7 Sa 177/71, ARSt 1972, S. 116 Nr. 137; *Fischer*, DB 1972, 437 (438); *Raatz*, DB 1972, Beilage Nr. 1 zu Heft Nr. 1, S. 2; *Boldt*, DB 1972, Beilage Nr. 5 zu Heft Nr. 18 S. 3, 4 und ZAS 1973, 3 (3, 6); *Grüll*, RdA 1972, 171 (172); *Wiedemann*, RdA 1972, 210 (210, 214); *Frauenkron*, BetrVG § 5 Anm. 15; *Wiegand*, Der leitende Angestellte als Arbeitnehmer S. 50 Rdnr. 102; Fabricius/*Kraft*/Thiele/Wiese, BetrVG, § 5 Rdnr. 30, 41; *Gamillscheg*, Arbeitsrecht (PdW), Nr. 46; *Schaub*, Arbeitsrechtshandbuch, § 14 III 1, S. 47; wohl auch Hanau/*Adomeit*, Arbeitsrecht, E 7 d, S. 127.

[35] Für das BRG 1920: *Höfchen*, ArbR 1921, S. 277 (279, 280); *Potthoff*, ArbR 1921, S. 282 (283) und ArbR 1922, Sp. 145 (156); *Totschek*, Der Begriff des leitenden Angestellten S. 61, 65, 71.

Für das BetrVG 1952: *Steinmann*, BABl 1953, 399 (401, 402); *Gaul*, DB 1961, 271 (271, 272); *Haberkorn*, MuA 1965, 204 (204); *Sturzenhecker*, Der leitende Angestellte S. 88, 98; im Ergebnis wohl auch *Böker*, Der leitende Angestellte S. 30, 40, 41, 44, 175, der zwar keine Vorgesetztenstellung fordert, bei deren Fehlen aber eine „funktionale Leitungsbefugnis" (mit Weisungsrecht, S. 40) „auf unternehmerischer Ebene" verlangt (S. 175).

Für das BetrVG 1972: ArbG Frankfurt a. M., Beschluß v. 9. 5. 1972 — 4 BV 1/72, BB 1972, 962; *Kehrmann/Schneider*, BlStSozArbR 1972, 81 (82) („Anordnungsbefugnis nach innen und Vertretungsbefugnis nach außen"); *Gnade/Kehrmann/Schneider*, BetrVG, § 5 Rdnr. 5; *Rose*, AuR 1972, 309 (315) (nur Linienstellen tragen Verantwortung gegenüber dem Betriebsrat und weisen insofern Gegnerbezug auf); wohl auch *Becker-Schaffner*, BlStSozArbR 1972, 257 (259) („objektive unternehmerische Leitungsfunktion ... Aufgabenstellung auf der Leistungsebene der Führung und Leitung des Unternehmens"). *Gegen* die Auffassung, die in der Arbeitgeberfunktion ein notwendiges, statusbegründendes Merkmal des leitenden Angestellten sieht, ausdrücklich *Zöllner*, Dietz-Festschrift, S. 377 (396) sowie *Janert*, DB 1974, 286 (287, 288).

stellte sich daher in einem natürlichen Interessengegensatz zu der vom Betriebsrat vertretenen Belegschaft befindet[36].

II. Die Begriffsbestimmung in den Satzungen der einzelnen Verbände

Da der Gesetzgeber den Begriff des leitenden Angestellten nicht allgemein normiert, sondern jeweils nur für den Geltungsbereich eines Gesetzes (§ 5 Abs. 3 BetrVG; § 22 Abs. 2 Ziff. 2 Arbeitsgerichtsgesetz;

---

[36] So das BAG, Beschluß v. 5. 3. 1974 — 1 ABR 19/73, DB 1974, 826 (829) unter III 3 b der Gründe. Das BAG, a.a.O., macht aber die Einschränkung, damit sei nicht gesagt, daß dieser Interessengegensatz in jedem Fall besonders ausgeprägt sein müsse. Der Gesichtspunkt des Interessengegensatzes habe unterschiedliches Gewicht und könne u. U., *insbesondere bei dem von der Fallgruppe Nr. 3 erfaßten Personenkreis* (Hervorhebung vom Verfasser), mehr oder weniger zurücktreten, wenn die Gesamtbetrachtung der Funktionen des Angestellten diesen gleichwohl in die Nähe des Unternehmers weise, weil bei der Wertung der anderen maßgeblichen Gesichtspunkte die unternehmerischen Teilaufgaben doch der Tätigkeit das Gepräge gäben. Die unternehmerische Tätigkeit führe schon zu einem gewissen „Interessengegensatz". Ferner LAG Hamm, Beschluß v. 28. 9. 73 — 8 Ta BV 17/73, DB 1973, 2353 und die Beschlüsse vom 11. 7. 1974 — 8 Ta BV 48/73, 8 Ta BV 36/72, 8 Ta BV 82/73, DB 1974, 2012 - 2014; LAG Düsseldorf, Kammer Köln, Beschluß v. 22. 11. 1973 — 3 Ta BV 22/73, EzA § 5 BetrVG 1972, Entscheidung Nr. 4 S. 26, 28.

Auf den Gesichtspunkt des Interessengegensatzes bzw. des „Gegnerbezugs" zum Betriebsrat als Auslegungsmaßstab für § 5 Abs. 3 BetrVG ist zuerst von *Rüthers/Stindt*, BB 1972, 973 (977) hingewiesen worden. Dieser Gedanke ist bisher von folgenden Autoren zustimmend aufgenommen worden: *Zöllner*, Dietz-Festschrift S. 377 (393, bes. Fn. 38; 396, bes. Fn. 44 b); Dietz/*Richardi*, BetrVG, § 5 Rdnr. 105; *Bleistein*, BetrVG, § 5 Rdnr. 38; *Föhr*, DB 1974, 1767 (1767, 1768); *Kraft*, Anm. zu BAG in EzA § 5 BetrVG 1972, Nr. 7, S. 74, 75; *Fitting/Auffarth/Kaiser*, BetrVG, § 5 Rdnr. 21 a; *Schaub*, Arbeitsrechtshandbuch, § 14 III 1, S. 47 sowie § 212 IV 2, S. 851, 852.

Jüngst hat *Rüthers*, JZ 1974, 625 (628) allerdings einschränkend betont, das Merkmal des „Gegnerbezuges" sei ein Hilfskriterium und es sei verfehlt, aus dem Hilfskriterium ein Hauptmerkmal der Abgrenzung machen zu wollen. Dieser Gefahr ist ersichtlich das LAG Hamm erlegen: Beschlüsse vom 11. 7. 1974 — 8 Ta BV 48/73, 8 Ta BV 36/72, 8 Ta BV 82/73, DB 1974, 2012 - 2014. Es ist nicht ohne Pikanterie, wenn in dem Beschluß 8 Ta BV 48/73 ausgerechnet von dem Leiter des betrieblichen Sicherheitsdienstes in einer Schachtanlage ausgeführt wird, er sehe sich „in einen offenbaren Interessengegensatz zur Belegschaft gestellt". Bei unvoreingenommener Betrachtungsweise fragt man sich unwillkürlich, welche Tätigkeit wohl mehr den Interessen der Arbeitnehmer (und weniger dem Rentabilitätsinteresse) dient als gerade die eines Leiters des betrieblichen Sicherheitsdienstes in einem Bergwerksunternehmen. Zu welcher Akrobatik sich das LAG Hamm genötigt sieht, um den von ihm angenommenen Interessengegensatz zu begründen, erhellt aus folgendem Zitat (DB 1974, 2013):

„Die Tatsache, daß sicherheitsbewußte Betriebsplanung und Betriebsführung zugleich im Interesse der Belegschaft liegen, kann nichts daran ändern, daß die für die betrieblichen Sicherheitsbelange letztlich verantwortlichen Führungskräfte sich notwendig in eine Konfrontation mit der Belegschaft gestellt sehen. Sicherheitsanforderungen erscheinen in ihrer Konzeption *nicht immer unmittelbar einleuchtend* (! Hervorhebung vom Verfasser) und können leicht — z. B. vom Standpunkt des Gedingearbeiters — als übertrieben gelten. Es ist eine bekannte Erfahrungstatsache, daß der Leistungsdruck den Arbeitnehmer leicht dazu verführen kann, Sicherheitsvorschriften zu unterlaufen."

§ 16 Abs. 4 Ziff. 4 Sozialgerichtsgesetz; § 2 Abs. 2 Ziff. 2 d. 2. Durchführungsverordnung zum Arbeitnehmererfindungsgesetz; § 14 Abs. 2 sowie § 17 Abs. 3 Ziff. 3 Kündigungsschutzgesetz; § 1 Abs. 2 Ziff. 1, 2 Arbeitszeitordnung) bestimmte Kriterien aufgestellt hat, drängt sich die Frage nach dem Selbstverständnis der leitenden Angestellten auf[37]. Die Verbände der leitenden Angestellten müssen notwendigerweise Kriterien entwickelt haben, an Hand derer sie beurteilen können, wer die Voraussetzungen einer Mitgliedschaft erfüllt oder nicht. Von Interesse sind hier besonders § 5 Abs. 2 der Satzung der ULA in der Fassung vom 13. November 1969 und § 1 Abs. 1 des Gesetzentwurfs „Über die Rechtsstellung des leitenden Angestellten in der betrieblichen Ordnung", der von der ULA im November 1968 vorgelegt worden ist. § 5 Abs. 2 der Satzung der ULA lautet:

„Die Mitglieder der ULA verpflichten sich, nur solche Angestellte als leitende Angestellte anzusehen und als ihre Mitglieder aufzunehmen, die nach Dienstvertrag oder Dienststellung regelmäßig und im wesentlichen eigenverantwortlich entweder übertragene Arbeitgeberaufgaben wahrnehmen oder für Bestand und Entwicklung des Betriebes wichtige Aufgaben aufgrund besonderer Erfahrungen oder Kenntnisse, insbesondere einer abgeschlossenen Hochschulausbildung oder einer anderen in dem jeweiligen Wirtschaftszweig erforderlichen Spezialausbildung, erfüllen. Unberührt hiervon bleibt die Aufnahme von solchen Personen, die als Nachwuchskräfte für den Kreis der leitenden Angestellten i. S. von Satz 1 anzusehen sind."

Entsprechend lautet § 1 Abs. 1 des Gesetzentwurfes der ULA[38]:

„Leitende Angestellte sind Angestellte, die nach Dienstvertrag oder Dienststellung regelmäßig und im wesentlichen eigenverantwortlich entweder übertragene Arbeitgeberbefugnisse wahrnehmen oder für Bestand und Entwicklung des Betriebes wichtige Aufgaben aufgrund besonderer Erfahrungen oder Kenntnisse, insbesondere einer abgeschlossenen Hochschulausbildung oder einer anderen in dem jeweiligen Wirtschaftszweig erforderlichen Spezialausbildung, erfüllen."

Somit ergibt sich sowohl aus der Satzung der ULA als auch aus dem von ihr vorgelegten Gesetzentwurf, daß nach Auffassung dieses Dachverbandes den leitenden Angestellten kennzeichnen:

entweder die Wahrnehmung von übertragenen Arbeitgeberaufgaben oder die Ausübung einer hochqualifizierten, für den Betrieb wichtigen, eigenverantwortlichen Tätigkeit[39].

---

[37] Nach BAG, Beschluß v. 5. 3. 1974 — 1 ABR 19/73, DB 1974, 826 (828) unter III 2 b der Gründe, kann für die Auslegung des § 5 Abs. 3 BetrVG das Selbstverständnis der Gruppen der leitenden Angestellten selbst schon deshalb kein brauchbares Abgrenzungsmerkmal sein, weil sie nach ihren Satzungen und Aufnahmebedingungen den Kreis der leitenden Angestellten zu unterschiedlich und durchweg sehr weitgreifend bestimmen.

[38] Veröffentlicht als Sonderheft der ULA-Zeitschrift „Der leitende Angestellte", 2. Nachdruck 1970.

[39] Vgl. auch den von der ULA vorgelegten Gesetzentwurf „über die Rechtsstellung des leitenden Angestellten in der betrieblichen Ordnung", Einzelbegründung zu § 1, S. 10.

Der aufgezeigte Streit um das Merkmal der Arbeitgeberfunktion ist nach Ansicht der Union der leitenden Angestellten also in der Weise zu entscheiden, daß die Ausübung von Arbeitgeberfunktionen nicht notwendiges Merkmal des leitenden Angestellten ist. Ungeklärt bleibt allerdings, ob sich — wie das Bundesarbeitsgericht es verlangt — die Ausübung der eigenverantwortlichen, für den Betrieb wichtigen, hochqualifizierten Tätigkeit als Teilhabe an wesentlichen Unternehmerfunktionen mit der Folge eines natürlichen Interessengegensatzes zur Belegschaft darstellen muß.

Weiter ist zu untersuchen, ob die Satzungen der in der ULA zusammengeschlossenen Verbände wenigstens den in § 5 Abs. 2 der ULA-Satzung aufgestellten Anforderungen gerecht werden oder ob sich die Voraussetzungen der Mitgliedschaft in diesen Verbänden noch unterhalb dieser Grenze bewegen.

§ 3 Abs. 1 der Satzung des Verbandes angestellter Akademiker und leitender Angestellter der chemischen Industrie e. V. (VAA)[40] bestimmt:

„Als ordentliche Mitglieder werden aufgenommen Angestellte mit abgeschlossener Hochschulbildung und Angestellte, die nach ihrer Dienststellung regelmäßig und im wesentlichen eigenverantwortlich für Bestand und Entwicklung des Unternehmens wichtige Aufgaben aufgrund besonderer Erfahrungen und Kenntnisse wahrnehmen."

Der VAA stellt also einmal ab auf ein funktionales Merkmal (eigenverantwortliche Wahrnehmung von für das Unternehmen wichtigen Aufgaben) und befindet sich insoweit in Übereinstimmung mit der Satzung der ULA und dem von ihr vorgelegten Gesetzentwurf. Soweit der VAA dagegen das formale Kennzeichen der abgeschlossenen Hochschulbildung genügen läßt, unterschreitet er diesen „level", da die genossene Ausbildung über die Position und Funktion im Unternehmen unmittelbar nichts aussagt. Die Hochschulbildung ist zwar ein leicht feststellbares und abgrenzbares Merkmal, kann aber nicht mehr als lediglich ein Indiz für eine leitende Stellung abgeben[41].

---

[40] In der Fassung vom 18. März 1972.

[41] Vgl. hierzu etwa die Ausführungen von *Witte/Bronner*, Die leitenden Angestellten S. 18:

„Für die Vielzahl untergeordneter Forschungs- und Stabsleistungen wird der Anspruch der ‚im wesentlichen eigenverantwortlichen Aufgabe mit Bedeutung für den Bestand und die Entwicklung des Unternehmens' zu verneinen sein, obgleich ‚besondere Erfahrungen und Kenntnisse' in der Person des Experten gegeben sind. Bei vorliegendem Abschluß des Studiums an einer wissenschaftlichen Hochschule kann dieser Personenkreis zwar von der Gesamtmenge der Angestellten abgehoben werden. Jedoch fehlen — wenn nicht die oben bezeichneten entscheidungstheoretischen Kriterien erfüllt werden — die Wesenszüge der eigenverantwortlichen Entscheidungsaufgabe. Wir gewinnen deshalb den Satz: Es ist zwischen leitenden Angestellten und wissenschaftlichen Angestellten zu unterscheiden."

§ 8 Abs. 1 der Satzung des Verbandes der Führungskräfte in Bergbau, Mineralölindustrie und Kraftwirtschaft e. V. (VdF)[42] bestimmt:

„Ordentliche Mitglieder des Verbandes können sein: Außertarifliche Angestellte

a) des Bergbaus und der mit diesem wirtschaftlich, technisch oder rechtlich verbundenen bzw. aus ihm hervorgegangenen Industriezweige einschließlich der chemischen Betriebe;

b) der Mineralölindustrie einschließlich deren Nebenindustrien;

c) der gesamten Energiewirtschaft einschließlich deren Nebenindustrien;

wenn sie nach Dienstvertrag — insbesondere nach Einzeldienstvertrag — oder nach Dienststellung regelmäßig und im wesentlichen eigenverantwortlich entweder übertragene Arbeitgeberbefugnisse wahrnehmen oder für den Bestand oder die Entwicklung des Betriebes wichtige Aufgaben aufgrund besonderer Erfahrungen oder Kenntnisse erfüllen, die insbesondere aufgrund einer abgeschlossenen Hochschulausbildung oder einer anderen in den genannten Berufszweigen erforderlichen Spezialausbildung erworben worden sind."

Abs. 3:

„Außerordentliche Mitglieder des Verbandes können Absolventen und Studierende der Hochschulen, der Betriebsführerlehrgänge und der Ingenieurschulen werden."

Abs. 4:

„Außerordentliche Mitglieder können nicht die in den §§ 15 und 17 bezeichneten Ämter übernehmen. Im übrigen stehen ihnen die gleichen Rechte wie den ordentlichen Mitgliedern zu."

Nach der Satzung des VdF reicht die abgeschlossene Hochschulbildung allein also nicht aus, um ordentliches Mitglied zu werden. Insofern genügt die Satzung des VdF den Anforderungen des § 5 Abs. 2 der ULA-Satzung. Immerhin aber berechtigt der Besuch einer Hochschule, eines Betriebsführerlehrganges oder einer Ingenieurschule zur Aufnahme als außerordentliches Mitglied, dem lediglich versagt ist, im Verband Ämter zu bekleiden.

§ 4 der Satzung des Verbandes oberer Angestellter der Eisen- und Stahlindustrie e. V. (VOE)[43] bestimmt:

Abs. 1:

„Mitglieder des Verbandes können kaufmännische, technische und in der Verwaltung tätige obere Angestellte der Eisen- und Stahlindustrie werden, deren Dienstverhältnisse im allgemeinen durch Einzelverträge festgelegt sind."

Abs. 2:

„Nachwuchskräfte mit entsprechender fachlicher Vorbildung und Absolventen der Hoch- und Fachschulen können als Mitglieder in den Verband aufgenommen werden. Sie dürfen jedoch keine Ämter bekleiden, solange sie die Voraussetzungen des Abs. 1 nicht erfüllen. Im übrigen stehen ihnen die gleichen Rechte wie den anderen Mitgliedern zu."

---

[42] Vom 3. Mai 1969 mit der Satzungsänderung vom 14. November 1970.

[43] In der Fassung vom 21. Oktober 1971.

Die Regelung des VOE entspricht der des VdF: die Hochschulbildung als solche berechtigt zur Aufnahme als außerordentliches Mitglied ohne Befugnis, Ämter zu bekleiden. Der in § 4 Abs. 1 der Satzung des VOE verwandte Begriff des „oberen Angestellten" hat allerdings sehr viel weniger Konturen als die in § 8 Abs. 1 der Satzung des VdF gebrauchte Umschreibung.

§ 3 Abs. 1 der Satzung des Verbandes der Führungskräfte der Metall- und Elektroindustrie e. V. (VFME)[44] bestimmt:

„Ordentliche Mitglieder des Verbandes können Führungskräfte aus der Metall- und Elektroindustrie werden, wenn sie nach Dienstvertrag — insbesondere nach Einzeldienstvertrag — oder nach Dienststellung regelmäßig und im wesentlichen eigenverantwortlich entweder übertragene Arbeitgeberbefugnisse wahrnehmen oder für den Bestand oder die Entwicklung des Betriebes wichtige Aufgaben aufgrund besonderer Erfahrungen oder Kenntnisse erfüllen, die insbesondere aufgrund einer abgeschlossenen Hochschulausbildung oder einer anderen Spezialausbildung erworben worden sind. Personen, die als Nachwuchskräfte von Satz 1 anzusehen sind, werden gleichfalls aufgenommen."

Die Satzung des VFME genügt demnach den Anforderungen des § 5 Abs. 2 der ULA-Satzung.

§ 2 Abs. 1 der Satzung des Verbandes der Führungskräfte der Bauwirtschaft (Fd-Bau)[45] lautet:

„Mitglieder des Verbandes können sein:

Führungskräfte in den Unternehmungen der Bauwirtschaft, die leitend, beratend, forschend oder prüfend in wichtigen Funktionen mit eigener Verantwortung für den Betrieb tätig sind und insofern die Voraussetzungen des § 5 Abs. 3 des BetrVG in der Fassung vom 15. Januar 1972 erfüllen."

Auch die hier gestellten Anforderungen an die Eigenschaft als „Führungskraft" sind den in § 5 Abs. 2 der ULA-Satzung enthaltenen Abgrenzungsmerkmalen vergleichbar. Bemerkenswert ist, daß die Satzung des Fd-Bau die einzige ist, die in dem Versuch, den Mitgliederkreis des Verbandes abzugrenzen, sich ausdrücklich auf § 5 Abs. 3 BetrVG bezieht. Hier ist ganz offensichtlich eine Homogenität des Mitgliederkreises des Verbandes mit dem Kreis der leitenden Angestellten in der Betriebsverfassung beabsichtigt.

§ 3 Abs. 1 der Satzung der Vereinigung leitender Angestellter e. V. (VELA)[46] bestimmt:

„Mitglied der VELA kann jeder Angestellte werden, der eine leitende Tätigkeit ausübt oder mit der selbständigen Lösung von Aufgaben höherer Art betraut ist."

[44] In der Fassung vom 19. März 1971.

[45] In der Fassung vom 15. Oktober 1973.

[46] In der Fassung vom 25. Oktober 1969.

Diese Formulierung weicht von der der ULA-Satzung ab, dürfte aber in ihren beiden Alternativen dem § 5 Abs. 2 der Satzung der ULA entsprechen.

§ 3 Abs. 1 der Satzung des Bundes der Ingenieure in Anwendungs- und Verfahrenstechnik der Deutschen Farbenfabriken (Coloristenbund)[47] lautet:

„Ordentliche Mitglieder des Bundes können in der Regel alle in den deutschen Farbenfabriken tätigen Ingenieure werden, die in den Arbeitsbereichen der Anwendungstechnik, Forschung und Produktion eine auf persönlicher Verantwortung oder in der Ausführung im wesentlichen auf eigener Entschlußkraft beruhende führende, prüfende, entwerfende, forschende oder beratende Funktion ausüben. Unberührt hiervon bleibt die Aufnahme von solchen Personen, die als Nachwuchskräfte für den Kreis im Sinne von Satz 1 anzusehen sind."

Diese Bestimmung dürfte zumindest der zweiten Alternative des § 5 Abs. 2 der ULA-Satzung genügen.

§ 2 Abs. 1 der Satzung des Verbandes Deutscher Akademiker für Landwirtschaft, Ernährung und Landespflege e. V.[48] bestimmt:

„Der Verband ist der berufsständische Zusammenschluß derjenigen, die ein Studium der Agrarwissenschaft, der Ernährungswissenschaften, der Landespflege oder verwandter Disziplinen abgeschlossen haben, oder eine berufliche Stellung bekleiden, die einer der Stellungen der vorgenannten Personengruppen entspricht, oder sich noch im Studium dieser Wissenschaften befinden."

In § 5 Abs. 1 der Satzung heißt es:

„Zur Wahrnehmung der sozialen, wirtschaftlichen und rechtlichen Interessen der Mitglieder des Verbandes bestehen Bundessparten, und zwar für die in abhängiger Stellung tätigen Mitglieder

a) die „Bundessparte öffentlicher Dienst",

b) die „Bundessparte Privatangestellte",

für die weiteren Mitglieder

c) die „Bundessparte Freie Berufe",

d) die „Bundessparte Studierende".

Aus § 2 Abs. 1 der Satzung des Verbandes Deutscher Akademiker für Landwirtschaft, Ernährung und Landespflege e. V. ergibt sich, daß in diesem Verband nicht Personen zusammengefaßt sind, die von ihrer Funktion her als leitende Angestellte angesehen werden können. Dies gilt auch von der „Bundessparte Privatangestellte", die allein Mitgliederverband in der Union der leitenden Angestellten ist. Es handelt sich dabei um einen Zusammenschluß von Personen mit einem Hochschulstudium bestimmter Fachrichtungen (Landwirtschaft, Ernährung, Landespflege). Entgegen dem Anspruch, den § 5 Abs. 2 der ULA-Satzung er-

---

[47] In der Fassung vom 17. Februar 1972.

[48] In der Fassung vom 1./2. Dezember 1972.

hebt, läßt sich daher bei den Mitgliedern des Verbandes Deutscher Akademiker für Landwirtschaft, Ernährung und Landespflege e. V. — Sparte Privatangestellte — nicht von leitenden Angestellten sprechen.

§ 4 Abs. 2 der Satzung des Verbandes Deutscher Diplomingenieure (VDDI)[49] lautet:

„Als Mitglieder kann der Vorstand aufnehmen:

a) Deutsche und Ausländer, die an einer deutschen Technischen Hochschule, deutschen Universität oder Bergakademie den wissenschaftlichen akademischen Grad „Diplomingenieur" erworben oder die „erste Staatsprüfung" abgelegt haben, oder die einen naturwissenschaftlichen akademischen Grad erworben haben und im Dienste der Technik oder der angewandten Naturwissenschaften stehen.

b) Deutsche und Ausländer, die an einer ausländischen Wissenschaftlichen Hochschule eine dem deutschen Abschlußexamen gleichwertige Prüfung abgelegt haben und denen ein Kultusministerium in der Bundesrepublik Deutschland die Führung des deutschen wissenschaftlichen akademischen Grades „Diplomingenieur" oder eines deutschen naturwissenschaftlichen akademischen Grades erlaubt hat, wenn sie im Dienste der Technik oder der angewandten Naturwissenschaften stehen."

Diese Vorschriften der Satzung des VDDI entsprechen der Satzung des Verbandes Deutscher Akademiker für Landwirtschaft, Ernährung und Landespflege e. V. Voraussetzung für die Mitgliedschaft ist nicht die Eigenschaft als leitender Angestellter, sondern lediglich das Studium einer bestimmten Fachrichtung. Damit ist den Anforderungen des § 5 Abs. 2 der ULA-Satzung nicht genügt, sondern die dort aufgestellte untere Grenze noch unterschritten.

§ 3 der Satzung des Verbandes genossenschaftlicher Geschäftsleiter e. V. bestimmt:

„Die Mitgliedschaft können erwerben:

1. hauptamtliche Geschäftsleiter und leitende Angestellte eingetragener Genossenschaften in Bayern durch Beitritt,
2. Ehrenmitglieder durch Beschluß des Vorstandes."

Diese Aufnahmebestimmungen dürften den durch § 5 Abs. 2 der ULA-Satzung geforderten Voraussetzungen genügen.

Insgesamt ergibt sich folgendes Bild:

Trotz § 5 Abs. 2 der Satzung der ULA läßt sich nicht davon ausgehen, daß alle Mitglieder der in der ULA zusammengeschlossenen Verbände leitende Angestellte i. S. d. von der Dachorganisation vertretenen Auffassung sind. Das ist darauf zurückzuführen, daß einige der Verbände die bloße Hochschulausbildung als solche als Voraussetzung der Mitgliedschaft genügen lassen. So berechtigt die Hochschulausbildung nach den Satzungen des Verbandes angestellter Akademiker und leitender

[49] In der Fassung vom 9. März 1968.

Angestellter der Chemischen Industrie e. V., des Verbandes Deutscher Akademiker für Landwirtschaft, Ernährung und Landespflege e. V. sowie des Verbandes Deutscher Diplomingenieure e. V. zur Vollmitgliedschaft und nach den Satzungen des Verbandes der Führungskräfte in Bergbau, Mineralölindustrie und Kraftwirtschaft e. V. sowie des Verbandes oberer Angestellter der Eisen- und Stahlindustrie e. V. zur Aufnahme als außerordentliches Mitglied; dies bedeutet den Ausschluß von der Bekleidung der Ämter.

Gleichwohl wird man die Vorstellung vom Begriff des leitenden Angestellten, wie sie in § 5 Abs. 2 S. 1 der Satzung der ULA und in § 1 Abs. 1 des von der ULA vorgelegten Gesetzentwurfes zum Ausdruck kommt, in etwa als repräsentativ für die Verbände der leitenden Angestellten ansehen dürfen. Nach Vorstellung der Verbände der leitenden Angestellten ist danach für den Begriff des leitenden Angestellten die Wahrnehmung von übertragenen Arbeitgeberbefugnissen nicht erforderlich. Als untere Grenze wird aber überwiegend eine hochqualifizierte, eigenverantwortliche und für den Betrieb wichtige Tätigkeit angesehen. Diese beiden Modalitäten der Arbeitgeberfunktion und der hochqualifizierten, eigenverantwortlichen Tätigkeit entsprechen im groben den Ziffern 1 und 2 des § 5 Abs. 3 BetrVG einerseits und der Ziff. 3 des § 5 Abs. 3 BetrVG andererseits[50]. Allerdings muß der Vorbehalt gemacht werden, daß das Bundesarbeitsgericht die Voraussetzungen der Ziff. 3 des § 5 Abs. 3 BetrVG enger formuliert: Ausübung wesentlicher Unternehmerfunktionen, eigener, erheblicher Entscheidungsspielraum sowie Interessengegensatz zur Belegschaft[51]. Dem Bundesarbeitsgericht zufolge kann das Selbstverständnis der Gruppen der leitenden Angestellten selbst schon deshalb kein brauchbares Abgrenzungsmerkmal sein, „weil sie nach ihren Satzungen und Aufnahmebedingungen den Kreis der leitenden Angestellten zu unterschiedlich und durchweg sehr weitgreifend bestimmen“[52]. Welche Auswirkungen die Auffassung des Bundesarbeitsgerichts in der Praxis haben wird — sowohl in den Unternehmen als auch in den Verbänden der leitenden Angestellten —, ist eine zur Zeit noch offene Frage[53]. Die betroffenen soziologischen Gruppen sind wohl darum bemüht, daß sich ihre Vorstellungen mit denen des Gesetzgebers wenigstens pauschal decken; dies läßt sich vielleicht der Satzung des Verbandes der Führungskräfte der Bauwirtschaft entnehmen, die sich ausdrücklich auf § 5 Abs. 3 BetrVG bezieht.

---

[50] Vgl. *Wiedemann*, RdA 1972, 210 (210, 214).

[51] Das BAG, Beschluß v. 5. 3. 1974 — 1 ABR 19/73, NJW 1974, 965 (968) faßt die maßgeblichen Gesichtspunkte selbst zusammen: unter III 4 der Gründe.

[52] BAG, NJW 1974, 965 (966), unter III 2 b der Gründe.

[53] Nicht zuletzt im Hinblick auf den Beurteilungsspielraum, den das BAG den Instanzgerichten zubilligt: BAG, NJW 1974, 965 (968), unter IV 2 der Gründe.

Drittes Kapitel

Die Organisation der leitenden Angestellten in den allgemeinen Gewerkschaften

Die leitenden Angestellten schließen sich nicht nur in eigenen Verbänden zusammen; zum Teil ziehen sie es vor, sich gemeinsam mit den übrigen Arbeitnehmern in traditionellen Gewerkschaften zu organisieren. Da die leitenden Angestellten in dem grundlegenden Beschluß des Bundesarbeitsgerichts vom 5. März 1974 der Unternehmer-(Arbeitgeber) seite zugeordnet werden[1], stellt sich die Frage, welche Auswirkungen der Eintritt leitender Angestellter in die allen Arbeitnehmern offen stehenden Gewerkschaften auf deren Gegnerreinheit bzw. Gegnerunabhängigkeit und damit auf deren Tariffähigkeit hat. Ausgehend von der Annahme, die Wahrnehmung von Arbeitgeberbefugnissen sei konstituierendes Merkmal des leitenden Angestellten, wurde in der Weimarer Zeit von einem Teil der Literatur die Ansicht vertreten, Tarifverträge für leitende Angestellte müßten, um dem arbeitsrechtlichen Doppelcharakter dieses Angestelltenkreises Rechnung zu tragen, gesondert von den Tarifverträgen der übrigen Angestelltengruppen abgeschlossen werden[2]. Daraus wurde gefolgert, daß die übrigen Angestellten-Gewerkschaften nicht das Recht hätten, in ihre Tarifverträge irgendwelche Bestimmungen für leitende Angestellte aufzunehmen und daß andererseits die Vereinigungen leitender Angestellter nicht das Recht hätten, in ihre Tarifverträge Bestimmungen für nicht leitende Angestellte aufzunehmen oder für diese an allgemeinen Tarifverhandlungen als Angestelltenvertreter teilzunehmen[3]. Damit würde im Ergebnis die These aufgestellt, daß die Mitgliedschaft leitender Angestellter den allgemeinen Gewerkschaften die Gegnerreinheit und damit die Tariffähigkeit nehme[4].

---

[1] BAG, Beschluß v. 5. 3. 1974 — 1 ABR 19/73, AP Nr. 1 zu § 5 BetrVG = DB 1974, 826 (830), unter III 3 d der Gründe.

[2] *Höfchen*, ArbR 1921, 277 (281, 282); *Potthoff*, ArbR 1922, 145 (Sp. 152); *Berg*, Das Arbeitsrecht der leitenden Angestellten S. 40; *Totschek*, Der Begriff des leitenden Angestellten S. 78.

[3] *Höfchen*, ArbR 1921, 277 (282); *Potthoff*, ArbR 1922, 145 (Sp. 152); *Berg*, Das Arbeitsrecht der leitenden Angestellten S. 40.

[4] So ausdrücklich *Isele*, JuS 1964, 41 (43) mit der Einschränkung, daß der Begriff des leitenden Angestellten insoweit enger zu interpretieren sei als in §§ 12 lit. c KSchG 1951, § 4 Abs. 2 lit. c BetrVG 1952.

Dieses pauschale Urteil läßt sich heute nicht mehr vertreten, da die Neigung, die Wahrnehmung von Arbeitgeberbefugnissen als konstituierendes Merkmal der leitenden Angestellten anzusehen, zu Recht immer mehr zurückgeht[5]. Aber auch die Gegenansicht, die Mitgliedschaft leitender Angestellter in den Gewerkschaften der übrigen Arbeitnehmer sei unter dem Gesichtspunkt der Gegnerreinheit und Gegnerunabhängigkeit unbedenklich[6], ist in dieser Allgemeinheit nicht zutreffend. Vielmehr ist eine Differenzierung geboten. Diese kann an die in der Weimarer Zeit vertretene Lehre anknüpfen. Denn von ihrem Ausgangspunkt, die leitenden Angestellten übten Arbeitgeberfunktionen aus, erscheint die These von der Trennung der Organisationen der leitenden Angestellten von denen der übrigen Arbeitnehmer — wie auszuführen sein wird — folgerichtig.

A. Der Grundsatz der Gegnerreinheit und der Gegnerunabhängigkeit

Das Erfordernis der Gegnerreinheit und der Gegnerunabhängigkeit als Voraussetzung der Tariffähigkeit ist im Grundsatz unbestritten[7]. Es beruht auf der gegenläufigen Interessenlage der Arbeitnehmerschaft und

---

[5] Vgl. die Gegenüberstellung der Literatur in den Fußnoten 34 - 36; diese Entwicklung ist vor allem auf die dritte Alternative des § 4 Abs. 2 lit. c BetrVG 1952 zurückzuführen, die im § 12 Abs. 2 BRG 1920 noch kein Gegenstück hatte.

[6] *Nikisch*, ArbR II, § 57 II 4, S. 8; *Nipperdey*, Möhring-Festschrift S. 87 (93, 94); *Gerhard Müller*, Zwanzig Jahre Verband Oberer Angestellter der Eisen- und Stahlindustrie S. 48 (70); nach *Säcker*, BB 1972, 1197 (1200) lassen Verfassung und geltende Arbeitsgesetze ebenso eigene Tariforganisationen der leitenden Angestellten zu wie den Eintritt leitender Angestellter in bestehende Fach- und Branchengewerkschaften; ebenso *Wiegand*, Der leitende Angestellte als Arbeitnehmer S. 115 Rdnr. 284. *Gerhard Müller* hat seine Auffassung in seiner neuesten Stellungnahme (Festschrift für Professor Brun, Lyon) modifiziert. Wörtlich führt er aus:

„Das deutsche Tarifvertragsrecht ist u. a. gekennzeichnet durch die Gedanken der Gegnerfreiheit und der Gegnerreinheit. Damit die Gewerkschaften und die Arbeitgeberseite in ihrer diesbezüglichen polaren Stellung überhaupt zum möglichst sachgerechten, ggfs. durch den Arbeitskampf zu erzielenden Tarifvertrag kommen, dürfen sie nicht Mitglieder jeweils der für sie spezifisch anderen Seite in ihren Reihen zählen, und sie müssen auch von dem Einfluß der für sie jeweils anderen Seite frei bleiben. Damit drängt sich vielleicht der Gedanke auf, wie hier das Ergebnis im Hinblick auf die leitenden Angestellten ist. Als Arbeitnehmer mit spezifischen Arbeitnehmerinteressen werden sie auf der Arbeitgeberseite wohl nicht koalitionsfähig sein. Art. 9 Abs. 3 GG garantiert sicher den Koalitionspluralismus, der die Möglichkeit der Bildung von Verbänden zulassen dürfte, die nur leitende Angestellte organisieren. Damit ist es aber nicht getan. Es geht darum, ob das eben hinsichtlich der Arbeitgeberseite Gesagte gleichfalls gegenüber den Gewerkschaften gilt oder ob die Prinzipien der Gegnerfreiheit und Gegnerreinheit vielleicht neu durchdacht werden müssen, wobei allerdings die *Unmöglichkeit einer Globalerfassung der leitenden Angestellten* (Hervorhebung vom Verfasser) doch wohl zu beachten wäre. Mit dieser offenen Frage sei geschlossen."

[7] BVerfG, Urt. v. 18. 11. 1954 — 1 BvR 629/52, BVerfGE 4, 96 (106, 107); BVerfG, Urt. v. 6. 5. 1964 — 1 BvR 79/62, BVerfGE 18, 18 (28); *Huber*, Wirt-

der Arbeitgeberschaft und auf der darauf fußenden Annahme, daß eine Vereinigung, die auch ihren sozialen Gegenspieler als Mitglied aufnimmt, nicht mehr in der Lage ist, ihre eigenen Interessen wirksam und mit Nachdruck zu vertreten. Denn in diesem Fall ist die Unabhängigkeit ihrer Willensbildung nicht gewährleistet. Von daher ist der Grundsatz der Gegnerreinheit und der Gegnerunabhängigkeit funktional zu verstehen; er hat die Aufgabe, die Effektivität der koalitionsmäßigen Interessenvertretung zu sichern.

Dennoch ist eine gewisse Formalisierung dieses Prinzips erforderlich[8], wenn man ihm Wirksamkeit verleihen will. Es würde nämlich eine erhebliche Rechtsunsicherheit zur Folge haben, wenn für das Urteil über die Tariffähigkeit einer Vereinigung jeweils umfangreiche tatsächliche Nachforschungen darüber angestellt werden müßten, ob Mitglieder, die dem sozialen Gegenspieler zuzurechnen sind, einen ins Gewicht fallenden Einfluß in der Koalition haben. Vielmehr muß die bloße Mitgliedschaft von Personen, die dem sozialen Gegenspieler angehören, und damit die potentielle Beeinflussung der Koalition durch den Gegenspieler genügen, um der Vereinigung die Tariffähigkeit zu nehmen. Darauf beruht die selbständige Bedeutung des Grundsatzes der Gegnerreinheit gegenüber dem Grundsatz der Gegnerunabhängigkeit. Etwas anderes kann nur insoweit gelten, als es *offenkundig* ist, daß die dem sozialen Gegenspieler zuzurechnenden Mitglieder der Koalition in dieser keinen Einfluß auszuüben vermögen. In diesem Fall ist eine Verletzung des Grundsatzes der Gegnerreinheit nicht anzunehmen[9]. In dieser Sicht stellt sich

---

schaftsverw.R. II § 91 I 1 b bb, S. 369; *Dietz*, Die Grundrechte III/1, S. 417 (428 bis 434); *Nikisch*, ArbR II, § 70 III 5 pr. S. 249 und § 57 II 4, 5 S. 7 - 9; *Weber*, Festschrift für das OLG Celle S. 239 (249); Hueck/Nipperdey/*Stahlhacke*, TVG, § 2 Rdnr. 22 - 27; Hueck/*Nipperdey*, Lehrb II/1, § 6 II 1, 2, S. 90 - 97; *Säcker*, Grundprobleme § 7 A, S. 62; *Maunz*/Dürig/Herzog, GG, Art. 9 Rdnr. 98; *Scholz*, Koalitionsfreiheit, § 10 C, S. 47.

In jüngster Zeit wird im Hinblick auf die geplante Einführung der paritätischen Mitbestimmung vor allem die Frage diskutiert, ob die Grundsätze der Gegnerreinheit und Gegnerunabhängigkeit in Art. 9 Abs. 3 GG verfassungsrechtlich verankert sind. Vgl. einerseits *Zöllner/Seiter*, ZfA 1970, 97 (121 - 158), *Pernthaler*, Qualifizierte Mitbestimmung und Verfassungsrecht S. 183 - 186 sowie andererseits *Schwerdtfeger*, Mitbestimmung und Grundgesetz S. 253 - 258, *Roscher*, RdA 1972, 279.

Falls man die Frage bejaht, stellt sich das weitere Problem, ob und wie den Grundsätzen der Gegnerreinheit und Gegnerunabhängigkeit auch bei Einführung der paritätischen Mitbestimmung Rechnung getragen werden kann. Vgl. dazu *Scholz*, Paritätische Mitbestimmung und Grundgesetz, F III 1, S. 115, 116 sowie F IV 3, S. 121, 122.

[8] Zurückhaltend *Herschel*, Tariffähigkeit und Tarifmacht S. 34: „Dieses Prinzip der Gegnerfreiheit darf man nicht formalistisch übertreiben“, und ihm zustimmend *Nipperdey*, Möhring-Festschrift S. 87 (89): „Der Grundsatz der Gegnerfreiheit darf aber nicht formal ausgelegt werden. Es handelt sich vielmehr um einen relativen Begriff.“

[9] Daher ist durchaus der Entscheidung des RAG, Urt. v. 10. 4. 1924 — RAG 648/1928, Bensheimer Sammlung 5, 543 (546) zu folgen, die ausführt, der Um-

der Grundsatz der Gegnerreinheit nicht anders dar als als Konkretisierung[10] und Formalisierung des Prinzips der Gegnerunabhängigkeit. Der Grundsatz der Gegnerreinheit soll durch personelle Unabhängigkeit vom sozialen Gegenspieler eine wirkungsvolle Interessenvertretung sicherstellen.

B. Der Begriff des sozialen Gegenspielers

Es stellt sich nunmehr die Frage, wieweit der Begriff des sozialen Gegenspielers in dem hier interessierenden Zusammenhang zu ziehen ist, ob er nämlich im Fall einer Arbeitnehmerkoalition außer den Arbeitgebern auch die leitenden Angestellten umfaßt. Zur Lösung dieses Problems dient die Frage, wieweit die leitenden Angestellten sich — wie der Arbeitgeber — in einem Interessengegensatz zu der übrigen Arbeitnehmerschaft befinden oder wieweit ihre Interessen mit denen der anderen Arbeitnehmer gleichgerichtet sind. Die Frage kann nur von der Funktion der leitenden Angestellten her beantwortet werden.

I. Leitende Angestellte i. S. des § 5 Abs. 3 BetrVG als soziale Gegenspieler

Nach dem grundlegenden Beschluß des Bundesarbeitsgerichts vom 5. März 1974 liegt es nahe, die leitenden Angestellten i. S. des § 5 Abs. 3 BetrVG als soziale Gegenspieler der Arbeitnehmer zu betrachten. Denn die Rechtfertigung für die Herausnahme der leitenden Angestellten aus der Betriebsverfassung sieht das BAG in ihrem Interessengegensatz zu der durch den Betriebsrat repräsentierten Arbeitnehmerschaft[11]:

„Der Zweck der Sonderstellung der leitenden Angestellten kann nach dem Gesamtzusammenhang der gesetzlichen Konzeption des Betriebsverfassungs-

---

stand, daß einem Arbeitnehmerverband auch Arbeitgeber angehören, schließe nicht in jedem Falle gleich und immer die Tariffähigkeit aus.

Nach *Nipperdey*, Möhring-Festschrift S. 87 (90, 91) ist die Mitgliedschaft einzelner Arbeitgeber in einer Gewerkschaft unschädlich, es sei denn, daß sie die Unabhängigkeit beeinträchtigt. „Haben die einzelnen Arbeitgeber im Verband wirklich Einfluß, so setzt das Prinzip der Unabhängigkeit ein, das dann verletzt wäre" (a.a.O.; in demselben Sinn *Nipperdey/Säcker*, AR Blattei, D Berufsverbände I, I Entwicklung, Begriff, Rechtsstellung, unter C I 2 a und zuletzt *Scholz*, Paritätische Mitbestimmung und Grundgesetz, F I 2, S. 103, 104).

Diese Auffassung läßt im Ergebnis den Grundsatz der Gegnerreinheit leerlaufen und stellt entscheidend nur noch auf das Prinzip der Gegnerunabhängigkeit ab (so in der Tat ausdrücklich *Zöllner/Seiter*, ZfA 1970, 97 (124 - 127). Sie verkennt, daß die eigenständige Bedeutung des Grundsatzes der Gegnerreinheit gerade darin besteht, dem Prinzip der Gegnerunabhängigkeit für den personellen Bereich klare Konturen zu verleihen. Dem wird die hier vertretene „Evidenztheorie" gerecht, ohne auf der anderen Seite den Grundsatz der Gegnerreinheit „formalistisch zu übertreiben".

[10] So auch *Nipperdey*, Möhring-Festschrift S. 87 (89).

[11] BAG, Beschluß v. 5. 3. 1974 — 1 ABR 19/73, DB 1974, 826 (829).

gesetzes selbst nur sein, dem gleichsam natürlichen Interessengegensatz zwischen Unternehmer (Arbeitgeber) und Arbeitnehmerschaft, repräsentiert durch den Betriebsrat, und damit der Polarität der Interessen Rechnung zu tragen. Da die leitenden Angestellten wesentliche Unternehmerfunktionen wahrnehmen, können sie nicht gleichzeitig für den Unternehmer handeln und zum Betriebsrat wählen oder gar gewählt werden, um unter Umständen in einer Person diesen Interessengegensatz auszutragen. Zwar geht jetzt § 5 Abs. 3 a. a. O. zutreffend davon aus, auch die leitenden Angestellten seien Arbeitnehmer; sie haben auch spezifische Arbeitnehmerinteressen. Gleichwohl nimmt der Gesetzgeber diesen Personenkreis aus der Anwendung des Gesetzes heraus, weil eben der leitende Angestellte kraft seiner ihm übertragenen und von ihm ausgeübten Funktion typisch Unternehmer- (Arbeitgeber)interessen zu wahren hat."

Mit dieser Sicht setzt das Bundesarbeitsgericht zu Unrecht Unternehmerfunktion und Arbeitgeberfunktion gleich. Denn die Teilhabe an wesentlichen Unternehmerfunktionen ist zwar — wie das BAG selbst betont — für den leitenden Angestellten kennzeichnend; die Ausübung von Arbeitgeberbefugnissen kann jedoch (heute) nicht (mehr) als notwendiges Merkmal des leitenden Angestellten angesehen werden. Die Auffassung, daß die Wahrnehmung von Arbeitgeberfunktionen für diesen Begriff kennzeichnend sei[12], verkehrt die Entscheidung, die der Gesetzgeber mit der Einfügung der 3. Alternative des § 4 Abs. 2 Buchstabe c BetrVG 1952 (gegenüber dem § 12 Abs. 2 Betriebsrätegesetz 1920) und der Ziff. 3 des § 5 Abs. 3 BetrVG 1972 getroffen hat, in ihr Gegenteil[13].

[12] *Kehrmann/Schneider*, BlStSozArbR 1972, 81 (82) („nur solche Personen, die auf Grund der Organisation des Unternehmens Anordnungsbefugnis nach innen und Vertretungsbefugnis nach außen haben"); *Gnade/Kehrmann/Schneider*, BetrVG, § 5 Anm. 5; *Rose*, AuR 1972, 309 (315); *Becker-Schaffner*, BlStSoz ArbR 1972, 257 (259).

[13] So mit Recht *Wiedemann*, RdA 1972, 210 (214, bei Fn. 19). In der amtlichen Begründung zum Regierungsentwurf eines Betriebsverfassungsgesetzes 1952 finden sich zu diesem Punkt klare und aufschlußreiche Ausführungen. Da der Gesetzgeber des Jahres 1972 den Kreis der leitenden Angestellten im wesentlichen unverändert lassen wollte (Begründung zum Regierungsentwurf, Bundestags-Drucksache VI/1786, S. 34, 36), sind diese Ausführungen auch heute noch aktuell und sollen hier daher im Wortlaut wiedergegeben werden (veröffentlicht in RdA 1950, 375, 376):

„Die unter Buchstaben a und b genannten Personen waren — allerdings in juristisch ungenauer Gesetzessprache — schon durch § 12 Abs. 2 des Betriebsrätegesetzes v. 4. 2. 1920 (RGBl. S. 147) als arbeitgeberähnliche Personen bezeichnet, da sie zu der leitenden Schicht des Betriebes gehören und deshalb in einer Interessenvertretung der Arbeitnehmer keinen Platz finden. Ähnliches gilt für die unter Buchstabe c bezeichneten Personen, wobei der ausgenommene Personenkreis gegenüber der Regelung in § 12 Abs. 2 BRG 1920 *erweitert* (Hervorhebung v. Verfasser) ist um diejenigen Personen, die Aufgaben wahrnehmen, die wegen ihrer hervorgehobenen Bedeutung für Bestand und Entwicklung des Betriebes nur auf Grund besonderen persönlichen Vertrauens des Arbeitgebers an hochwertige Spezialkräfte übertragen werden (z. B. Chefkonstrukteure, Chefchemiker, hochqualifizierte Kaufleute und sonstige Spezialisten). Auch diese Personen sind durch besondere Bindungen an den Arbeitgeber der Sphäre der Arbeitnehmerschaft und ihrer Mitwirkung und Mitbestimmung entrückt, obgleich sie eigentliche Arbeitgeberfunktionen im Betrieb *nicht* (Hervorhebung v. Verfasser) ausüben."

Eine richtige Sicht des § 5 Abs. 3 BetrVG hat vielmehr davon auszugehen, daß mit der Normierung der 3. Alternative des § 4 Abs. 2 Buchstabe c BetrVG 1952 und der Ziff. 3 des § 5 Abs. 3 BetrVG 1972 zwei Gruppen von leitenden Angestellten zu unterscheiden sind, nämlich diejenigen, die in den Linienstellen an den Arbeitgeberfunktionen teilhaben (in etwa die Fallgruppen der Ziff. 1 und 2 des § 5 Abs. 3 BetrVG)[14] und die, die in den Stabsstellen die unternehmerischen Entscheidungen vorbereiten, ohne sie selbst endgültig und in letzter Instanz zu treffen (in etwa die Fallgruppe der Ziff. 3 des § 5 Abs. 3 BetrVG)[15]. Dabei läßt sich die Funktion der Stabsstelle schlagwortartig als „beratende Information" und die der Linienstelle als „verantwortliche Entscheidung" beschreiben[16]. Diese Unterscheidung der leitenden Angestellten in die sogenannte Tatgruppe (Linienfunktion) und Ratgruppe (Stabsfunktion) setzt sich immer mehr durch[17].

Allerdings können nicht alle Angestellten in den Stäben als leitende Angestellte angesehen werden (ebensowenig wie dies für alle Angestellten in der Linie zutrifft); diese Eigenschaft kommt nur denjenigen zu, die kraft ihrer Funktion maßgeblichen Einfluß auf die wirtschaftliche, technische, kaufmännische, organisatorische oder wissenschaftliche Führung des Unternehmens ausüben, d. h. Voraussetzungen schaffen, „an denen die eigentliche Unternehmensführung nicht vorbeigehen kann"[18]. Des-

---

[14] *Brecht*, BetrVG, § 5 Rdnr. 24; *Fitting/Auffarth/Kaiser*, BetrVG, § 5 Rdnr. 19 b, 26; Dietz/*Richardi*, BetrVG, § 5 Rdnr. 104; vgl. auch *Wiedemann*, Die „arbeitgeberähnlichen" leitenden Angestellten im Betriebsverfassungsrecht, RdA 1972, 210 (210).

[15] *Brecht*, BetrVG, § 5 Rdnr. 24; *Fitting/Auffarth/Kaiser*, BetrVG, § 5 Rdnr. 19 b, 26; Dietz/*Richardi*, BetrVG, § 5 Rdnr. 104.

[16] *Rippe*, Analysen 1971, 22 (23); *Wöhe*, Einführung in die allgemeine Betriebswirtschaftslehre S. 155: „Funktionstrennung in Entscheidungsvorbereitung durch den Stab und Entscheidung durch die Linie"; ferner *Schwarz*, Arbeitsplatzbeschreibungen, C III 4 b, S. 191.

[17] Senatspräsident Dr. *König* auf der Pressekonferenz des BAG vom 20. September 1966, vgl. Der leitende Angestellte 1966, 163 (165); *Trinkhaus*, DB 1968, 1813 (1814); *Gerhard Müller*, Bergfreiheit 1969, 133 (137); *Guido Fischer*, Personal, Mensch und Arbeit 1971, 43 (46); *Raatz*, DB 1972, Beilage Nr. 1 zu Heft Nr. 1 S. 2; *Boldt*, DB 1972, Beilage Nr. 5 zu Heft Nr. 18 S. 3; *Ansgar Fischer*, DB 1972, 437 (438); *Brecht*, BetrVG, § 5 Rdnr. 24; *Auffarth*, AuR 1972, 33 (37); *Fitting/Auffarth/Kaiser*, BetrVG, § 5 Rdnr. 19 b, 26; Dietz/*Richardi*, BetrVG, § 5 Rdnr. 104; *Galperin*, Betriebsverfassungsgesetz S. 22; *Schaub*, Arbeitsrechtshandbuch, § 14 III 1, S. 47 und § 212 IV, S. 852; *Wiegand*, Der leitende Angestellte als Arbeitnehmer S. 49, 50; *Witte/Bronner*, Die leitenden Angestellten S. 5, 6 sowie DB 1974, 1233 (1234).

[18] BAG, Beschluß v. 5. 3. 1974 — 1 ABR 19/73, DB 1974, 826, unter III 2 c der Gründe; *Fitting/Auffarth/Kaiser*, BetrVG, § 5 Rdnr. 19 a; vgl. dazu auch *Witte/Bronner*, Die leitenden Angestellten S. 17, 18:

„Während man in der älteren Betriebswirtschaftslehre geneigt war, diese geistigen Leistungsbeiträge als bloße Entscheidungsvorbereitung zu qualifizieren, ist man nach neueren Forschungsergebnissen zu der Feststellung gelangt, daß in der Forschungs- und Stabsarbeit bindende Vorentschlüsse für den halb lassen sich die drei Fallgruppen des § 5 Abs. 3 BetrVG auch folgendermaßen charakterisieren[19]:

Ziff. 1: angestellte Arbeitgeber
Ziff. 2: angestellte Unternehmensvertreter
Ziff. 3: angestellte Unternehmensleiter

Die leitenden Angestellten in den Stabsstellen nehmen, indem sie in den Forschungs- und Planungsabteilungen die unternehmerischen Entscheidungen vorbereiten, delegierte Unternehmerfunktionen wahr[20]. Nicht allein die Teilhabe an der Arbeitgeberfunktion, sondern auch die Teilhabe an wesentlichen Unternehmerfunktionen begründet die Eigenschaft als leitender Angestellter[21]. Das Verhältnis der Arbeitgeberfunktion zur Unternehmerfunktion ist dabei so zu sehen, daß die Wahrnehmung der Arbeitgeberaufgaben einen Teil der umfassenderen unternehmerischen Tätigkeit darstellt[22]. Arbeitgeberfunktion läßt sich als Unternehmerfunktion im personellen Bereich kennzeichnen.

Daher ist den Teilgruppen der leitenden Angestellten *gemeinsam*, daß *alle* leitenden Angestellten wesentliche Unternehmerfunktionen ausüben[23] und dabei einen eigenen, erheblichen Entscheidungsspielraum haben. Dadurch unterscheiden sie sich von der übrigen Arbeitnehmerschaft. Wegen dieser besonderen Stellung und Funktion der leitenden Angestellten geht das Spannungsverhältnis, das zwischen dem Arbeitgeber und den leitenden Angestellten besteht, in dem Grundverhältnis Arbeitgeber/Arbeitnehmer (Betriebsrat) nicht auf[24]. Daher erscheint der Betriebsrat zur Vertretung der gruppenspezifischen Interessen der leitenden Angestellten[25] nicht geeignet und eine betriebsratsunabhängige

eigentlichen ökonomischen Finalentschluß fallen können. Sofern eine erarbeitete Entscheidungsalternative keine andere Wahl zuläßt als ein Ja oder Nein, muß das Arbeitsergebnis als ein erheblicher Entscheidungsbeitrag gewertet werden."

19 *Witte/Bronner*, Die leitenden Angestellten S. 5.

20 *Kleine*, Der leitende Angestellte 1963, 114 (115); *Gumpert*, BB 1967, 925 (927).

21 Das wird vor allem auch vom BAG betont, vgl. BAG, Beschluß v. 5. 3. 1974 — 1 ABR 19/73, DB 1974, 826 (829), unter III 3 b - d; ferner *Bulla*, Herschel-Festschrift S. 121 (122, 125, 139); *Schimetschek*, Kummer-Festschrift S. 313 (319); *Böker*, Der leitende Angestellte S. 35 - 38.

22 Ebenso BAG, Beschluß v. 5. 3. 1974 — 1 ABR 19/73, DB 1974, 826 (828), unter III 2 c der Gründe; *Bulla*, Herschel-Festschrift S. 121 (122); *Böker*, Der leitende Angestellte S. 37; *Beuthien*, SAE 1974, 173 (176).

23 So ausdrücklich *Gerhard Müller*, DB 1975, 253 (256 linke Spalte unten).

24 *Rüthers*, BB 1972, 1105 (1107).

25 Vgl. *Rüthers*, BB 1972, 1105 (1105): „Die leitenden Angestellten sind aber auch weisungsabhängige Arbeitnehmer. Ihre gruppenspezifischen Arbeitnehmerinteressen sind begründet in der stark gewachsenen Zahl dieser Funktionen, in der dadurch bedingten einseitig-kollektiven Regelung ihrer Arbeitsbedingungen durch den Arbeitgeber mittels arbeitsvertraglicher Einheitsregelungen (‚Allgemeine Arbeitsbedingungen') und schließlich in der zunehmenden

Interessenvertretung der leitenden Angestellten geboten[26]. Aus diesem Grunde ist die Herausnahme sämtlicher leitenden Angestellten aus der Betriebsverfassung sinnvoll, nicht dagegen wegen eines Interessengegensatzes zwischen den leitenden Angestellten und der durch den Betriebsrat vertretenen Arbeitnehmerschaft. Denn dieser Gesichtspunkt trifft nur für eine *Teilgruppe* der leitenden Angestellten zu.

Ob der leitende Angestellte in der Linie oder im Stab eingesetzt ist, ist für seine Beziehung zu den übrigen Arbeitnehmern von einschneidender Bedeutung[27]. In Konfrontation mit der Belegschaft befindet sich nämlich nur der leitende Angestellte in der Linie, der durch Maßnahmen wie Einstellungen oder Entlassungen, Änderungskündigungen, Anordnung von Kurzarbeit oder Überstunden, Festsetzung der Akkord- und Prämiensätze und anderes mehr die Wirtschaftspolitik des Unternehmens gegenüber den Arbeitnehmern in die Tat umsetzt. Zwar mag *Rüthers/Stindt* zuzustimmen sein, wenn sie ausführen, daß auch die Tätigkeit der leitenden Angestellten in den Stäben von der Aufgabe her eine Interessenidentifikation mit den Unternehmenszielen voraussetze (sogenannter *indirekter* Gegnerbezug zur Belegschaft)[28]. Diese Feststellung gibt aber im vorliegenden Zusammenhang nichts her und ist letzten Endes nichtssagend. Denn bezüglich der Erwirtschaftung eines Produktionserfolges — dem Ziel jeder unternehmerischen Tätigkeit — besteht zwischen dem Unternehmer und seinen Arbeitnehmern immer ein Interessengleichklang[29].

Anonymität und Auswechselbarkeit der leitenden Angestellten aus der Sicht der Unternehmensleitung."

[26] *Rüthers*, BB 1972, 1105 (1107).

[27] Nicht dagegen für die Frage, ob die Voraussetzungen für eine der drei Fallgruppen des § 5 Abs. 3 BetrVG erfüllt sind; denn § 5 Abs. 3 BetrVG erfaßt leitende Angestellte sowohl in der Linie als auch im Stab: so mit Recht BAG, Beschluß v. 5. 3. 1974 — 1 ABR 19/73, DB 1974, 826 (830), unter III 4 a. E. der Gründe; a. A. *Rose*, AuR 1972, 309 (315).

[28] *Rüthers/Stindt*, BB 1972, 973 (977). Dieser Gedanke ist in der Rechtsprechung teilweise als Gesichtspunkt der Identifikation mit den Interessen des *Arbeitgebers* aufgegriffen worden: LAG Düsseldorf, Kammer Köln, Beschluß v. 14. 11. 1972 — 8 BV Ta 11/72, DB 1973, 576 (577); LAG Hamm, Beschluß v. 28. 9. 1973 — 8 Ta BV 17/73, DB 1973, 2353 (2354). Das BAG, Beschluß v. 5. 3. 1974 — 1 ABR 19/73, DB 1974, 826 (829), unter III 3 b der Gründe, spricht davon, die Teilhabe der leitenden Angestellten an der unternehmerischen Tätigkeit führe schon zu einem gewissen „Interessengegensatz" zu der durch den Betriebsrat repräsentierten Arbeitnehmerschaft. Dem kann aus den im folgenden dargelegten Gründen nicht zugestimmt werden. In der Rechtsprechung wird zwischen den Begriffen Unternehmer und Arbeitgeber kaum unterschieden; das BAG, a.a.O., verwendet die Begriffe häufig nebeneinander: es spricht von „Unternehmer (Arbeitgeber)" sowie „Unternehmer-(Arbeitgeber)interessen". Nach der im Text vertretenen Auffassung sind die Interessen Unternehmer—Arbeitnehmer gleichgerichtet, die Interessen Arbeitgeber—Arbeitnehmer dagegen entgegengesetzt.

[29] *Buchner*, DB 1974, 530 (530). *Janert*, DB 1974, 286 (286, 287) und *Hoffmann*, NJW 1974, 1161 (1164) stellen die Tauglichkeit des Kriteriums „Gegnerbezug"

Wenn man — wie *Rüthers/Stindt* und ihnen folgend das Bundesarbeitsgericht — im Rahmen der *Betriebs*verfassung von Gegnerbezug sprechen will, darf man nicht allein das Unternehmen und die Unternehmensziele als archimedischen Punkt der Erörterung ansehen, sondern muß vornehmlich auf den Interessengegensatz im *Betrieb* abstellen. Mit dem Betrieb wird die *Organisation* erfaßt, in welcher der Arbeitnehmer durch seine Arbeit einen Beitrag für die Zielverwirklichung des Unternehmens leistet[30]. Der Interessengegensatz, der in der Betriebsverfassung vorausgesetzt ist und dem durch die Mitwirkungs- und Mitbestimmungsrechte des Betriebsrats Rechnung getragen wird, gründet sich im wesentlichen auf das Weisungsrecht des Arbeitgebers. Schon von daher kann er für die leitenden Angestellten in den Stäben, denen keine — abgeleiteten — Weisungsbefugnisse zustehen, nicht von entscheidender Bedeutung sein. Außerdem bezieht sich dieser Interessengegensatz in erster Linie auf die Frage, wo, wann und wie die Arbeitsleistung zu erbringen ist, unter deren Einsatz das allen Beteiligten gemeinsame Unternehmensziel (ein möglichst hoher Produktionserfolg) erreicht werden soll[31]. Im Falle der Einführung der paritätischen Mitbestimmung wird *dieser* Interessengegensatz insofern (weiter) relativiert, als die Träger der originären Weisungsbefugnis, die konkreten Prinzipale, dann zur Hälfte der Arbeitnehmerseite zugerechnet werden können.

Der letzten Endes entscheidende Interessengegensatz bezieht sich auf die Frage der Verteilung des im Unternehmen erzielten Gewinns[32] — daran wird sich auch im Falle der Einführung der paritätischen Mitbestimmung nichts ändern. Dies wird deutlich, wenn man die Löhne und Gehälter der Arbeitnehmer einmal nicht als Kosten im betriebswirtschaftlichen Sinn ansieht, sondern als Ertrag der eingesetzten Arbeitskraft zu den Dividenden der Anteilseigner als Ertrag des eingesetzten Kapitals in Beziehung setzt. Stellte man eine Gewinn- und Verlustrech-

---

gänzlich in Frage; skeptisch auch *Witte/Bronner*, Die leitenden Angestellten S. 112 sowie *Grüll*, BB 1974, 653 (655) und *Beuthien*, SAE 1974, 173 (175), die im übrigen zu Recht darauf hinweisen, daß das BAG den von ihm aufgestellten Grundsatz der Polarität selbst weitgehend abschwächt.

[30] Dietz/*Richardi*, BetrVG, § 1 Rdnr. 48.

[31] Zudem soll diese Frage kraft ausdrücklicher gesetzlicher Anordnung, § 2 Abs. 1 BetrVG, in vertrauensvoller Zusammenarbeit zwischen Arbeitgeber und Betriebsrat gelöst werden. Auch *Gerhard Müller*, Brun-Festschrift, weist darauf hin, „daß das jetzige — ebenso wie das frühere — Betriebsverfassungsgesetz zusammen mit der Sicht der Interessenpolarität die Maxime der Kooperation als die schlechthin allgemeine Grundregelung normiert. Beide Gesichtspunkte sind gleichzeitig zu beachten". Nach *Biedenkopf*, Tarifautonomie S. 302 geht das BetrVG nicht vom Grundsatz der Polarität, sondern von dem der Gemeinsamkeit der Interessen aus. Im Zusammenhang mit dem Problem der Gegnerfreiheit werde die unterschiedliche Stellung von Gewerkschaft und Betriebsrat zum Unternehmer besonders deutlich.

[32] *Buchner*, DB 1974, 530 (530).

nung auf, in der die Löhne und Gehälter nicht als Aufwand erscheinen[33], so stünde bei der — von wem auch immer zu treffenden — Entscheidung über die Verwendung des „Bilanzgewinns" die Festsetzung der Höhe von Löhnen und Gehältern in gleicher Weise zur Debatte wie die Höhe der auszuschüttenden Dividenden[34].

II. Leitende Angestellte mit Arbeitgeberfunktionen als soziale Gegenspieler

1. *Charakterisierung der Arbeitgeberfunktion*

a) Befugnis zu Einstellungen und Entlassungen sowie zur Festsetzung von materiellen Arbeitsbedingungen

Nur die leitenden Angestellten, die in der *Linie* gegenüber der Belegschaft *Arbeitgeber*funktionen wahrnehmen, befinden sich in Konfrontation mit den übrigen Arbeitnehmern. Es fragt sich allerdings, was unter Ausübung von Arbeitgeberfunktionen zu verstehen ist. Nach *Wiedemann* bildet das maßgebliche Merkmal „die Vorgesetzteneigenschaft, die in größerem Umfang, weisungsfrei und folglich eigenverantwortlich ausgeübt werden darf"[35]. Die Ausübung des Direktionsrechts kann jedoch nicht entscheidend sein[36]. Einmal gibt es in der Betriebshierarchie in vielfältiger Weise abgeleitete Weisungsbefugnisse (z. B. die des Werkmeisters oder Poliers), ohne daß diese Weisungsbefugnisse einen entscheidungserheblichen Interessengegensatz zu den anderen Arbeitnehmern begründen können. Zum anderen wird das Direktionsrecht wirk-

---

[33] Also eine Gewinn- und Verlustrechnung, in der der Bilanzgewinn nicht durch den Posten „Löhne und Gehälter" gemindert wird, vgl. § 157 Abs. 1 Nr. 16 AktG.

[34] Auch im Falle der Einführung der paritätischen Mitbestimmung muß daher in *dieser* Frage der Konfrontationsmechanismus zwischen den Arbeitsmarktparteien erhalten bleiben. Bei Zugrundelegung der überkommenen Unternehmensverfassung kann dies etwa in der Weise geschehen, daß die Entscheidungen der — paritätisch besetzten oder zumindest paritätisch orientierten — Unternehmensvorstände in allen lohnpolitischen Fragen an die Zustimmung der Anteilseignervertreter im Aufsichtsrat gebunden werden: so *Scholz*, Paritätische Mitbestimmung und Grundgesetz, F IV 3, S. 121, 122. Vgl. ferner *Säcker*, DRdA 1973, 89 (95), der ausführt, soweit der Regelungseinfluß der Tarifautonomie reiche, habe eine mitbestimmungsrechtliche Regelung zurückzutreten, da andernfalls der Sinn der Einräumung von Tarifautonomie und Arbeitskampf gefährdet oder ausgehöhlt würde. A. A. allerdings jetzt *Gerhard Müller*, DB 1975, 205 (207): „Schließlich geht es nicht an, die Tarifvertragsangelegenheiten aus der paritätischen Mitbestimmung herauszunehmen."

[35] *Wiedemann*, RdA 1972, 210 (210).

[36] Ebenso *Totschek*, Der Begriff des leitenden Angestellten S. 32 Fn. 45 und S. 52 Fn. 1; *Bulla*, Herschel-Festschrift S. 121 (141). *Ellefret*, Die betriebsverfassungsrechtliche Stellung der leitenden Angestellten S. 67, 75; *Nipperdey*, Möhring-Festschrift S. 87 (93); *Böker*, Der leitende Angestellte S. 23; *Wiegand*, Der leitende Angestellte als Arbeitnehmer S. 47 Rdnr. 94, 95.

lich weisungsfrei nur von seinen originären Trägern, d. h. den gesetzlichen Vertretern (den „konkreten Prinzipalen") ausgeübt.

Nipperdey betrachtet denn auch im Hinblick auf das Prinzip der Gegnerreinheit nur diejenigen Personen als Arbeitgeber, die die oberste Leitungsbefugnis und damit niemandem gegenüber „eine Gehorsamspflicht im allgemeinen Sinne des § 121 Gewerbeordnung" haben[37]. Das bedeute, daß im Falle einer juristischen Person nur deren gesetzliche Vertreter, d. h. die „konkreten Prinzipale", als Arbeitgeber anzusehen seien[37]. Die leitenden Angestellten schieden im Hinblick auf das Prinzip der Gegnerreinheit als Arbeitgeber aus, da auch sie weisungsgebunden sind[38].

Diese Auffassung überzeugt nicht. Ist die Ansicht, die das Weisungsrecht (Vorgesetztenstellung) für das entscheidende Kennzeichen der Arbeitgeberfunktion hält, zu weitgehend, so ist die oberste Leitungsbefugnis mit ihrer Beschränkung auf die gesetzlichen Vertreter als Kriterium der Arbeitgeberfunktion zu eng gefaßt[39]. Die Abgrenzung der Arbeitgeberfunktion muß vielmehr zwischen diesen beiden Extremen erfolgen. Den Arbeitnehmern erscheinen alle diejenigen Personen als Arbeitgeber, die über ihre Einstellung oder Entlassung sowie über ihre Beförderung und über ihre materiellen Arbeitsbedingungen zu entscheiden haben. Unter materiellen Arbeitsbedingungen sind solche zu verstehen, die unmittelbaren Einfluß entweder auf die zu erbringende Arbeitsleistung

---

[37] *Nipperdey*, Möhring-Festschrift, S. 87 (93).

[38] *Nipperdey*, Möhring-Festschrift, S. 87 (93, 94, 113).

[39] Diese Auffassung vertreten offenbar auch *Zöllner/Seiter*, ZfA 1970, 97 (140, 141), die bei der Beurteilung der Gegnerunabhängigkeit mitbestimmter Unternehmen nicht nur auf die Inhaber der obersten Leitungsbefugnis, die Vorstandsmitglieder, sondern ebenso auf die mit Arbeitgeberfunktionen betrauten leitenden Angestellten abstellen. Nach ihrer Ansicht würde die allgemeine Einführung der paritätischen Mitbestimmung künftig nicht nur eine paritätische Auswahl der Vorstandsmitglieder zur Folge haben, sondern mit hoher Wahrscheinlichkeit auch auf die Interessenorientierung der leitenden Angestellten in entscheidender Weise „durchschlagen" (S. 139). Ähnlich der Bericht der Mitbestimmungskommission, BT-Drucksache VI/334 S. 50 (Nr. 59):

„Von Aufsichtsratsvorsitzenden und Vorstandsmitgliedern wurde in den Anhörungen des öfteren die Befürchtung geäußert, daß sich bei einer paritätischen Besetzung des Aufsichtsrats negative Auswirkungen auf den Führungsnachwuchs nicht vermeiden ließen. Die zum Führungsnachwuchs gehörenden Angestellten könnten bestrebt sein, besonders enge Kontakte mit den ‚Mitbestimmungsträgern' zu pflegen, um auf diese Weise die besondere Unterstützung der Arbeitnehmervertreter im Aufsichtsrat zu gewinnen und damit die eigenen Aufstiegschancen zu verbessern. Die Gefahr einer solchen Entwicklung wurde auch von den in der Kommission gehörten Arbeitnehmervertretern in den Aufsichtsräten der Montanunternehmen gesehen."

Ebenso wie nach diesen Ausführungen bei der Beurteilung der Gegnerunabhängigkeit mitbestimmter Unternehmen die mit Arbeitgeberfunktionen betrauten leitenden Angestellten in die Untersuchung einzubeziehen sind, muß das auch umgekehrt bei der hier behandelten Frage der Gegnerreinheit einer Gewerkschaft geschehen.

oder den zu zahlenden Lohn haben. Sie betreffen daher das Verhältnis von arbeitsvertraglicher Leistung und Gegenleistung[40]. Die Gestaltung der materiellen Arbeitsbedingungen berührt vornehmlich die Individualinteressen der von ihnen betroffenen Arbeitnehmer. Die Rechtsordnung schützt die Arbeitnehmer gegen Eingriffe in die materiellen Arbeitsbedingungen durch das Erfordernis eines Abänderungsvertrages (§ 305 BGB), die gerichtliche Kontrolle der auf Abschluß eines abgeänderten Arbeitsvertrages gerichteten Änderungskündigung gem. § 1 KündigungsschutzG und vor allem durch die Tarifverträge[41].

Der Interessengegensatz zwischen Arbeitnehmern und Arbeitgebern erstreckt sich auch auf die leitenden Angestellten, die in dem so umrissenen Bereich Entscheidungsbefugnisse haben. Denn „Arbeitgeberfunktion ist Kauf von Arbeitskraft zur Verwertung der Produktionsmittel. Arbeitnehmerfunktion ist Verdingung der Arbeitskraft gegen Entgelt“[42]. In der Lohnfrage manifestiert sich der Gegensatz zwischen „Kapital“ und „Arbeit“. Zu Recht betont *Buchner*[43], daß im Verhältnis zwischen Arbeitgebern und Arbeitnehmern der weite Bereich des Interessengleichklangs bezüglich der Erwirtschaftung eines Produktionserfolges nicht ignoriert werden darf[44] und daß sich der Interessengegensatz nur auf die Ergebnisverteilung bezieht[45]. Danach sind diejenigen leitenden Angestellten, die in den Fragen der materiellen Arbeitsbedingun-

[40] *Nipperdey*, RdA 1968, 450 (451); *Söllner*, ArbR, § 21 III 2, S. 158. Die materiellen Arbeitsbedingungen stehen im Gegensatz zu den formellen Arbeitsbedingungen, welche die Angelegenheiten der betrieblichen Ordnung regeln (*Nipperdey*, a.a.O.: „Fragen, die herkömmlich unter den Begriff der allgemeinen Ordnung des Betriebes subsumiert werden“; Dietz/*Richardi*, BetrVG, § 87 Rdnr. 30: „Dienst- und Ordnungsvorschriften, die die Ordnung des Betriebs und das damit zusammenhängende Verhalten der Arbeitnehmer im Betrieb regeln“).

[41] *Nipperdey*, RdA 1968, 450 (451); vgl. auch *Richardi*, Kollektivgewalt und Individualwille, § 20 IV 2 b, S. 256: „Die materiellen Arbeitsbedingungen sind grundsätzlich der Regelung auf überbetrieblicher Ebene oder dem Einzelarbeitsvertrag zugewiesen. Sie sind dort einer Zwangsschlichtung entzogen.“ Allerdings gilt dieser Satz nach Inkrafttreten des BetrVG 1972 nicht mehr uneingeschränkt, vgl. insbesondere § 87 Abs. 1 Ziff. 3 und 11 BetrVG 1972, dazu *Söllner*, ArbR, § 21 III 2, S. 158, sowie die Ziff. 9 und dazu BAG, Beschluß v. 13. 3. 1973 — 1 ABR 16/72, DB 1973, 1458 (Mitbestimmungsrecht des Betriebsrats bei der Mietzinsbildung für Werkswohnungen); ferner BAG, Beschluß v. 5. 3. 1974 — 1 ABR 28/73, DB 74, 1389 (zu § 87 Abs. 1 Ziff. 3 BetrVG).

[42] *Potthoff*, ArbR 1921, 25 (28, 29).

[43] *Buchner*, DB 1974, 530 (530).

[44] *Gamillscheg*, Fechner-Festschrift S. 135 (140):

„Es ist der Schlüssel zum großen Erfolg unserer Wirtschaftsordnung, daß insoweit die Interessen von Unternehmer und Arbeitnehmer parallel laufen und daß steigende Gewinne durch rationelle Fertigung auch steigende Leistungen an die Arbeitnehmer bedeuten.“ Vgl. auch S. 141.

[45] Die „Interessenpolarität und Interessengemeinsamkeiten der Arbeitsmarktparteien“ schließen sich nicht gegenseitig aus, vgl. *Rüthers*, Arbeitsrecht und politisches System S. 24, 53, 59 sowie Tarifautonomie und gerichtliche Zwangsschlichtung S. 15.

gen den Arbeitgeber vertreten, in diesen Interessengegensatz einbezogen. Noch viel mehr gilt das allerdings dann, wenn die leitenden Angestellten zu Einstellungen (Beförderungen) oder Entlassungen berechtigt sind und somit über den Bestand der Arbeitsverhältnisse zu entscheiden haben.

b) Der Umfang der auf die leitenden Angestellten delegierten Arbeitgeberbefugnisse im einzelnen

Problematisch ist, welches Maß an Entscheidungsbefugnis in den hier angeschnittenen Fragen von den leitenden Angestellten zu fordern ist, um sie als soziale Gegenspieler der anderen Arbeitnehmer kennzeichnen zu können. Konkret: muß der leitende Angestellte z. B. über Einstellungen oder Entlassungen allein und letztverantwortlich entscheiden können oder genügt es, daß ihm ein „Mitbestimmungs"-recht in diesem Bereich eingeräumt ist? Für die Betriebsverfassung legt die Formulierung des § 5 Abs. 3 Ziff. 1 BetrVG das erstere nahe, denn dort ist von der Berechtigung zur „selbständigen" Einstellung und[46] Entlassung von im Betrieb oder in der Betriebsabteilung beschäftigten Arbeitnehmern die Rede. Die Kommentarliteratur steht denn auch auf dem Standpunkt, daß die Ziff. 1 des § 5 Abs. 3 BetrVG die Befugnis zu einer selbständigen und eigenverantwortlichen Entscheidung voraussetzt[47]. Es fragt sich allerdings, inwieweit diese Auffassung die tatsächlichen betriebsorganisatorischen Gegebenheiten berücksichtigt und ob sie nicht im Ergebnis dazu führt, daß die Ziff. 1 des § 5 Abs. 3 BetrVG weitgehend leerläuft[48].

---

[46] Das BetrVG verlangt also — kumulativ — die Berechtigung sowohl zu Einstellungen als auch Entlassungen.

[47] Dietz/*Richardi*, BetrVG, § 5 Rdnr. 111; *Fitting/Auffarth/Kaiser*, BetrVG, § 5 Rdnr. 24. Die Kommentare betonen insbesondere auch, daß die Befugnis nicht nur den Arbeitnehmern gegenüber, sondern auch im Innenverhältnis gegenüber dem Arbeitgeber bestehen muß: *Erdmann/Jürging/Kammann*, BetrVG, § 5 Rdnr. 13; *Stege/Weinspach*, BetrVG, S. 39; *Brecht*, BetrVG, § 5 Rdnr. 22; Fabricius/*Kraft*/Thiele/Wiese, BetrVG, § 5 Rdnr. 34.

[48] Vgl. Fabricius/*Kraft*/Thiele/Wiese, BetrVG, § 5 Rdnr. 34: „Angesichts der in Betrieben üblichen Organisation dürften die Voraussetzungen nur selten gegeben sein." Dazu *Witte/Bronner*, Die leitenden Angestellten S. 65:

„Der empirische Befund belegt deutlich die geringe praktische Relevanz dieser Vollmacht. Unternehmen der Industrie und des Handels bestätigen lediglich in 26 % der erhobenen Fälle, daß Personen mit dieser Einzelkompetenz existieren. Bei etwa 3/4 der Unternehmen findet sich faktisch keine Person mit einer derart ausschließlichen Berechtigung. Dic aus der klassischen Arbeitgeberfunktion abgeleitete Personalvollmacht wird in aller Regel arbeitsteilig erfüllt. Insbesondere die weitreichenden Konsequenzen einer Entlassung bedingen die Kooperation zwischen Personalressort und Fachressort. Aber auch die Einstellung von Mitarbeitern zwingt wegen vielfältiger personeller, arbeitstechnischer und einkommenspolitischer Details zu einer Zusammenarbeit zwischen diesen Instanzen. Die juristisch bindende Verpflichtung durch den Abschluß eines Arbeitsvertrages wird zwar formal von seiten des Personalressorts übernommen. Sie repräsentiert jedoch den personalpolitischen Entscheidungsprozeß bei der Einstellung oder Entlassung von Mitarbeitern nur unvollständig. Aus diesen in der Realität herrschenden Gegebenheiten kommt

Geht man nämlich davon aus, daß die Ziff. 1 des § 5 Abs. 3 BetrVG die Befugnis zu selbständigen und eigenverantwortlichen Einstellungen und Entlassungen voraussetzt, so erlangt die Bestimmung nur dann praktische Bedeutung, wenn die Personalabteilung entweder als reine Linienabteilung oder als reine Stabsstelle in die Gesamtorganisation des Betriebes eingebaut ist. Ist die Personalabteilung reine Linienabteilung, so hat ihr Leiter bzw. haben die Leiter ihrer Unterabteilungen für ihren Bereich Weisungsrechte auf dem Gebiete des Personalwesens gegenüber anderen Abteilungen des Betriebes[49]. Soweit es sich um Einstellungen und Entlassungen handelt, dürfte dieser Personenkreis dann die Voraussetzungen des § 5 Abs. 3 Ziff. 1 BetrVG erfüllen.

Wird die Personalabteilung dagegen als reine Stabsabteilung gebildet, so werden die personellen Entscheidungen außer von der obersten Leitung von den Führungskräften der mittleren und unteren Betriebsebene (in der Linie) getroffen[50]. Insoweit ist dann dieser Personenkreis mit der Ziff. 1 des § 5 Abs. 3 BetrVG angesprochen.

In der Praxis kommen Personalabteilungen als reine Linienabteilungen oder als reine Stabsstellen jedoch kaum vor[51]. Die Personalabteilung nimmt in der Regel eine Mittelstellung zwischen diesen beiden grundsätzlichen organisatorischen Möglichkeiten ein[52]. Auch bei einer mit stärkeren Exekutivvollmachten ausgestatteten Personalabteilung etwa muß letzten Endes auch der unmittelbare Vorgesetzte des Betreffenden mindestens ein gewichtiges Wort mitreden, wenn es um Entlassungen, Einstellungen, Gehalts- bzw. Lohnerhöhungen oder um andere Fragen dieser Art geht[53].

Häufig sind daher die Unternehmen in der Weise organisiert, daß für die Personalentscheidungen zwei Instanzen zuständig sind, und zwar der Art, daß sie diese Entscheidungen nur gemeinsam fällen und verantworten[54]. Dieses Zusammenwirken läßt sich als Kondominium beschreiben. Typisch dafür ist das Liniensystem mit Querfunktion[55]. Bei diesem

---

der Personalvollmacht eine nur geringe Abgrenzungsleistung zu." In dem gleichen Sinne S. 112.

[49] Vgl. *Mellerowicz*, Allgemeine Betriebswirtschaftslehre, Bd. IV, VII 1 a. a_2, S. 14.

[50] *Mellerowicz*, Allgemeine Betriebswirtschaftslehre, Bd. IV, VII 1 a. a_2, S. 15.

[51] *Mellerowicz*, Allgemeine Betriebswirtschafslehre, Bd. IV, VII 1 a. a_2, S. 13.

[52] *Mellerowicz*, Allgemeine Betriebswirtschaftslehre, Bd. IV, VII 1 a. a_2, S. 14.

[53] Vgl. *Mellerowicz*, Allgemeine Betriebswirtschaftslehre, Bd. IV, VII 1 a. a_3, S. 18; ferner *Kaiser*, BB 1974, 792.

[54] Vgl. *Witte/Bronner*, DB 1974, 1233 (1235): „Einstellung und Entlassung vollzieht sich in der betrieblichen Praxis als ein arbeitsteiliger Prozeß und hat sich damit von der klassischen Idee des Prinzipals losgelöst."

[55] Vgl. zu diesem Begriff und den folgenden Ausführungen: *Wöhe*, Einführung in die Allgemeine Betriebswirtschaftslehre, Zweiter Abschnitt A V 3 c. cc (2) (d), S. 155.

Organisationssystem werden bestimmte Funktionen, die sich auf den ganzen Betrieb beziehen, z. B. das Personalwesen, nicht als Stabsstellen ohne Weisungsrecht, sondern als Funktionsbereiche mit Weisungsrecht ausgegliedert. Das führt dann dazu, daß die Kompetenzen für bestimmte Vorgänge geteilt werden, indem der Leiter der Linieninstanz, z. B. der Leiter einer technischen Betriebsabteilung, und der Leiter der Funktionsstelle, z. B. der Personalchef, ein gemeinsames Entscheidungsrecht bei der Einstellung von Arbeitskräften für die betreffende Betriebsabteilung haben. Es kann also weder der betreffende Abteilungsleiter noch der Personalchef allein die Einstellung von Arbeitskräften vornehmen. Keine von beiden Instanzen hat das alleinige Entscheidungsrecht, beide müssen zusammen die Entscheidung treffen.

Diese allgemeinen Ausführungen können ergänzt werden durch die Ergebnisse einer empirischen Untersuchung, die Ende 1973 von den Münsteraner Soziologen *Hartmann, Bock-Rosenthal* und *Helmer* veröffentlicht worden sind[56]. Die genannten Autoren stellten 305 leitenden Angestellten die Frage, in welcher Weise sie an der Besetzung einer ihnen direkt untergeordneten Position (Mitarbeiter ausschließlich Schreibkräfte) beteiligt seien. Von den Befragten antworteten 9 %, ihre Mitwirkung beschränke sich auf die Beratung[57]. 57 % gaben an, ihnen stünde in diesem Bereich ein Mitbestimmungsrecht zu, und 25 % haben nach eigener Auskunft Alleinentscheidungsrecht[57, 58].

Auch diese Angaben zeigen, daß in der Praxis Personalentscheidungen sehr häufig nicht von einer einzigen Instanz gefällt werden, sondern daß einer weiteren Instanz ein Mitbestimmungsrecht eingeräumt ist. Soll daher die Einstellungs- oder Entlastungsbefugnis als Teilhabe an der Arbeitgeberfunktion nicht einen Tatbestand beschreiben, der in der betrieblichen Wirklichkeit überwiegend gar nicht anzutreffen ist, so kann darunter nicht ein alleiniges Entscheidungsrecht in Personalfragen verstanden werden. Vielmehr muß ein ins Gewicht fallender Einfluß im Sinne eines Mitbestimmungsrechts als ausreichend erachtet werden. Etwas anderes mag lediglich in denjenigen Unternehmen und Betrieben gelten, die derart organisiert sind, daß die Entscheidungen über Einstellungen oder Entlassungen jeweils nur von einer Person getroffen werden[59].

[56] *Hartmann/Bock-Rosenthal/Helmer,* Leitende Angestellte. Selbstverständnis und kollektive Forderungen. 1973.

[57] *Hartmann/Bock-Rosenthal/Helmer,* Leitende Angestellte S. 66.

[58] Hiermit stimmen die Angaben von *Witte/Bronner,* DB 1974, 1233 (1235) überein, die Befugnis zur selbständigen Einstellung und Entlassung sei in 74 % der untersuchten Unternehmen als Abgrenzungskriterium verneint worden, vgl. Fußnote 48.

[59] Die Abhängigkeit der Interpretation des § 5 Abs. 3 BetrVG von der jeweiligen betrieblichen Organisation erkennt auch das BAG an, wenn es ausführt, die privaten Unternehmen seien in ihrer Organisation und Produktion so

In diesem Zusammenhang stellt sich eine weitere Frage: sind nur diejenigen leitenden Angestellten in dem Interessengegensatz zwischen Arbeitgebern und Arbeitnehmern den Arbeitgebern zuzurechnen, die sowohl zu Einstellungen als auch zu Entlassungen berechtigt sind? Für den Begriff des leitenden Angestellten im Rahmen der Betriebsverfassung verlangt die Ziff. 1 des § 5 Abs. 3 BetrVG diese doppelte Befugnis: „... leitende Angestellte, wenn sie ... zur selbständigen Einstellung *und* Entlassung von im Betrieb oder in der Betriebsabteilung beschäftigten Arbeitnehmern berechtigt sind." Diese Formulierung ist dem § 4 Abs. 2 Buchstabe c BetrVG 1952 entnommen, der insoweit denselben Wortlaut hatte. Anders allerdings § 12 Abs. 2 Betriebsrätegesetz 1920: „..., ferner die Geschäftsführer und Betriebsleiter, soweit sie zur selbständigen Einstellung *oder* Entlassung der übrigen im Betrieb oder in der Betriebsabteilung beschäftigten Arbeitnehmern berechtigt sind." Warum im § 4 Abs. 2 Buchstabe c BetrVG 1952 aus diesem „oder" ein „und" wurde, geht aus der Entstehungsgeschichte des Betriebsverfassungsgesetzes 1952, insbesondere aus der amtlichen Begründung zum Regierungsentwurf[60], nicht hervor. Auch ein Vergleich mit § 14 Abs. 2 Satz 1 Kündigungsschutzgesetz, § 22 Abs. 2 Ziff. 2 Arbeitsgerichtsgesetz und § 16 Abs. 4 Ziff. 4 Sozialgerichtsgesetz ist nicht sehr ergiebig. Ein Blick auf diese Vorschriften zeigt nämlich, daß der Gesetzgeber mehr oder weniger willkürlich verfahren ist. In § 14 Abs. 2 S. 1 Kündigungsschutzgesetz spricht er von der Berechtigung zur selbständigen Einstellung *oder* Entlassung, in § 16 Abs. 4 Ziff. 4 Sozialgerichtsgesetz von der Berechtigung, im Betrieb Arbeitnehmer selbständig einzustellen *und* zu entlassen, und in § 22 Abs. 2 Ziff. 2 Arbeitsgerichtsgesetz endlich wird *ausschließlich* auf die Berechtigung zur *Einstellung* von Arbeitnehmern abgestellt.

Auszugehen ist wohl davon, daß die Befugnisse zu Einstellungen und Entlassungen aufgrund der betrieblichen Organisation durchaus aufgespalten sein können. Auch in diesem Fall übt aber der leitende Angestellte, der nur zu Einstellungen oder nur zu Entlassungen berechtigt ist, in erheblichem Maße Arbeitgeberfunktionen aus. Einstellung und Entlassung betreffen naturgemäß in gleicher Weise den Bestand des Arbeitsverhältnisses. Der leitende Angestellte, der über Einstellungen *oder* Entlassungen zu entscheiden hat oder dem in diesen Fragen ein Mitbestimmungsrecht eingeräumt ist, befindet sich daher in einem funktionalen Interessengegensatz zu den Arbeitnehmern. Dasselbe gilt für denjenigen leitenden Angestellten, der zu Beförderungen befugt ist.

---

unterschiedlich, daß eine einheitliche Abgrenzung des Begriffs der leitenden Angestellten für das gesamte Wirtschaftsleben oder auch nur für Teilbereiche der Wirtschaft unmöglich sei. Daraus folgert das BAG, es müsse immer auf die besonderen Verhältnisse des konkreten einzelnen Unternehmens abgestellt werden: BAG, Beschluß v. 5. 3. 1974 — 1 ABR 19/73, DB 1974, 826 (829) = NJW 1974, 965 (968), unter III 3 c a. E. der Gründe.

[60] Vgl. in RdA 1950, 375 (376, zu § 4).

Dagegen kann in Anlehnung an die in § 5 Abs. 3 Ziff. 1 BetrVG getroffene Regelung gesagt werden, daß sich die Befugnis zu Einstellungen (Beförderungen) oder Entlassungen nicht auf *alle* im Betrieb oder in der Betriebsabteilung beschäftigten Arbeitnehmer zu erstrecken braucht[61]. Andererseits muß sie aber generell bestehen und darf nicht nur für einen einzelnen Fall erteilt sein[62], d. h. sie muß sich zumindesten auf eine bestimmte Gruppe von Arbeitern und/oder Angestellten beziehen[62]. Ebenso muß sich auch im Bereich der materiellen Arbeitsbedingungen die Entscheidungskompetenz wenigstens auf eine bestimmte Gruppe von Arbeitern und/oder Angestellten erstrecken. Um einen leitenden Angestellten in dem Interessengegensatz zwischen Arbeitgebern und Arbeitnehmern den Arbeitgebern zuzurechnen, reicht es also nicht aus, wenn ein leitender Angestellter etwa seine Sekretärin auffordern darf, eine Stunde länger als betriebsüblich zu arbeiten.

Die vorstehend angesprochenen Bestands- und Lohnfragen des Arbeitsverhältnisses lassen sich in einem übergreifenden Begriff zusammenfassen: man kann vom Grundverhältnis[63] zwischen Arbeitgeber und Arbeitnehmer sprechen. Der Gegensatz ist das Betriebsverhältnis[63]: diesem sind die formellen Arbeitsbedingungen und das sich darauf erstreckende Weisungsrecht des Arbeitgebers (etwa das Recht zu Versetzungen) zuzuordnen.

Diejenigen leitenden Angestellten, die auf das Grundverhältnis der anderen Arbeitnehmer einzuwirken vermögen, stehen in einem funktionalen, sich unmittelbar aus ihrer Tätigkeit ergebenden Interessengegensatz zu den übrigen Arbeitnehmern. Daher umfaßt der Begriff des sozialen Gegenspielers im Falle einer Arbeitnehmerkoalition außer den Arbeitgebern auch die so gekennzeichnete Gruppe der leitenden Angestellten. Infolgedessen können sich leitende Angestellte mit Einwirkungsmöglichkeiten auf das Grundverhältnis der anderen Arbeitnehmer nicht gemeinsam mit diesen in einer Koalition zusammenschließen. Solch eine Koalition wäre nicht mehr gegnerrein und würde ihre Tariffähigkeit verlieren[64].

---

[61] § 12 Abs. 2 BRG 1920 verlangte die Befugnis zur selbständigen Einstellung oder Entlassung *aller* im Betrieb oder in der Betriebsabteilung beschäftigten Arbeitnehmer. Dies ist weder von § 5 Abs. 3 Ziff. 1 BetrVG 1972 (§ 4 Abs. 2 lit. c BetrVG 1952) noch von § 16 Abs. 4 Ziff. 4 SGG noch von § 22 Abs. 2 Ziff. 2 ArbGG übernommen worden.

[62] Vgl. für das Betriebsverfassungsrecht Dietz/*Richardi*, BetrVG, § 5 Rdnr. 111; *Erdmann/Jürging/Kammann*, BetrVG, § 5 Rdnr. 13.

[63] Zur Herkunft dieser Begriffsbildung aus dem Beamtenrecht vgl. etwa *Ule*, Verwaltungsprozeßrecht, § 5 III 1, S. 27 und Anhang zu § 32 V, S. 138, 139; ferner von Münch/*Hendrichs*, Grundgesetz, Art. 19 Rdnr. 54.

[64] Ähnlich *Isele*, JuS 1964, 41 (43), der ausführt, die Mitgliedschaft leitender Angestellter in den Arbeitnehmerorganisationen verstoße gegen das Gebot der Unabhängigkeit der Tarifpartner, diese Aussage aber dadurch einschränkt, daß

2. *Vergleich mit den Ziff. 1 und 2 des § 5 Abs. 3 BetrVG sowie mit dem Begriff des leitenden Angestellten nach anderen gesetzlichen Vorschriften als dem Betriebsverfassungsgesetz*

Die hier vorgenommene Abschichtung eines Teiles der leitenden Angestellten wird bestätigt, wenn man die verschiedenen gesetzlichen Sondervorschriften über die leitenden Angestellten zum Vergleich heranzieht. Es zeigt sich nämlich, daß zwar das Betriebsverfassungsgesetz den Kreis der leitenden Angestellten erweitert hat, indem es auch diejenigen zu den leitenden Angestellten rechnet, die in den Stäben in eigener Verantwortung eine hochqualifizierte, für den Betrieb wichtige Tätigkeit ausüben. Auch der Gesetzentwurf der Bundesregierung über die Mitbestimmung der Arbeitnehmer[65] will in dieser Weise den Kreis der leitenden Angestellten abgrenzen; denn § 3 Ziff. 3 des Entwurfs verweist ausdrücklich auf § 5 Abs. 3 BetrVG. Ansonsten findet sich diese Gruppe in den anderen gesetzlichen Regelungen aber nicht[66].

Vielmehr bilden die Ziff. 1 und 2 des § 5 Abs. 3 BetrVG nach wie vor einen Kern der leitenden Angestellten, der auch in den anderen Gesetzen angesprochen wird. Als entscheidendes Kriterium werden die Einstellungs- und/oder Entlassungsbefugnis sowie Generalvollmacht oder Prokura angesehen:

§ 5 Abs. 3 Ziff. 1, 2 BetrVG:

„Dieses Gesetz findet, soweit in ihm nicht ausdrücklich etwas anderes bestimmt ist, keine Anwendung auf leitende Angestellte, wenn sie nach Dienststellung und Dienstvertrag

---

der Begriff des leitenden Angestellten insoweit enger zu interpretieren sei als in den §§ 12 KSchG, 4 BetrVG (beide alte Fassung). Andeutungsweise auch *Gerhard Müller*, Festschrift für Professor Brun, Lyon: „Es geht darum, ... ob die Prinzipien der Gegnerfreiheit und Gegnerreinheit vielleicht neu durchdacht werden müssen, wobei allerdings die Unmöglichkeit einer Globalerfassung der leitenden Angestellten doch wohl zu beachten wäre."

Das hier mit Blick auf die leitenden Angestellten behandelte Problem der Gegnerreinheit und Gegnerunabhängigkeit einer Koalition stellt sich erst recht und in verschärfter Form infolge der Gewerkschaftszugehörigkeit der Arbeitsdirektoren im Bereich der Montanindustrie (vgl. Hanau/*Adomeit*, Arbeitsrecht, C I 2 d, S. 52: „der Arbeitsdirektor hat eine prekäre Doppelstellung als Repräsentant der Arbeitnehmer und als Chef des Personalbereichs"). Insoweit werden nach *Nipperdey*, Möhring-Festschrift S. 87 (100) die koalitionsrechtlichen und tarifrechtlichen Grundsätze der Gegnerreinheit und der Gegnerunabhängigkeit durch das Mitbestimmungsprinzip eingeschränkt; a. A. aber *Dietz*, Die Grundrechte III/1, 417 (432), der die Auffassung vertritt, aus der Forderung nach Gegnerfreiheit müsse man die Konsequenz ziehen, daß der Arbeitsdirektor nicht Mitglied einer Gewerkschaft bleiben dürfe. Wie *Dietz* auch *Frey*, Die Rechtsstellung des Arbeitsdirektors S. 90.

[65] Bundesrats-Drucksache 200/74.

[66] Eine Ausnahme bildet lediglich § 2 Abs. 2 Ziff. 2 der Zweiten Durchführungsverordnung zum Arbeitnehmererfindungsgesetz vom 1. Oktober 1957, der wörtlich mit § 4 Abs. 2 lit. c BetrVG 1952 übereinstimmt.

1. zur selbständigen Einstellung und Entlassung von im Betrieb oder in der Betriebsabteilung beschäftigten Arbeitnehmer berechtigt sind
2. Generalvollmacht oder Prokura haben."

§ 22 Abs. 2 Ziff. 2 Arbeitsgerichtsgesetz bestimmt:

„Zu Arbeitsrichtern aus Kreisen der Arbeitgeber können auch berufen werden

2. Geschäftsführer und Betriebsleiter, soweit sie selbständig zur Einstellung von Arbeitnehmern in den Betrieb berechtigt sind oder soweit ihnen Prokura oder Generalvollmacht erteilt ist."

Ähnlich § 16 Abs. 4 Ziff. 4 Sozialgerichtsgesetz:

„Sozialrichter aus Kreisen der Arbeitgeber können sein:

4. Leitende Angestellte in Betrieben einer juristischen Person oder einer Personengesamtheit, wenn ihnen Generalvollmacht oder Prokura erteilt ist oder wenn sie berechtigt sind, im Betrieb Arbeitnehmer selbständig einzustellen und zu entlassen."

In § 1 Abs. 2 Arbeitszeitordnung heißt es:

„Die Arbeitszeitordnung gilt nicht für

1. Generalbevollmächtigte
2. sonstige Angestellte in leitender Stellung, die Vorgesetzte von mindestens 20 Gefolgschaftsmitgliedern sind."

Schließlich bestimmt § 14 Abs. 2 Satz 1 KSchG:

„Auf Geschäftsführer, Betriebsleiter und ähnliche leitende Angestellte, soweit diese zur selbständigen Einstellung oder Entlassung von Arbeitnehmern berechtigt sind, finden die Vorschriften dieses Abschnitts mit Ausnahme des § 3 Anwendung."

Ebenso § 17 Abs. 3 Ziff. 3 KSchG:

„Als Arbeitnehmer im Sinne dieser Vorschrift gelten nicht ...

3. Geschäftsführer, Betriebsleiter und ähnliche leitende Personen, soweit diese zur selbständigen Einstellung oder Entlassung von Arbeitnehmern berechtigt sind."

Auf die Prokura oder Generalhandlungsvollmacht stellt schließlich auch § 105 Abs. 1 AktG ab:

„Ein Aufsichtratsmitglied kann nicht zugleich Vorstandsmitglied, dauernd Stellvertreter von Vorstandsmitgliedern, Prokurist oder zum gesamten Geschäftsbetrieb ermächtigter Handlungsbevollmächtigter der Gesellschaft sein."

§ 105 Abs. 1 AktG beruht auf einer speziell aktienrechtlichen Problematik: dem Verhältnis von Vorstand und Aufsichtsrat, von Leitungsorgan und Kontrollorgan. Zweck der Vorschrift ist es zu vermeiden, daß Geschäftsführung und Überwachung der Geschäftsführung in ein und derselben Hand liegen[67]. Nach § 6 Abs. 2 Ziff. 1 des Mitbestimmungsgesetz-Entwurfes[68] soll diese Bestimmung mit der Maßgabe fortgelten, daß

„die Wählbarkeit eines Prokuristen als Aufsichtsratsmitglied der Arbeitnehmer nur ausgeschlossen ist, wenn dieser dem zur gesetzlichen Vertretung befugten Organ unmittelbar unterstellt und zur Ausübung der Prokura für den gesamten Geschäftsbereich des Organs ermächtigt ist."

Gegenüber dem geltenden Recht bedeutet dies eine Einschränkung des Umfangs, in dem Leitungsfunktionen und Kontrollfunktionen für miteinander unvereinbar gehalten werden.

Die Formulierungen der verschiedenen Gesetze stimmen nicht überein, sondern weichen teilweise willkürlich voneinander ab. So stellt das Arbeitsgerichtsgesetz auf die Befugnis ab, Arbeitnehmer einzustellen, das Sozialgerichtsgesetz auf die Befugnis zur Einstellung *und* Entlassung, das Kündigungsschutzgesetz auf die Berechtigung zur Einstellung *oder* Entlassung; das AktG endlich erwähnt weder die Einstellungs- noch die Entlassungsbefugnis und sieht stattdessen als maßgebliche Kriterien ausschließlich die Prokura oder Generalhandlungsvollmacht an.

Es läge nahe, zur Beantwortung der Frage, welche leitenden Angestellten dem sozialen Gegenspieler der Arbeitnehmerkoalitionen zuzurechnen sind, auf die Formulierung des § 5 Abs. 3 Ziff. 1, 2 BetrVG zurückzugreifen. Denn die Ziff. 1 und 2 des § 5 Abs. 3 BetrVG stecken den auch in den anderen Gesetzen umschriebenen Kern der leitenden Angestellten ab und stellen im Vergleich zum Kündigungsschutzgesetz, Arbeitsgerichtsgesetz, Sozialgerichtsgesetz und Aktiengesetz die jüngste Äußerung des Gesetzgebers dar. Die geplante Einschränkung des § 105 Abs. 1 AktG kann dabei aus zwei Gründen unberücksichtigt bleiben: einmal dient sie dem besonderen Ziel, unter Wahrung *aktienrechtlicher* Grundsätze (Unvereinbarkeit von Leitungsfunktion und Kontrollfunktion) den Kreis derjenigen leitenden Angestellten möglichst weit zu ziehen, die als Vertreter der Arbeitnehmer in den Aufsichtsrat wählbar sind[69]; zum anderen haben § 5 Abs. 3 BetrVG und damit auch die Formulierungen in den Ziffern 1 und 2 dieser Bestimmung dadurch eine Bestätigung erfahren, daß § 3 Ziff. 3 Mitbestimmungsgesetz-Entwurf ausdrücklich auf § 5 Abs. 3 BetrVG verweist.

Das aus dem Interessengegensatz von Arbeitgebern und Arbeitnehmern entwickelte Kriterium der Einwirkungsmöglichkeit auf das Grund-

---

[67] *Mertens*, in: Kölner Kommentar zum Aktiengesetz (1973), § 105 Rdnr. 2.

[68] Bundesrats-Drucksache 200/74 = Bundestags-Drucksache 7/2172.

[69] Vgl. die Begründung zum Gesetzentwurf der Bundesregierung, BRats-Drucksache 200/74, zu § 6, S. 20 = BTags-Drucksache 7/2172, zu § 6, S. 21:

„Die Anwendung des § 105 Abs. 1 des Aktiengesetzes (Unvereinbarkeit der Zugehörigkeit von Vorstandsmitgliedern und bestimmten vorstandsnahen Personen zum Aufsichtsrat) wird für die in § 105 Abs. 1 genannten Prokuristen in der Weise geregelt, daß gleichermaßen gesellschaftsrechtliche wie auch mitbestimmungsrechtliche Gesichtspunkte angemessen berücksichtigt werden."

verhältnis (Bestandsfragen, Lohnfragen) wird bei den Personengruppen des § 5 Abs. 3 Ziff. 1, 2 BetrVG in den meisten Fällen erfüllt sein: bei den zu Einstellungen und Entlassungen Berechtigten ohnehin, bei den Generalbevollmächtigten und Prokuristen in aller Regel, wenngleich bei den Prokuristen zu prüfen ist, wieweit ihre Befugnisse ihrer formalen Rechtsposition entsprechen oder im Innenverhältnis eingeschränkt sind (Problem der Titularprokuristen). Die in § 5 Abs. 3 Ziff. 1 und 2 BetrVG vorgenommene Umschreibung ist aber zu eng, als daß sie übernommen werden könnte. Zum einen ist das doppelte Erfordernis der Einstellungs- *und* Entlassungsbefugnis sachlich nicht gerechtfertigt, da bereits die Berechtigung zu Einstellungen *oder* Entlassungen eine erhebliche Teilhabe an der Arbeitgeberfunktion bedeutet und daher einen ins Gewicht fallenden Interessengegensatz zur Arbeitnehmerschaft begründet. Zum anderen sind nicht alle diejenigen leitenden Angestellten, die über die materiellen Arbeitsbedingungen anderer Arbeitnehmer zu entscheiden haben (z. B. Anordnung von Kurzarbeit oder Überstunden, Festlegung der Akkord- und Prämiensätze), immer auch Generalbevollmächtigte oder Prokuristen. Mit diesen werden nicht alle leitenden Angestellten erfaßt, die sich in einem funktionalen Interessengegensatz zur Belegschaft befinden und daher als soziale Gegenspieler anzusehen sind. Das sind vielmehr diejenigen leitenden Angestellten, die über Einstellungen (Beförderungen) oder Entlassungen und damit über den Bestand der Arbeitsverhältnisse sowie über die materiellen Arbeitsbedingungen zu entscheiden oder mitzuentscheiden haben („*arbeitgeberähnliche*" leitende Angestellte)[70]. Wenn „arbeitgeberähnliche" leitende Angestellte sich gemeinsam mit anderen Arbeitnehmern in einer Gewerkschaft zusammenschließen, fehlt einer solchen Koalition das Merkmal der Gegnerreinheit[71]. Sie wäre daher nicht tariffähig. Etwas anderes kann nur dann gelten, wenn diejenigen Mitglieder einer Gewerkschaft, die als leitende Angestellte Arbeitgeberfunktionen wahrnehmen, *offenkundig* in der Koalition keinen Einfluß auszuüben vermögen[72]. Insoweit ist eine Verletzung des Grundsatzes der Gegnerreinheit nicht anzunehmen[72].

III. Außerordentliche Mitgliedschaft leitender Angestellter mit Arbeitgeberfunktionen in einer Gewerkschaft

Fraglich ist, welchen Einfluß es auf den Status einer Gewerkschaft hat, wenn leitende Angestellte, die zu Beginn ihres Berufslebens der Gewerkschaft beigetreten sind, später in Positionen mit den hier umschriebenen

---

[70] Natürlich vorbehaltlich der Einschränkungen, die sich aus der Mitbestimmung ergeben und denen daher auch der Arbeitgeber unterliegt.

[71] Ähnlich *Isele*, JuS 1964, 41 (43).

[72] Vgl. oben 3. Kapitel unter A.

Arbeitgeberfunktionen einrücken. *Nipperdey* hält das für unschädlich, solange die Betreffenden nicht *als Arbeitgeber* Mitglied der Gewerkschaft sein wollen[73]. Er führt damit ein subjektives Merkmal ein, das schwer feststellbar ist und Rechtsunsicherheit erzeugen muß. Die Arbeitgebereigenschaft ist nicht von einer bestimmten Willensrichtung, sondern von der wahrgenommenen Funktion abhängig.

Andererseits wird man nicht verlangen können, daß leitende Angestellte, sobald sie Arbeitgeberfunktionen wahrnehmen, ihre Gewerkschaft verlassen, damit diese ihre Gegnerreinheit und Tariffähigkeit behält. Vielmehr erscheint eine Umwandlung der vollen Mitgliedschaft in eine außerordentliche Mitgliedschaft ohne Stimmrecht[74] und ohne aktives und passives Wahlrecht sachgerecht[75]. Der Grundsatz der Gegnerreinheit wird durch eine solche Mitgliedschaft nicht verletzt. Das Prinzip der Gegnerunabhängigkeit erlangt aber auch in diesem Fall Bedeutung, falls die „arbeitgeberähnlichen" leitenden Angestellten — trotz der eingeschränkten Mitgliedschaftsrechte — tatsächlich Einfluß in der Gewerkschaft auszuüben vermögen.

Wie problematisch die Mitgliedschaft von mit Arbeitgeberfunktionen betrauten leitenden Angestellten in den Gewerkschaften ist, soll abschließend — von der rechtstatsächlichen Seite her — erhärtet werden mit folgendem Zitat aus einer Untersuchung über das Selbstverständnis der Gewerkschaften[76]:

„... Hinzu kommt, daß die Deutsche Postgewerkschaft auch für Führungskräfte offensteht und sich Arbeitgeber- und Arbeitnehmerfunktionen gerade im öffentlichen Dienst oft überschneiden. Viele Mitglieder fürchten deshalb, daß in einer Gewerkschaftsversammlung kritisierte Vorgesetzte, die dort anwesend sind, sich dienstlich rächen könnten. So wertvoll die Zusammenarbeit zwischen der Organisation und den Mitgliedern mit Weisungsrechten im Be-

---

[73] *Nipperdey*, Möhring-Festschrift S. 87 (91, 113).

[74] Vgl. dazu auch § 34 BGB und § 47 Abs. 4 Satz 2 GmbH-Gesetz, wonach ein Mitglied eines Vereins und ein Gesellschafter einer GmbH nicht stimmberechtigt sind, wenn die Beschlußfossung die Vornahme eines Rechtsgeschäfts mit ihnen betrifft. Die Vorschriften wollen den in diesen Fällen bestehenden Interessenkonflikt mit Hilfe eines Stimmrechtsverbots vermeiden. Darüber hinausgehend erscheint ein in allen Fällen geltendes, totales Stimmrechtsverbot geeignet, die Einschränkung zu kompensieren, die der Grundsatz der Gegnerreinheit durch eine außerordentliche Mitgliedschaft von mit Arbeitgeberfunktionen betrauten leitenden Angestellten erfährt. Vgl. allgemein zum Problem des Stimmrechtsausschlusses *Zöllner* in Kölner Kommentar zum AktG (1973), § 136.

[75] *Brockmann*, Der Arbeitsdirektor S. 190 läßt eine *einfache* Mitgliedschaft der Arbeitsdirektoren in den Gewerkschaften zu und schließt sie nur von Leitungsfunktionen aus:

„Zur Erhaltung der Tariffähigkeit und Koalitionseigenschaft der Gewerkschaften sind daher Arbeitsdirektoren von Funktionen in der Leitung der Gewerkschaft, nicht aber von der einfachen Mitgliedschaft ausgeschlossen."

[76] Die Untersuchung wurde im Auftrage der Deutschen Postgewerkschaft durchgeführt.

trieb auch sein mag, so kritisch muß doch auch das Problem der doppelten Loyalität von Gewerkschaftsmitgliedern in führenden Verwaltungspositionen gesehen werden[77, 78]."

[77] *Birkle, Bracht, Busch, Heß, Meyer, Stühlmeyer* (gemeinsame Verfasser der genannten Untersuchung), Gewerkschaftliche Praxis, Juni/Juli 1971, S. 127 (144).

[78] Vgl. auch *Hartmann/Bock-Rosenthal/Helmer*, Leitende Angestellte S. 80: „Aber auch im Verhältnis zu den nicht leitenden Arbeitnehmern zeichnen sich klare Interessenunterschiede ab ... Selbst die Gewerkschaften sind sich mehr oder weniger darüber im klaren, daß hier ernstzunehmende Interessenkonflikte vorliegen, die bei Aufnahme der leitenden Angestellten in die gewerkschaftlichen Organisationen womöglich die soziale Kohäsion dieser Interessenvertretung bedrohen könnte."

Ferner *Willgerodt*, in: Mitbestimmung — Ordnungselement oder politischer Kompromiß S. 9 (21), zu der Parallelproblematik bei Einführung der paritätischen Mitbestimmung:

„... der Gegensatz zwischen der tarifpolitischen Schutzfunktion und der Mitbestimmung der Gewerkschaftsvertreter wird damit offenkundig. Hier können die Gewerkschaften kaum noch beide Funktionen wahrnehmen, ohne unglaubwürdig zu werden."

Viertes Kapitel

Die Verbände der leitenden Angestellten Tariffähigkeit und Gewerkschafts-(Koalitions)eigenschaft

A. Tariffähigkeit und Arbeitskampf

Nach ganz überwiegender Auffassung dürfen Streiks nur von tariffähigen Parteien geführt werden; wilde Streiks dagegen sind rechtswidrig[1]. Diese Voraussetzung für die Rechtmäßigkeit des Streiks ergibt sich aus dem unlösbaren Zusammenhang des Arbeitskampfrechts mit dem Tarifvertragsrecht[2]. Das Arbeitskampfrecht kann nicht isoliert, sondern nur im Zusammenhang mit der ordnenden und befriedenden Funktion der Tarifverträge gesehen werden. Arbeitskampffreiheit besteht, da-

---

[1] BAG, Urt. v. 20. 12. 1963 — 1 AZR 428/62, AP Nr. 32 zu Art. 9 GG Arbeitskampf mit zust. Anm. Mayer-Maly; BAG, Urt. v. 28. 4. 1966 — 2 AZR 176/65, AP Nr. 37 zu Art. 9 GG Arbeitskampf mit zust. Anm. Mayer-Maly; BAG, Urt. v. 21. 10. 1969 — 1 AZR 93/68, AP Nr. 41 zu Art. 9 GG Arbeitskampf mit Anm. Rüthers. Bestätigt vom BAG, Beschluß v. 21. 4. 1971 — GS 1/68, AP Nr. 43 zu Art. 9 GG Arbeitskampf unter III D pr.; auch BSG, Urt. v. 9. 7. 1963 — 9 RV 1114/59, AP Nr. 30 zu Art. 9 GG Arbeitskampf, Bl. 4 R.

Bertele, Rechtsnatur S. 59; *Siebrecht*, Arbeitskampf S. 67; *Brox/Rüthers*, Arbeitskampfrecht, § 8 A II 2, S. 129 f.; Hueck/*Nipperdey*, Lehrb II/2, § 49 B II 1 a, S. 1005; *Maunz*/Dürig/Herzog, GG, Art. 9 Rdnr. 114; *Schmid*, Arbeitskampf und Notstand S. 58; *Dietz*, JuS 1968, 1 (6) und ZAS 1970, 41 (47); *Weitnauer*, DB 1970, 1639 und 1687; *Gerhard Müller*, AuR 1972, 1 (4, 5) und BABl 1972, 641 (642); *Zöllner*, DB 1970, 54 (58) und ZfA 1973, 227 (239, 240).

A. A.: *Huber*, Wirtschaftsverw. R II, § 92 III 1, S. 402 f.; *Niese*, Streik und Strafrecht S. 42; *Kaiser*, Der politische Streik S. 16, 18; *Nikisch*, ArbR II, § 64 II 4 a, S. 119; *Hamann/Lenz*, GG, Art. 9 B 8 b. bb, S. 238; *Ramm*, Der Arbeitskampf S. 187 f. sowie AuR 1971, 65 und 97; *Däubler*, ZfA 1973, 201 (218 - 220).

Rüthers, JZ 1970, 625 und DB 1970, 2120 sowie *Säcker*, BB 1971, 962 und Grundprobleme, § 7 A, S. 62, 63 und Gruppenautonomie, § 12 A III 2 a, S. 383 f. halten den wilden Streik in Übereinstimmung mit der h. L. für rechtswidrig, grenzen ihn aber sehr viel schärfer von zulässigen individualrechtlichen Erscheinungsformen der Arbeitsniederlegung ab (kollektive Ausübung des Zurückhaltungsrechts). Ähnlich *Konzen*, ZfA 1970, 159 (180), der wilde Streiks nach fristgerechten Massenänderungskündigungen für zulässig, sonst aber für widerrechtlich hält; vgl. auch *Scholz*, Koalitionsfreiheit, § 57 D, S. 365 - 368; *Söllner*, ArbR, § 11 V, S. 75.

[2] *Brox/Rüthers*, ArbeitskampfR, § 8 A II 2, S. 129; Hueck/*Nipperdey*, Lehrb. II/2, § 49 B II 1 b, S. 1006. Nach BAG, Urt. v. 19. 6. 1973 — 1 AZR 521/72, DB 1973, 1852 besteht eine Vermutung für die Rechtmäßigkeit eines Streiks auch nur unter der Voraussetzung, daß der Streik von einer Gewerkschaft geführt wird.

mit ein freies Tarifvertragssystem gewährleistet ist[3]. Denn die Alternative zum Arbeitskampf wäre die gegen Art. 9 Abs. 3 Grundgesetz verstoßende Zwangsschlichtung[4, 5]. Ist aber die Arbeitskampffreiheit um eines freiheitlichen Tarifvertragssystems willen gewährleistet[6], so ist es gerechtfertigt, als rechtmäßige Träger des Arbeitskampfes nur die tariffähigen Parteien anzuerkennen.

B. Die Voraussetzungen der Tariffähigkeit

Dieser Ausgangspunkt leitet über zu der Frage, welche Voraussetzungen ein Verband erfüllen muß, damit er tariffähig ist, und des weiteren, ob die Verbände der leitenden Angestellten diese Voraussetzungen erfüllen. Der Übersichtlichkeit halber sei zunächst der Katalog von Anforderungen wiedergegeben, die *Nipperdey* in seinem Lehrbuch an die Verbände stellt, sofern sie tariffähig sein wollen[7]:

1. Es muß sich um eine Vereinigung von Arbeitnehmern oder Arbeitgebern in ihrer Eigenschaft als solche (d. h., zur Wahrnehmung ihrer kollektiven Arbeitgeber- oder Arbeitnehmerinteressen) handeln[8].

2. Die Vereinigung, sofern sie — wie fast alle (wichtigste Ausnahme: Innungen) — dem Privatrecht angehört, muß ein Verein sein.

---

[3] *Brox/Rüthers*, ArbeitskampfR, § 8 A II 2, S. 129; *Löwisch*, ZfA 1970, 295 (309); *Gerhard Müller*, Arbeitskonflikte und Arbeitskampf S. 63 (74).

[4] Für Unzulässigkeit der Zwangsschlichtung: *Biedenkopf*, Tarifautonomie, § 17 I 2, S. 180 Fn. 287; Hueck/*Nipperdey*, Lehrb II/1, § 3 II 1, S. 29; § 3 IV 3 a, S. 41; § 41 I 3 c, S. 733; *Scholz*, Koalitionsfreiheit, § 53 B, S. 327 und § 55 F, S. 355; *Säcker*, Gruppenautonomie, § 10 E, S. 337, 338; *Söllner*, ArbR, § 12 I 1, S. 77; wohl auch BVerfG, Urt. v. 6. 5. 1964 — 1 BvR 79/62, BVerfGE 18, 18 (30).

Nach *Weber*, Koalitionsfreiheit S. 45 kann „der Gesetzgeber die Zwangsschlichtung nur als Hilfsmittel in extraordinären Lagen vorsehen"; ähnlich *Rüthers*, Tarifautonomie S. 32: „Der staatliche Zwangsschiedsspruch als Ersatz für das freie Aushandeln des Lohns durch die Verbände kann daher in extremen Notlagen zulässig sein, wenn die Gesetzgebung dafür eine tatbestandliche Grundlage und eine Verfahrensregelung geschaffen hat."

[5] Auf den Zusammenhang zwischen Arbeitskampfverbot und Zwangsschlichtung weist für den Bereich der Betriebsverfassung mit Recht *Dütz*, DB 1972, 383 (391) hin; siehe auch *Gnade*, AuR 1973, 43 (48).

[6] *Säcker*, Grundprobleme der kollektiven Koalitionsfreiheit S. 81, 82, 84; *Rüthers*/Tomandl, Aktuelle Fragen des Arbeitsrechts S. 7 (17, 18); *Strasser/Reischauer*, Der Arbeitskampf S. 104.

[7] Hueck/*Nipperdey*, Lehrb II/1, § 20 III A 1 - 12, S. 425 - 435; Hueck/Nipperdey/*Stahlhacke*, TVG, § 2 Rdnr. 10 - 42. Zu den Voraussetzungen der Tariffähigkeit vgl. ferner den gleichnamigen Aufsatz von *Löwisch*, ZfA 1970, 295 sowie *Reichel*, Rechtsfragen zur Tariffähigkeit, RdA 1972, 143. Zum Koalitionsbegriff *Scholz*, Koalitionsfreiheit, § 10 c, S. 47 - 50, ferner das Prüfungsschema in Hanau/*Adomeit*, Arbeitsrecht, C I 2 a-g, S. 50 - 53.

3. Es muß sich um frei gebildete Vereinigungen handeln[8], die in bewußtem und gewolltem Zusammenschluß auf der Grundlage der Koalitionsfreiheit (Art. 9 Abs. 3 GG) zustande gekommen sind. Zwangsverbände, so namentlich die (früheren) Zwangsinnungen, sind daher nicht tariffähig.
4. Die Vereinigungen (Gewerkschaften und Vereinigungen von Arbeitgebern) müssen demokratisch organisiert sein, d. h. die demokratische Willensbildung muß in den Verbänden gewährleistet sein, damit die Mitglieder mittelbar durch die Verbandsorgane Einfluß auf die tarifliche Regelung nehmen können.
5. Die Vereinigungen müssen rein, d. h. vor allem gegnerfrei sein[8].
6. Die Vereinigung muß selbständig und unabhängig von der Gegenseite sein[8].
7. Die Vereinigung muß parteipolitische und kirchliche Unabhängigkeit besitzen[9].
8. Die Vereinigung muß unabhängig vom Staat sein[9].
9. Die Vereinigung muß auf überbetrieblicher Grundlage organisiert sein[8, 10].
10. Die Aufgabe der Vereinigung muß die Wahrnehmung kollektiver Arbeitnehmer- bzw. Arbeitgeberinteressen[8], namentlich durch Abschluß von Tarifverträgen, sein. Die Vereinigung muß tarifwillig sein[11].
11. Die Vereinigung muß das geltende Tarif- und Schlichtungsrecht als für sich verbindlich anerkennen[8].
12. Die Vereinigung muß äußerstenfalls, wenn die Wahrnehmung der Interessen der Mitglieder es erfordert und alle anderen Mittel versagt haben, auch zum Arbeitskampf, insbesondere zum Streik und zur Aussperrung bereit sein[12].

---

[8] BVerfG, Urt. v. 18. 11. 1954 — 1 BvR 629/52, BVerfGE 4, 96 (106, 107); BVerfG, Urt. v. 6. 5. 1964 — 1 BvR 79/62, BVerfGE 18, 18 (28); BAG, Beschluß v. 15. 11. 1963 — 1 ABR 5/63, AP Nr. 14 zu § 2 TVG, Bl. 6.

[9] BAG, Beschluß v. 15. 11. 1963 — 1 ABR 5/63, AP Nr. 14 zu § 2 TVG, Bl. 6.

[10] Kritisch zur Überbetrieblichkeit als Voraussetzung der Koalitionseigenschaft aber *Huber*, WirtschaftsverwaltungsR II, § 91 I 2 a, S. 370, 371; *Wiedemann*, RdA 1969, 321 (325 Fn. 37); *Säcker*, Grundprobleme, § 7 A, S. 62 sowie BB 1971, 962 (964).

[11] Ebenso Hueck/Nipperdey/*Stahlhacke*, TVG, § 2 Rdnr. 34 - 36; *Löwisch*, ZfA 1970, 295 (304). Nach *Dietz*, Die Grundrechte III/1, S. 417 (444), *Maunz*/Dürig/Herzog, GG, Art. 9 Rdnr. 101 und *Scholz*, Koalitionsfreiheit § 10 C, S. 49 ist die Tarifwilligkeit kein Merkmal des Koalitionsbegriffs.

[12] Ebenso Hueck/Nipperdey/*Stahlhacke*, TVG, § 2 Rdnr. 40; *Reuß*, RdA 1964, 362; *Kunze*, BB 1964, 1311; *Herschel*, JZ 1965, 81 (83 f.); *Stinglwagner*, Tariffähigkeit und Arbeitskampfbereitschaft S. 125.

a. A.: BVerfG, Urt. v. 6. 5. 1964 — 1 BvR 79/62, BVerfGE 18, 18 (30); *Huber*, WirtschaftsverwaltungsR II, § 91 I 2 h, S. 375; *Dietz*, Die Grundrechte III/1,

I. Tarifwilligkeit

Von den von *Nipperdey* angeführten Voraussetzungen der Tariffähigkeit soll als erste das subjektive Merkmal der Tarifwilligkeit untersucht werden. Dieses Merkmal bedeutet, daß die Vereinigung die kollektive Wahrnehmung der Arbeitgeber- bzw. der Arbeitnehmerinteressen *durch Abschluß von Tarifverträgen zu* ihrer Aufgabe gemacht haben muß[13].

Die Tarifwilligkeit als Voraussetzung der Tariffähigkeit ist früher, vor allem in der Weimarer Zeit, sehr umstritten gewesen und spielte insbesondere als Problem der gewollten Tarifunfähigkeit eine Rolle[14]. Die Frage der gewollten Tarifunfähigkeit war wegen der in der Weimarer Zeit möglichen Zwangsschlichtung von Bedeutung, weil von der Tariffähigkeit die Parteifähigkeit vor dem Schlichtungsausschuß abhing[15].

Heute ist die Tarifwilligkeit als Voraussetzung der Tariffähigkeit vor allem aus verbandsrechtlichen Gesichtspunkten anzuerkennen[16]. Die Mitglieder der Arbeitgeber- bzw. der Arbeitnehmervereinigungen müssen bei ihrem Beitritt übersehen können, ob der Abschluß von Tarifverträgen zum Aufgabenbereich des Verbandes gehört und sie daher damit zu rechnen haben, der Bindungswirkung des § 3 Abs. 1 TVG zu unterliegen. Die Tarifwilligkeit ist daher Voraussetzung der Tariffähigkeit[17].

Grundsätzlich kann sich die Tarifwilligkeit entweder ausdrücklich aus der Satzung oder — konkludent — aus der bisherigen Betätigung des Verbandes ergeben[18]. Sofern es sich bei dem Arbeitgeber- bzw. Arbeitnehmerverband aber um einen *eingetragenen* Verein handelt — bei den in der Union der leitenden Angestellten zusammengeschlossenen Verbänden handelt es sich um eingetragene Vereine mit Ausnahme des Bundes der Ingenieure in Anwendungs- und Verfahrenstechnik der

S. 417 (441, 442); *Nikisch*, ArbR II, § 57 II 8, S. 12, 13 und § 70 III 6 b, S. 255; *Scholz*, Koalitionsfreiheit, § 10 C, S. 49, 50 und wohl auch *Säcker*, Grundprobleme, § 8 D II, S. 86.

[13] Hueck/*Nippedey*, Lehrb II/1, § 20 III A 10, S. 433.

[14] Nachweise bei *Richardi*, Kollektivgewalt, § 11 I, S. 127 Fn. 2; vgl. aber auch *Löwisch*, Gewollte Tarifunfähigkeit im modernen Kollektivarbeitsrecht, ZfA 1974, 29 - 46.

[15] Vgl. *Jacobi*, Grundlehren, § 11 II 1, S. 156; Hueck/*Nipperdey*, Lehrb II/1, § 6 III 3, S. 106; *Richardi*, Kollektivgewalt, § 13 III 3, S. 156.

[16] *Richardi*, Kollektivgewalt, § 13 III 2 - 4, S. 155 - 157 (vor allem S. 157).

[17] Hueck/Nipperdey/*Stahlhacke*, TVG, § 2 Rdnr. 34 f.; *Mayer-Maly*, RdA 1966, 201 (205); Hueck/*Nipperdey*, Lehrb II/1, § 6 III 3, S. 105; *Richardi*, Kollektivgewalt, § 13 III 3, S. 155; *Löwisch*, ZfA 1970, 295 (304). a. A.: *Huber*, WirtschaftsverwaltungsR II, § 94 IV 2, S. 446; Kaskel/*Dersch*, ArbR, § 13 I 1 c, S. 51; nicht überzeugend die Differenzierung von *Nikisch*, ArbR II, § 70 III 2, S. 244 f., wonach die Tarifwilligkeit zwar für die Arbeitnehmervereinigungen, nicht aber für die Arbeitgebervereinigungen Voraussetzung der Tariffähigkeit sein soll.

[18] Hueck/*Nipperdey*, Lehrb II/1, § 6 III 3, S. 107; *Löwisch*, ZfA 1970, 295 (304).

Deutschen Farbenfabriken[19] — muß die Tarifwilligkeit aus der *Satzung* ersichtlich sein. Denn für eingetragene Vereine verlangt § 57 Abs. 1 BGB, daß die Satzung den Zweck des Vereins angibt. Der Abschluß von Tarifverträgen ist aber nicht nur ein Mittel zur Wahrnehmung der Interessen der Vereinsmitglieder, sondern bildet einen eigenständigen Vereinszweck.

Die Satzungen der Verbände der leitenden Angestellten lassen nur in wenigen Fällen eine Tarifwilligkeit erkennen. An erster Stelle ist § 2 Abs. 1 der Satzung des Verbandes angestellter Akademiker und leitender Angestellter der Chemischen Industrie e. V. (VAA)[20] anzuführen:

„Der Verband bezweckt als unabhängige Gewerkschaft die Wahrung und Förderung der wirtschaftlichen, sozialen und rechtlichen Interessen seiner Mitglieder."

Die Bezeichnung als „unabhängige Gewerkschaft" deutet auf die Bereitschaft zum Abschluß von Tarifverträgen hin. Tatsächlich hat der VAA als bisher einziger Verband der leitenden Angestellten Tarifverträge abgeschlossen. Zu nennen sind der Manteltarifvertrag für akademisch gebildete Angestellte der Chemischen Industrie vom 5. 11. 1959 in der Fassung vom 1. Januar 1973[21] und der Gehaltstarifvertrag 1974 für die akademisch gebildeten Angestellten der chemischen Industrie in den ersten fünf Berufsjahren für die Länder Nordrhein-Westfalen, Hessen, Rheinland-Pfalz vom 20. Dezember 1973. Allerdings nehmen beide Tarifverträge die leitenden Angestellten aus ihrem persönlichen Geltungsbereich aus. Im Manteltarifvertrag vom 5. November 1959 in der Fassung vom 1. Januar 1973 wird jedoch durch einen Kunstgriff erreicht, daß seine Bedingungen zugleich auch Mindestarbeitsbedingungen für sämtliche leitenden Angestellten sind. Unter § 1 Abs. 1 des Manteltarifvertrages heißt es nämlich:

„Der Tarifvertrag gilt nicht für leitende Angestellte. Leitende Angestellte im *Sinne dieses Tarifvertrages*[22] sind Mitarbeiter, die nach den Bestimmungen des Betriebsverfassungsgesetzes nicht Arbeitnehmer sind *und*[22] deren einzelvertraglich vereinbarte Bedingungen der Mitarbeit den in diesem Tarifvertrag festgelegten in allen Teilen mindestens entsprechen."

Der Kunstgriff besteht also darin, daß als leitende Angestellte im Sinne des Manteltarifvertrages nur diejenigen angesehen werden, deren Arbeitsbedingungen den im Tarifvertrag vereinbarten wenigstens entsprechen. Im Ergebnis heißt das natürlich, daß diese Vereinbarungen Mindestarbeitsbedingungen auch für sämtliche leitende Angestellte darstellen (sofern sie tarifgebunden sind)[23].

---

[19] Vgl. die Aufstellung der ULA-Verbände unter Kapitel 2, A I.

[20] In der Fassung vom 18. März 1972.

[21] Vorläufer dieses Tarifvertrages war der Reichstarifvertrag für die akademisch gebildeten Angestellten der chemischen Industrie vom 27. April 1920.

[22] Hervorhebung vom Verfasser.

Ähnlich verhält es sich mit dem Gehaltstarifvertrag 1974 für die akademisch gebildeten Angestellten der Chemischen Industrie in den ersten fünf Berufsjahren für die Länder Nordrhein-Westfalen, Hessen, Rheinland-Pfalz vom 20. Dezember 1973[24]. Dort heißt es unter § 1 Ziffer 2:

„Der Tarifvertrag gilt nicht für leitende Angestellte. Leitende Angestellte *im Sinne dieses Tarifvertrages*[22] sind Mitarbeiter, auf die das Betriebsverfassungsgesetz keine Anwendung findet (§ 5 Abs. 3 BetrVG) *und*[22] deren einzelvertraglich vereinbarte Bedingungen der Mitarbeit den im Manteltarifvertrag für akademisch gebildete Angestellte in der Chemischen Industrie vom 5. November 1959, in der Fassung vom 1. Januar 1973, festgelegten in allen Teilen mindestens entsprechen."

Hier sind also die leitenden Angestellten zwar vom persönlichen Geltungsbereich des Tarifvertrages ausgenommen, aber auch nur insoweit, als ihnen die im Manteltarifvertrag aufgeführten Mindestarbeitsbedingungen gewährleistet sind. Soweit das nicht der Fall ist, gilt der Gehaltstarifvertrag auch für die (tarifgebundenen) leitenden Angestellten. Somit ist festzustellen, daß der vom VAA abgeschlossene Manteltarifvertrag im Ergebnis auch für die leitenden Angestellten gilt und daß vom persönlichen Geltungsbereich des Gehaltstarifvertrages nur ein Teil der leitenden Angestellten ausgenommen ist, nämlich diejenigen leitenden Angestellten, deren Arbeitsbedingungen den im Manteltarifvertrag vereinbarten mindestens entsprechen.

Außer der Satzung des VAA läßt auch die Satzung des Verbandes oberer Angestellter der Eisen- und Stahlindustrie (VOE) eine grundsätzliche Bereitschaft zum Abschluß von Tarifverträgen erkennen. § 3 Ziff. 1 der Satzung des VOE lautet[25]:

„Zur Erreichung der Ziele des Verbandes und zur Wahrung der Berufsinteressen der Mitglieder dienen insbesondere:

1. kollektive Regelung der Arbeitsbedingungen."

Mit dieser Vorschrift ist allerdings die Bestimmung des § 4 Abs. 1 der Satzung nicht ganz zu vereinbaren, derzufolge die Mitgliedschaft im VOE obere Angestellte der Eisen- und Stahlindustrie erwerben können, „deren Dienstverhältnisse im allgemeinen durch Einzelverträge festgelegt sind". Diese Unstimmigkeit erklärt sich aber vermutlich dadurch, daß der § 3 der Satzung geändert worden ist, ohne daß die Regelung des § 4 angeglichen wurde.

Der dritte tarifwillige Verband der leitenden Angestellten ist der Bund der Ingenieure in Anwendungs- und Verfahrenstechnik der Deut-

---

[23] Auf der Arbeitnehmerseite waren am Abschluß des Manteltarifvertrages außer dem VAA die Deutsche Angestelltengewerkschaft und der Marburger Bund, Verband der angestellten Ärzte Deutschlands, beteiligt.

[24] Am Abschluß des Tarifvertrages war außer dem VAA noch die Deutsche Angestellten-Gewerkschaft beteiligt.

[25] In der Fassung vom 21. Oktober 1971.

schen Farbenfabriken (Coloristenbund). § 2 Satz 2 seiner Satzung[26] bestimmt ausdrücklich:

„Ferner ist es Aufgabe des Bundes, Tarifverträge abzuschließen."

Gemäß § 2 Abs. 3 TVG können Spitzenorganisationen selbst Parteien eines Tarifvertrages sein, wenn der Abschluß von Tarifverträgen zu ihren satzungsmäßigen Aufgaben gehört. Die Union der leitenden Angestellten als Dachverband hat von dieser Möglichkeit bisher keinen Gebrauch gemacht; sie ist daher nicht tariffähig.

Von den zehn in der Union der leitenden Angestellten zusammengeschlossenen Verbänden sind nach den angeführten Satzungsbestimmungen drei tarifwillig: der Verband angestellter Akademiker und leitender Angestellter der Chemischen Industrie e. V., der Verband oberer Angestellter der Eisen- und Stahlindustrie e. V. und der Bund der Ingenieure in Anwendungs- und Verfahrenstechnik der Deutschen Farbenfabriken (Coloristenbund). Diese Verbände sind daher insoweit auch tariffähig[27], nicht dagegen die anderen sieben Verbände[28]. Denn angesichts der Tatsache, daß es bisher geradezu als Kennzeichen des leitenden Angestellten (oder zumindesten als Indiz für diese Eigenschaft) gegolten hat, nicht tariflich, sondern einzelvertraglich vergütet zu werden[29], können die Mitglieder dieser Verbände bei ihrem Beitritt davon ausgehen, daß keine für sie verbindlichen Tarifverträge abgeschlossen werden. Eine Änderung der Verbandspolitik in diesem Punkt stellt daher eine Änderung des Vereinszwecks dar und bedarf gemäß § 33 Abs. 1 Satz 2 BGB grundsätzlich der Zustimmung aller Mitglieder[30]. Die Zustimmung aller Mitglieder ist nach § 40 BGB nur dann entbehrlich, wenn die Satzung auch eine Mehrheitsentscheidung genügen läßt. Da es sich bei den Verbänden der leitenden Angestellten mit Ausnahme des Coloristenbundes um eingetragene Vereine handelt, ist gemäß § 57 Abs. 1 BGB weiter erforderlich, daß sich der geänderte Vereinszweck aus der Satzung ergibt. Die Änderung der Satzung bedarf gemäß § 71 Abs. 1 Satz 1 BGB zu ihrer Wirksamkeit der Eintragung in das Vereinsregister.

---

[26] In der Fassung vom 17. Februar 1972.

[27] *Hueck/Nipperdey,* Lehrb I, § 12 IV 1 b, S. 77 und Lehrb II/1, S. 824 Nachtrag zu S. 90 sowie *Nikisch,* ArbR II, § 57 II 4, S. 8 erklären ausdrücklich, daß die Verbände der leitenden Angestellten Tarifverträge abschließen können (die angeführten Äußerungen sind natürlich allgemein gehalten, nicht bezogen auf die konkreten Verbände der ULA).

[28] Vgl. zur fehlenden Tariffähigkeit eines Anwaltvereins, dessen *satzungsmäßige* Aufgaben sich nicht auf den Abschluß von Tarifverträgen erstreckten: RG, Urt. v. 1. 10. 1923 — IV 789/22, RGZ 107, 144 (bes. 147).

[29] Vgl. *Grüll* in Handbuch I, S. 165.

[30] *Richardi,* Kollektivgewalt, § 13 III 4, S. 157; *Nipperdey/Säcker,* AR-Blattei, D Berufverbände I, I Entwicklung, Begriff, Rechtsstellung, unter C III 1. Ebenso für den umgekehrten Fall, daß ein bisher tariffähiger Verband über die Frage der gewollten Tarifunfähigkeit Beschluß faßt: *Löwisch,* ZfA 1974, 29 (39).

II. Arbeitskampfbereitschaft

Neben der Tarifwilligkeit ist als weiteres subjektives Merkmal die Arbeitskampfbereitschaft zu erörtern. Von den Verbänden der leitenden Angestellten läßt nur der Verband angestellter Akademiker und leitender Angestellter der Chemischen Industrie e. V. (VAA) in § 26 seiner Satzung[31] ausdrücklich eine Bereitschaft zur Führung von Arbeitskämpfen erkennen:

„Bei wirtschaftlichen Kämpfen ist die Anwendung von Zwangsmaßnahmen zulässig. Will der Vorstand eine Zwangsmaßnahme ergreifen, so hat er eine Urabstimmung im Gesamtverband oder, wenn es sich um eine örtlich begrenzte Maßnahme handelt, in der betreffenden Gruppe herbeizuführen. Für die Durchführung der Zwangsmaßnahmen ist die Zustimmung von 4/5 der abgegebenen Stimmen erforderlich. Die Verbandsgruppen können Zwangsmaßnahmen durchführen, wenn 4/5 ihrer Mitglieder zustimmen und die Einwilligung des Verbandsvorstandes vorliegt."

Der Verband oberer Angestellter der Eisen- und Stahlindustrie e. V. (VOE) hat einmal, im Oktober 1970, mit Streik gedroht[32]; allerdings ist in seiner Satzung die Führung von Arbeitskämpfen nicht geregelt.

Die These, daß die Arbeitskampfbereitschaft Voraussetzung der Tariffähigkeit sei, ist insbesondere vom Bundesarbeitsgericht in seiner Entscheidung über die Tariffähigkeit des Berufsverbandes katholischer Hausgehilfinnen e. V. vertreten worden[33]. Nachdem diese Entscheidung

[31] In der Fassung vom 18. März 1972.

[32] Siehe Handelsblatt vom 23./24. Oktober 1970, S. 4. Nach *Hartmann/Bock-Rosenthal/Helmer*, Leitende Angestellte S. 132, 134 sprechen sich 86 % der leitenden Angestellten dagegen aus, daß auch die leitenden Angestellten in den Streik treten, und halten nur 14 % der leitenden Angestellten den Streik für die eigene Gruppe für angebracht. Im einzelnen fielen die Antworten auf die Frage „Sollten leitende Angestellte streiken?" wie folgt aus (ebd., S. 132):

1. Ja, damit das Unternehmen die Forderungen der leitenden Angestellten erfüllt: 9,51 %.
2. Ja, mit den übrigen Arbeitnehmern, wenn es um gemeinsame Interessen geht: 4,92 %.
3. Ja, um die Forderungen der Arbeiter zu unterstützen: 0 %.
4. Nein, Streik ist ein Mittel für Arbeitnehmer, leitende Angestellte können ihre Interessen auch ohne Streik durchsetzen: 45,57 %.
5. Nein, Streik der leitenden Angestellten ist nicht wirkungsvoll, obwohl es ein prinzipielles Streikrecht geben sollte: 14,75 %.
6. Aus rechtlichen Gründen sind Streiks für leitende Angestellte nicht zugelassen: 2,30 %.
7. Nein, Streik ist für leitende Angestellte nicht angebracht: 22,95 %.

In diesem Zusammenhang vgl. zur Streikbereitschaft der leitenden Angestellten in Frankreich („cadres") während der Mai/Juni Ereignisse 1968 die Bemerkung von Albers/*Goldschmidt*/Oehlke, Klassenkämpfe, S. 62:

„Zu den wichtigsten Erfahrungen der Mai-Juni-Ereignisse gehört die bisher nicht bekannte Streikbereitschaft der Masse der Angestellten und Techniker und selbst der leitenden Angestellten („Cadres")."

[33] BAG, Beschluß v. 19. 1. 1962 — 1 ABR 14/60, AP Nr. 13 zu § 2 TVG; ebenso Hueck/*Nipperdey*, Lehrb II/1, § 6 III 4, S. 108 f.; *Reuß*, RdA 1964, 362; *Kunze*,

auf Verfassungsbeschwerde des Hausgehilfinnenverbandes hin vom Bundesverfassungsgericht aufgehoben worden ist[34], hat das Bundesarbeitsgericht seine These modifiziert. Nunmehr verlangt das Bundesarbeitsgericht für die Tariffähigkeit einer Koalition, daß die Vereinigung die tarifrechtlichen Aufgaben einer Koalition sinnvoll, d. h. durch einen sich im Rahmen der Rechtsordnung haltenden wirkungsvollen Druck und Gegendruck erfüllen kann[35]. Eine zahlenmäßig kleine Vereinigung von Arbeitnehmern soll tariffähig sein, wenn sie durch die Stellung ihrer Mitglieder im Arbeitsleben einen besonderen Einfluß im Sinne eines Drucks auszuüben vermag[36]. Da die Fähigkeit, Druck und Gegendruck auszuüben, nicht mit dem Kampfwillen gleichzusetzen ist[37], ist hiernach die Bereitschaft zur Führung von Arbeitskämpfen nicht als Voraussetzung der Tariffähigkeit anzusehen[38]. Entscheidendes Argument dafür ist, daß es sowohl im Interesse der Arbeitgeber als auch der Arbeitnehmer liegt, wenn den Arbeitgebern in jeder Branche tariffähige Arbeitnehmervereinigungen gegenüber stehen und es somit nicht an einem Regelungsadressat fehlt. Die ordnende und befriedende Funktion der Tarifverträge durch normative Regelung der Arbeitsbedingungen setzt aber nicht voraus, daß die Koalition zum Arbeitskampf bereit ist[39].

Ob die vom Bundesarbeitsgericht für die Tariffähigkeit aufgestellte Voraussetzung der Möglichkeit zur Druckausübung nicht als zu weitgehend angesehen werden muß[40], kann hier dahingestellt bleiben. Nach der Rechtsprechung des Bundesarbeitsgerichts kann auch eine Arbeitnehmervereinigung mit geringer Mitgliederzahl tariffähig sein, wenn die Vereinigung kraft der Stellung ihrer Mitglieder im Arbeitsleben zur

BB 1964, 1311; *Herschel,* JZ 1965, 81 (83 f.); *Badura,* RdA 1974, 129 (136); *Stinglwagner,* Tariffähigkeit S. 125; vgl. auch *Ramm,* JuS 1966, 223.

[34] BVerfG, Urt. v. 6. 5. 1964 — 1 BvR 79/62, BVerfGE 18, 18.

[35] BAG, Beschluß v. 9. 7. 1968 — 1 ABR 2/67, AP Nr. 25 zu § 2 TVG; vgl. auch *Gerhard Müller,* AuR 1972, 1 (4); kritisch zu dieser Voraussetzung der Fähigkeit zur Druckausübung *Säcker,* AR-Blattei, D Tarifvertrag II A, II Abschluß, A Tariffähigkeit und Tarifzuständigkeit, unter I 2 a am Ende.

[36] BAG, Beschluß v. 23. 4. 1971 — 1 ABR 26/70, AP Nr. 2 zu § 97 ArbGG = SAE 1972, 229 mit Anm. Löwisch.

[37] Vgl. *Gerhard Müller,* Zwanzig Jahre Verband Oberer Angestellter der Eisen- und Stahlindustrie S. 48 (60).

[38] BVerfG, Urt. v. 6. 5. 1964 — 1 BvR 79/62, BVerfGE 18, 18 (30); *Huber,* WirtschaftsverwaltungsR II, § 91 I 2 h, S. 375; *Dietz,* Die Grundrechte III/1, S. 417 (441, 442); *Nikisch,* ArbR II, § 57 II 8, S. 12, 13 und § 70 III 6 b, S. 255; *Scholz,* Koalitionsfreiheit, § 10 C, S. 49, 50; *Schmid,* Arbeitskampf und Notstand S. 57; *v. Münch,* Besonderes Verwaltungsrecht S. 19 (65).

[39] Vgl. *Biedenkopf,* Tarifautonomie S. 148 Fn. 146; dagegen soll die Erfüllung des arbeitsrechtlichen Schutzzweckes der Koalition von friedlichen Vereinigungen nicht in gleicher Weise erwartet werden können wie von kampfbereiten Organisationen: *Biedenkopf,* Kronstein-Festschrift S. 79 (92).

[40] Zur Kritik vgl. etwa *Säcker,* AR-Blattei, D Tarifvertrag II A, II Abschluß, A Tariffähigkeit und Tarifzuständigkeit, unter I 2 a am Ende; auch *Buchner,* ZfA 1972, 345 (401).

Druckausübung in der Lage ist[41]. Wenn dieser vom Bundesarbeitsgericht formulierte Rechtssatz überhaupt praktische Bedeutung haben soll, wird man ihn auf die Verbände der leitenden Angestellten anwenden müssen. Gegen die Anwendung dieses Gedankens auf die Koalitionen der leitenden Angestellten hat sich allerdings ausdrücklich *Gerhard Müller* gewandt[42]. Zur Begründung führt er an, die leitenden Angestellten stünden in einem Arbeitsverhältnis, demzufolge sie Arbeitgeber-/Unternehmerfunktionen ausübten und einer qualifizierten Bindung gegenüber dem Arbeitgeber/Unternehmer unterlägen[42]. Wörtlich heißt es[43]:

„Der Natur der Sache nach und damit ebenfalls gemäß der geltenden Rechtsordnung dürften sodann die Koalitionen der leitenden Angestellten jedenfalls in sehr vielen Fällen nicht tariffähig sein. Auf die erklärte Absicht dieser Koalitionen, nicht tariffähig sein zu wollen, kommt es dann bereits nicht mehr an. Das Gegenspielerverhältnis, das für das Tarifvertragssystem kennzeichnend ist, liegt im Falle der Koalitionen der leitenden Angestellten in seiner es typisch kennzeichnenden Art nicht vor. Der Gedanke, Harmonie durch Gruppenkonfrontation sowie durch Druck und Gegendruck der in Konfrontation zueinander stehenden Gruppen zu erzielen, ist gewissermaßen durch die besondere funktionale Nähe der leitenden Angestellten zur Arbeitgeberseite im Ansatz nicht recht gewährleistet, ja sogar durchbrochen."

Die Nähe der leitenden Angestellten zum Arbeitgeber/Unternehmer, zur Unternehmensspitze, und die nach Ansicht von *Gerhard Müller* dadurch hervorgerufene Aufhebung des Gegenspielerverhältnisses sollen also zur Tarifunfähigkeit der Verbände der leitenden Angestellten führen[44]. *Gerhard Müller* macht allerdings eine Ausnahme. Die Tariffähigkeit der Vereinigungen der leitenden Angestellten soll zu bejahen sein, „wenn in einem Wirtschaftszweig — oder, bei einem Firmentarif, in einem Unternehmen — die Zahl der leitenden Angestellten derart groß ist, daß in der Polarität ihrer Stellung das Arbeitnehmermoment nachdrücklich in Erscheinung tritt"[45]. Die Zahl der leitenden Angestellten soll für die rechtliche Beurteilung ihrer Verbände maßgeblich sein, die Quantität soll zu einer Veränderung der Qualität führen[45].

Diese Ausführungen erscheinen nicht überzeugend. Es ist nicht einzusehen, inwiefern die Stellung der leitenden Angestellten als Arbeitnehmer, ihre soziale Gegenspielerschaft zum Arbeitgeber und damit die Voraussetzungen für die Tariffähigkeit ihrer Verbände von der Zahl der leitenden Angestellten in einem bestimmten Wirtschaftszweig oder Un-

---

41 BAG, Beschluß v. 23. 4. 1971 — 1 ABR 26/70, AP Nr. 2 zu § 97 ArbGG.

42 *Gerhard Müller*, Bergfreiheit 1969, 133 (146).

43 *Gerhard Müller*, Bergfreiheit 1969, 133 (145).

44 Im Ergebnis ebenso, wenn auch mit etwas anderer Begründung: *Boldt*, Bergfreiheit 1961, 259 (268):

„Der Abschluß von Tarifverträgen kommt aber, wie wir gesehen haben, für leitende Angestellte nicht in Betracht, da es zum Wesen des leitenden Angestellten gehört, daß seine Arbeitsbedingungen nicht kollektiv, sondern individuell geregelt werden."

45 *Gerhard Müller*, Bergfreiheit 1969, 133 (146).

ternehmen abhängen sollen. Hierfür maßgebliche Zahlenwerte können ohne Willkür gar nicht angegeben werden. Der Hinweis auf die funktionale Nähe der leitenden Angestellten zur Unternehmensspitze vermag die These *Gerhard Müllers* nicht zu stützen. Denn dieser Hinweis betrifft in erster Linie das Verhältnis der leitenden Angestellten zur übrigen Belegschaft, der gegenüber die leitenden Angestellten oder eine Teilgruppe der leitenden Angestellten als Vertreter des Arbeitgebers erscheinen mögen, nicht aber das hier erhebliche Innenverhältnis zwischen Arbeitgeber und leitenden Angestellten. Hier unterscheiden sich die leitenden Angestellten nicht von den anderen Arbeitern und Angestellten, da sie wie diese eine fremdbestimmte, weisungsabhängige Tätigkeit ausüben. Aus der Nähe der leitenden Angestellten zum Arbeitgeber/Unternehmer läßt sich daher gegen die Tariffähigkeit der Verbände der leitenden Angestellten nichts herleiten.

Gerhard Müller selbst hat seine Ansicht in der Festschrift zum 20jährigen Bestehen des Verbandes oberer Angestellter der Eisen- und Stahlindustrie modifiziert. Er führt aus, daß die betonte Beziehung der leitenden Angestellten zu den Aufgaben des Arbeitgebers/Unternehmers nichts an ihrem Arbeitsverhältnis ändere und daß deswegen ebenfalls ein bestimmtes Gegenspielerverhältnis bestehe[46]. Infolgedessen hätten die leitenden Angestellten auch das Recht, Arbeitnehmerkoalitionen zu bilden[47].

Da *Gerhard Müller* der Meinung folgt,, daß nicht jede Arbeitnehmerkoalition von vornherein auch tariffähig ist[48], ist nicht ersichtlich, ob er den Verbänden der leitenden Angestellten damit auch die Tariffähigkeit zusprechen will[49]. Zweifel hieran ergeben sich daraus, daß er ihre Ver-

---

[46] *Gerhard Müller,* Zwanzig Jahre Verband Oberer Angestellter der Eisen- und Stahlindustrie S. 48 (66).

[47] *Gerhard Müller,* Zwanzig Jahre Verband Oberer Angestellter der Eisen- und Stahlindustrie S. 48 (70); so allerdings auch schon in Bergfreiheit 1969, 133 (145) und zuletzt wieder in Festschrift für Professor Brun, Lyon.

[48] *Gerhard Müller,* Zwanzig Jahre Verband Oberer Angestellter der Eisen- und Stahlindustrie S. 48 (60: „Es ist zwischen der Koalition und der tariffähigen Koalition zu unterscheiden."); ebenso *Nikisch,* ArbR II, § 60 III 3, S. 61 und § 70 I 2, S. 237; *Badura,* RdA 1974, 129 (136). Anders Hueck/*Nipperdey,* Lehrb II/1, § 20 I 3, S. 422, demzufolge die Tariffähigkeit jeder arbeitsrechtlichen Koalition i. S. des Art. 9 Abs. 3 GG immanent ist; ebenso *Dietz,* Die Grundrechte III/1, S. 417 (461); vgl. auch Hueck/*Nipperdey,* Lehrb II/1, § 6 III 3, S. 105 Fn. 50: „Die Tariffähigkeit ist keine Voraussetzung, sondern eine Wirkung der Koalitionseigenschaft." Das BVerfG, Urt. v. 18. 11. 1954 — 1 BvR 629/52, BVerfGE 4, 96 (107) und Beschluß v. 19. 10. 1966 — 1 BvL 24/65, BVerfGE 20, 312 (318) neigt zu der Ansicht, daß es dem Gesetzgeber überlassen sein muß, die Voraussetzungen der Tariffähigkeit im einzelnen zu normieren, d. h. also, daß nicht jeder Koalition von Verfassungs wegen die Tariffähigkeit zukommt; das BVerfG hat die Frage aber im Urt. v. 6. 5. 1964 — 1 BvR 79/62, BVerfGE 18, 18 (27) ausdrücklich offen gelassen.

[49] In diesem Sinne ist wohl seine Bemerkung in DB 1967, 948 (949) zu verstehen, rechtlich erscheine es ohne weiteres möglich, Tarifverträge auch für diese Personengruppe (d. h. die leitenden Angestellten) abzuschließen.

bände mit den Koalitionen der Beamten und Richter vergleicht[50], die ja herkömmlicherweise nicht tariffähig sind.

Festzuhalten bleibt, daß auch die leitenden Angestellten trotz ihrer Nähe zur Unternehmensspitze sich in einem Gegenspielerverhältnis zu ihrem Arbeitgeber befinden[51]. Es steht daher entgegen der Ansicht von *Gerhard Müller*[52] nichts entgegen, den Satz des Bundesarbeitsgerichts, daß auch eine Arbeitnehmervereinigung mit geringer Mitgliederzahl tariffähig sein kann, wenn die Vereinigung kraft der Stellung ihrer Mitglieder im Arbeitsleben zur Druckausübung in der Lage ist[53], auch und gerade auf die Verbände der leitenden Angestellten anzuwenden. Diese Verbände haben zwar im Verhältnis zu den traditionellen Gewerkschaften niedrige Mitgliederzahlen (sowohl absolut als auch in Relation zur Gesamtzahl der leitenden Angestellten, vgl. oben unter Kapitel 2, A II), aber ihre Mitglieder sind aufgrund ihrer im Unternehmen ausgeübten Funktionen für die Arbeitgeber von besonderer Wichtigkeit.

Die Organisierung der leitenden Angestellten und die kollektive Verfolgung ihrer Interessen verleiht daher den Verbänden der ULA die vom Bundesarbeitsgericht geforderten Einflußmöglichkeiten, auch wenn sich die leitenden Angestellten selbst ihrer Machtposition nicht immer bewußt sein mögen[54]. Die Möglichkeit der Druckausübung als Voraussetzung der Tariffähigkeit dürfte bei den Verbänden der leitenden Angestellten auch ohne Bereitschaft zum Arbeitskampf gegeben sein[55].

III. Gegnerreinheit und Gegnerunabhängigkeit

Gegnerreinheit und Gegnerunabhängigkeit als Voraussetzungen der Tariffähigkeit werfen bei einem Zusammenschluß leitender Angestellter

[50] *Gerhard Müller*, Zwanzig Jahre Verband Oberer Angestellter der Eisen- und Stahlindustrie, S. 48 (67, 70) und AuR 1972, 1 (7); auch *Boldt*, Bergfreiheit 1961, 259 (268) vergleicht die leitenden Angestellten mit den Beamten, da auf beide Personengruppen der Gesichtspunkt des besonders gestalteten Treue- und Vertrauensverhältnisses zuträfe.

[51] Vgl. *Rüthers*, BB 1972, 1105 (1107): „Diese eindeutige Einordnung der leitenden Angestellten als ‚Arbeitnehmer' enthält die Anerkennung eines Spannungsfeldes gegenläufiger kollektiv geprägter Interessen." Ferner *Gerhard Müller*, Zwanzig Jahre Verband Oberer Angestellter der Eisen- und Stahlindustrie S. 48 (66).

[52] *Gerhard Müller*, Bergfreiheit 1969, 133 (146).

[53] BAG, Beschluß v. 23. 4. 1971 — 1 ABR 26/70, AP Nr. 2 zu § 97 ArbGG.

[54] Vgl. *Säcker*, BB 1972, 1197 (1197).

[55] *Wiegand*, Der leitende Angestellte S. 114, 115 Rdnr. 281, 282 und *Föhr*, BB 1975, 140 (143) verlangen für die Tariffähigkeit der Verbände der leitenden Angestellten die ausdrückliche Bereitschaft zur Führung von Arbeitskämpfen. Wie im Text aber *Säcker*, BB 1972, 1197 (1199), der ausführt, das Merkmal der Kampfbereitschaft brauche angesichts der besonderen soziologischen Stellung der leitenden Angestellten nicht vorzuliegen. Leitende Angestellte seien, wenn sie sich zusammenschlössen, auch ohne Arbeitskampf hinreichend stark, um adäquate Arbeitsbedingungen aushandeln zu können.

in eigenen Verbänden ähnliche Probleme auf wie bei einer Organisierung der leitenden Angestellten in den allgemeinen Gewerkschaften. Es drängt sich die Frage auf, wie es um diejenigen leitenden Angestellten bestellt ist, die Arbeitgeberfunktionen gegenüber anderen *leitenden* Angestellten ausüben: etwa dem Chef der Personalabteilung „Leitende Angestellte“[56]. Darf er Mitglied in einem der in der ULA zusammengeschlossenen Verbände sein?

Folgerichtig wäre es an sich, die oben unter Kapitel 3, B II entwickelten Grundsätze auch auf die vorliegende Frage anzuwenden und sie damit zu verneinen. Denn ein leitender Angestellter, der gegenüber anderen *leitenden* Angestellten beispielsweise Einstellungs- oder Entlassungsbefugnis besitzt, befindet sich in einem funktionalen, sich unmittelbar aus seiner Tätigkeit ergebenden Interessengegensatz zumindesten zu diesen leitenden Angestellten. Insofern liegt es nahe, einen solchen leitenden Angestellten als sozialen Gegenspieler einer Koalition leitender Angestellter anzusehen und ihm im Hinblick hierauf eine Mitgliedschaft zu versagen.

Indes erscheint es zweifelhaft, ob diese Folgerung wirklich gezogen werden muß. Die Gruppe der leitenden Angestellten ist dadurch gekennzeichnet, daß alle leitenden Angestellten, ausgestattet mit einem eigenen, erheblichen Entscheidungsspielraum, wesentliche Unternehmerfunktionen wahrnehmen. Es fragt sich daher, ob diese Gruppe nicht in sich genügend einheitlich und geschlossen ist, um die hier in Rede stehenden Interessengegensätze ausgleichen zu können, ohne daß die Wirksamkeit der gemeinsamen Interessenvertretung beeinträchtigt wird. Für diese Annahme könnte immerhin sprechen, daß die Verbände der leitenden Angestellten zahlenmäßig vergleichsweise überschaubar sind und daß sich ihre Mitglieder trotz der Unterschiede der von ihnen in den Unternehmen eingenommenen Positionen durch gemeinsame Merkmale auszeichnen, die sie von den Gruppen der übrigen Arbeiter und Angestellten abheben[57].

---

[56] Die Stelle eines Leiters der Personalabteilung „Leitende Angestellte“ gibt es etwa in den Farbenfabriken Bayer AG, Leverkusen.

[57] Die hier aufgeworfene Frage läßt sich letzten Endes nicht spekulativ, sondern allenfalls aufgrund empirischer Untersuchungen beantworten. Vgl. hierzu folgende Bemerkungen von *Hartmann/Bock-Rosenthal/Helmer*, Leitende Angestellte S. 80:

„Schließlich ist die Frage zu bedenken, ob nicht auch innerhalb der leitenden Angestelltenschaft als Großgruppe Interessenfronten zwischen Untergruppen denkbar sind. Empirische Belege für solche Konfrontationen der Interessen sind bisher kaum vorhanden. Die alten Klischees von der Entgegensetzung der Linien- und Stabsorganisation scheinen nicht mehr zu passen. Trotzdem bieten sich noch eine Reihe von plausiblen Ansätzen für die Vermutung, daß auch innerhalb der Gruppe der leitenden Angestellten wichtige, vielleicht sogar konfliktauslösende Unterschiede der Interessen bestehen können. Man denke an die unterschiedliche Soziallage der mittleren und oberen Führungskräfte, an die unterschiedlichen Mentalitäten der Absolventen von naturwissenschaft-

Bedenken gegen eine Aussparung derjenigen leitenden Angestellten, die Arbeitgeberfunktionen gegenüber anderen *leitenden* Angestellten ausüben, bestehen unter dem Gesichtspunkt des Art. 9 Abs. 3 GG. Das Grundrecht der Koalitionsfreiheit liefe für die hier angesprochene Gruppe der leitenden Angestellten im Ergebnis leer, wenn man ihnen eine Mitgliedschaft in den Verbänden der leitenden Angestellten versagte und sie darauf verwiese, eigene, separate Koalitionen zu gründen. Diese Koalitionen wären zwangsläufig zahlenmäßig so klein, daß sie die Aufgaben, die einer Koalition im heutigen Arbeits- und Wirtschaftsleben gestellt sind (Probleme der umfassenden Information, der Formulierung der eigenen Interessen sowie deren Vertretung gegenüber anderen Verbänden und dem Staat), organisatorisch gar nicht zu lösen vermöchten.

Schließlich besteht noch ein praktischer Einwand. Vermutlich gibt es nur wenige Unternehmen, in denen leitenden Angestellten Arbeitgeberbefugnisse *ausschließlich* gegenüber *leitenden* Angestellten zustehen. In den überwiegenden Fällen werden diejenigen leitenden Angestellten, die Arbeitgeberfunktionen gegenüber *leitenden* Angestellten ausüben, dieselben Funktionen auch gegenüber der übrigen Belegschaft oder Teilen davon innehaben. Auch diesen leitenden Angestellten müßte konsequenterweise mit der Begründung, sie gehörten zum sozialen Gegenspieler, die Möglichkeit versagt werden, sich in Koalitionen leitender Angestellter zu organisieren. Es müßte jeweils geprüft werden, ob unter denjenigen Personen, denen gegenüber ein Verbandsmitglied Arbeitgeberfunktionen wahrnimmt, sich nicht auch leitende Angestellte befinden. Dies zeigt, daß eine Abschichtung derjenigen leitenden Angestellten, die Arbeitgeberfunktionen gegenüber *leitenden* Angestellten ausüben, sich selbst ad absurdum führt.

In der Literatur wird denn auch die Tariffähigkeit der Verbände der leitenden Angestellten als selbstverständlich angenommen, ohne daß die hier im Hinblick auf die Grundsätze der Gegnerreinheit und Gegnerunabhängigkeit erörterte Problematik angeschnitten wird[58]. Das gilt auch, wenn sich so exponierte leitende Angestellte wie Direktoren unterhalb der Vorstandsebene, Generalbevollmächtigte oder Prokuristen zusammenschließen[59]. Mag dieser Personengruppe im Regelfall auch nichts dar-

---

lichen und wirtschaftswissenschaftlichen Fachrichtungen, an die Kluft zwischen den als leitend anerkannten Beschäftigten und denjenigen, die sich selbst zwar als leitend betrachten, bisher jedoch ohne offizielle Anerkennung dieses Status geblieben sind."

[58] *Nikisch*, ArbR II, § 57 II 4, S. 8; *Galperin*, Der leitende Angestellte 7/1971, 3 (6); *Rüthers*, BB 1972, 1105 (1109); *Säcker*, BB 1972, 1197 (1198 - 1200); *Geitner*, DB 1973, 280 (282); *Steindorff*, AuR 1973, 97 (97, 98); *Steffens*, Institution und Funktion der Sprecherausschüsse S. 102; vgl. allerdings unter den Ausführungen zum Merkmal der Arbeitskampfbereitschaft die einschränkenden Äußerungen von *Gerhard Müller*, Bergfreiheit 1969, 133 (145, 146) und *Boldt*, Bergfreiheit 1961, 259 (268) sowie jüngst *Föhr*, BB 1975, 140 (143).

an gelegen sein, ihre Vergütung durch Tarifvertrag festgesetzt zu sehen, so kann doch auch für sie eine tarifliche Regelung der Fragen wie Kündigung, Abfindung und Wettbewerbsverbot von Interesse sein[60].

Eine Ausnahme ist allerdings anzuerkennen. Der Grundsatz der Gegnerreinheit ist verletzt, wenn diejenigen leitenden Angestellten, die als Vertreter der Arbeitgeber mit den Verbänden der leitenden Angestellten Tarifverhandlungen führen, Mitglieder dieser Verbände sind. Hier ist wegen der Gefahr eines Interessenwiderstreits Inkompatibilität gegeben[61]. Die Verbände der leitenden Angestellten verlieren die Unabhängigkeit von der Gegenseite und damit die Tariffähigkeit, wenn ihnen bei Tarifverhandlungen als Vertreter der Arbeitgeberseite ihre eigenen Mitglieder gegenübersitzen.

Man wird aber nicht verlangen müssen, daß diese leitenden Angestellten aus ihrem Verband austreten, um ihm die Gegnerreinheit und damit die Tariffähigkeit zu erhalten. Vielmehr wird eine Umwandlung der Vollmitgliedschaft in eine außerordentliche Mitgliedschaft ohne Stimm-

---

[59] Vgl. zum Rechtszustand der Weimarer Zeit, in der die Vorstandsmitglieder einer Aktiengesellschaft noch als Arbeitnehmer angesehen wurden, die Ausführungen von *Potthoff*, ArbR 1921, 25 (29):

„Auch die leitenden Direktoren von Aktiengesellschaften und andere gesetzliche Vertreter von Arbeitgebern sind *nicht* von der Möglichkeit ausgeschlossen, als Arbeitnehmer Tarifverträge mit den Rechtswirkungen der Verordnung vom 23. Dezember 1918 zu schließen. Wenn ein Verband von Gesellschaftsdirektoren mit großen Gesellschaften oder einer Vereinigung, wenn ein Verband der Oberbürgermeister mit dem Städtetage, ein Verband von Genossenschaftsdirektoren mit einem Genossenschaftsverbande einen schriftlichen Vertrag über die Anstellungsbedingungen solcher leitenden Beamten schlösse, so wäre das ein Tarifvertrag im Rechtssinne, wäre unabdingbar und könnte zum allgemein verbindlichen Zwangsgesetz erhoben werden."

[60] Vgl. *Säcker*, BB 1972, 1197 (1200 Fn. 29).

[61] So schon *Jacobi*, Grundlehren des Arbeitsrechts, § 11 II 4 b, S. 161:

„Die Zugehörigkeit von angestellten Prokuristen oder Direktoren nimmt der Arbeitnehmervereinigung die Tariffähigkeit nicht unbedingt, sondern nur, wenn die betreffenden nach Lage des Falles gerade für diese Arbeitnehmervereinigung bei Tarifverhandlungen als Arbeitgeber oder Arbeitgebervertreter in Betracht kommen."

Ebenso *Berg*, Das Arbeitsrecht der leitenden Angestellten S. 40; vgl. auch Hueck/*Nipperdey*, Lehrb II/1, § 6 II 1 a, S. 90 Fn. 16.

Diesen Gedanken der Inkompatibilität verwendet auch *Rüthers*, BB 1972, 1105 (1109) bei der Frage, welche leitenden Angestellten von der Wahl zu Sprecherausschüssen ausgeschlossen sein sollen: „Ausgeschlossen von dieser Wahl sind solche leitende Angestellte, die auf Grund ihrer Stellung oder eines generellen Auftrages der Unternehmensleitung die Gesprächs- und Verhandlungspartner der Sprecherausschüsse sind." Ebenso das Grundmodell einer Sprecherregelung für die leitenden Angestellten, das vom Arbeitsring der Arbeitgeberverbände der deutschen chemischen Industrie e. V. im September 1972 vorgelegt worden ist (RdA 1973, 42 unter II 1): „Für die Sprecherregelung gelten als leitende Angestellte alle leitenden Angestellten im Sinne des jeweils geltenden Betriebsverfassungsgesetzes mit Ausnahme derjenigen, die auf Grund generellen Auftrages der Geschäftsleitung Gesprächspartner der Vertretung der leitenden Angestellten sind."

recht und ohne Recht zur Ämterbekleidung genügen[62]. Das bedeutet natürlich insbesondere, daß jegliche Einflußnahme der betreffenden leitenden Angestellten auf die Tarifpolitik ihres Verbandes ausgeschlossen sein muß[63]. Dies ist nicht nur ein Gebot des koalitionsrechtlichen Grundsatzes der Gegnerreinheit und der Gegnerunabhängigkeit, sondern ergibt sich zusätzlich aus dem Rechtsgedanken, der der Regelung des § 181 BGB zugrunde liegt.

Diejenigen leitenden Angestellten, die Gesprächs- und Verhandlungspartner der Sprecherausschüsse sind, sind dagegen von einer ordentlichen Mitgliedschaft in den Verbänden der leitenden Angestellten *nicht* ausgeschlossen. Denn der im Rahmen der Betriebsverfassung vorausgesetzte Interessengegensatz besagt weder etwas über die soziale Gegenspielerschaft auf der Ebene der Koalitionen noch über die hieraus abgeleiteten Grundsätze der Gegnerreinheit und der Gegnerunabhängigkeit[64]. Für die Betriebsverfassung einerseits und für die kollektive Wahrung und Förderung der Arbeits- und Wirtschaftsbedingungen auf der Ebene der Verbände andererseits gelten unterschiedliche Organisationsprinzipien[65].

Unter dem Stichwort der Gegnerreinheit und Gegnerunabhängigkeit stellt sich bei den Verbänden der leitenden Angestellten schließlich noch ein weiteres Problem. Die mit Hilfe der Grundsätze der Gegnerreinheit und Gegnerunabhängigkeit angestrebte Homogenität der Verbände kann bei einem Verband leitender Angestellter auch dadurch beeinträchtigt sein, daß *nicht* leitende Angestellte (beispielsweise außertarifliche Angestellte mit Hochschulabschluß) als Mitglieder in diesen Verband aufgenommen werden. Dies kann entweder darauf beruhen, daß schon die Satzung die Aufnahme auch nicht leitender Angestellter in den Verband vorsieht[66] oder daß die Aufnahmepraxis des Verbandes der eigenen Satzung nicht entspricht.

---

[62] In diesem Zusammenhang vgl. § 3 Abs. 2 der Satzung der VELA, Vereinigung leitender Angestellter e. V.:

„Mitglieder der VELA, die ihre Arbeitnehmereigenschaft verlieren (z. B. durch Aufgabe ihrer unselbständigen Tätigkeit) können als außerordentliche Mitglieder in der VELA verbleiben. Sie haben kein Stimmrecht und dürfen keine Ämter bekleiden."

Ähnlich § 3 Abs. 4 der Satzung des Verbandes angestellter Akademiker und leitender Angestellter der chemischen Industrie e. V. (VAA):

„Ordentliche Mitglieder, die die Stellung eines gesetzlichen Vertreters erlangen, können im Verband als außerordentliche Mitglieder verbleiben."
(d. h. ohne Stimmrecht und Wählbarkeit, vgl. § 8 der Satzung).

[63] *Föhr*, BB 1975, 140 (143) läßt eine einfache Mitgliedschaft dieser leitenden Angestellten zu und schließt sie nur von Leitungsfunktionen im Verband aus.

[64] Vgl. auch oben im 3. Kapitel unter B I.

[65] *Biedenkopf*, Grenzen der Tarifautonomie, § 25 III, S. 300.

[66] Vgl. § 3 Abs. 1 der Satzung des Verbandes angestellter Akademiker und leitender Angestellter der chemischen Industrie e. V. (VAA), § 2 Abs. 1 der Satzung des Verbandes Deutscher Akademiker für Landwirtschaft, Ernährung und Landespflege e. V., § 4 Abs. 2 der Satzung des Verbandes Deutscher Diplom-

Die Aufnahme *nicht* leitender Angestellter in einem Verband leitender Angestellter führt dazu, daß solche Arbeitnehmer in einem Verband zusammengeschlossen sind, deren Zusammenschluß in den allgemeinen Gewerkschaften für unzulässig erklärt wurde: nämlich von Angestellten einerseits und von „arbeitgeberähnlichen" leitenden Angestellten andererseits[67]. Will man nicht mit zweierlei Maß messen, muß der Grundsatz, daß die Mitgliedschaft „arbeitgeberähnlicher" leitender Angestellter und *nicht* leitender Angestellter in ein und demselben Verband unzulässig ist, weil es sich um soziale Gegenspieler handelt, in gleicher Weise wie für die allgemeinen Gewerkschaften auch für die Verbände der leitenden Angestellten gelten. Es sind keinerlei Gesichtspunkte erkennbar, die eine andere Beurteilung rechtfertigen. Das bedeutet für die Verbände der leitenden Angestellten, daß sie vor der Wahl stehen, auf die Aufnahme entweder der *nicht* leitenden Angestellten, oder der „arbeitgeberähnlichen" leitenden Angestellten in ihre Verbände zu verzichten. Im ersten Fall wären die Verbände der leitenden Angestellten eine Interessenvertretung *ausschließlich* für leitende Angestellte, im letzteren Fall würden sich ihre Verbände von den allgemeinen Gewerkschaften insofern nicht unterscheiden, als sie dieselben Arbeitnehmergruppen wie diese — mit Ausnahme der Arbeiter — organisierten.

Die Mitgliedschaft *nicht* leitender Angestellter in einem Verband, der sowohl *nicht* „arbeitgeberähnliche" als auch „arbeitgeberähnliche" leitende Angestellte organisiert, verstößt gegen den Grundsatz der Gegnerreinheit. Ein solcher Verband wäre nicht tariffähig. Ein Verstoß gegen den Grundsatz der Gegnerreinheit dürfte aber dann nicht anzunehmen sein, wenn die *nicht* leitenden Angestellten lediglich außerordentliche Mitglieder ohne Stimmrecht und ohne Recht zur Ämterbekleidung sind. Dies ermöglicht es den Verbänden der leitenden Angestellten, diejenigen Angestellten, die sie als Nachwuchskräfte für den Kreis der leitenden Angestellten ansehen, mit eingeschränkten Mitgliedschaftsrechten aufzunehmen. In diesen Fällen greift jedoch das Prinzip der Gegner*unabhängigkeit* ein, falls für die *nicht* leitenden Angestellten trotz der eingeschränkten Mitgliedschaftsrechte tatsächliche Einflußmöglichkeiten in dem Verband bestehen. Den hier angeführten Anforderungen genügt § 5 Abs. 2 Satz 2 der Satzung der Union der leitenden Angestellten nicht:

> „Unberührt hiervon bleibt die Aufnahme von solchen Personen, die als Nachwuchskräfte für den Kreis der leitenden Angestellten im Sinne von Satz 1 anzusehen sind."

Diese Bestimmung sieht auch für die *nicht* leitenden Angestellten die Aufnahme als Vollmitglied vor.

---

ingenieure (VDDI) und näher zu den Aufnahmebestimmungen der Verbände oben 2. Kapitel unter B II.

[67] Vgl. oben 3. Kapitel unter B II, insbesondere unter 2 am Ende.

Der Grundsatz der Gegnerreinheit bedarf im vorliegenden Zusammenhang schließlich noch einer weiteren Einschränkung. Ein Verband, der nach seiner Satzung *nur* leitende Angestellte als Vollmitglieder hat, kann der Gegnerreinheit und damit der Tariffähigkeit nicht dadurch verlustig gehen, daß er versehentlich auch *nicht* leitende Angestellte aufnimmt. Infolge der nach wie vor bestehenden Unsicherheit in der Frage der Abgrenzung der leitenden Angestellten ist dies ohne weiteres möglich. Der Grundsatz der Gegnerreinheit ist daher solange als nicht verletzt anzusehen, als die *nicht* leitenden Angestellten in dem Verband *offenkundig* keinen Einfluß auszuüben vermögen.

IV. Die übrigen Voraussetzungen der Tariffähigkeit (Anerkennung des geltenden Tarifrechts; körperschaftliche Organisation auf überbetrieblicher Grundlage; Unabhängigkeit von Parteien, Kirchen und Staat; freigebildete Vereinigung mit demokratischer Verfassung; Ziel der kollektiven Wahrnehmung der Arbeitnehmerinteressen)

Was die restlichen Voraussetzungen der Tariffähigkeit betrifft, ergeben sich hinsichtlich der Verbände der leitenden Angestellten keine Besonderheiten. Daß die Verbände der leitenden Angestellten das geltende Tarifrecht — soweit es für sie von ihrer Zielsetzung her von praktischer Bedeutung ist — als verbindlich anerkennen, ist selbstverständlich. Die Verbände sind alle auf überbetrieblicher Grundlage organisiert. Ihre Unabhängigkeit von den Parteien, den Kirchen und vom Staat ist durchweg in den Satzungen festgelegt[68].

Die Verbände der leitenden Angestellten haben bis auf eine Ausnahme die Form des rechtsfähigen Vereins; nur der Bund der Ingenieure in Anwendungs- und Verfahrenstechnik der deutschen Farbenfabriken ist nicht im Vereinsregister eingetragen und daher nicht rechtsfähig — was er mit den traditionellen deutschen Gewerkschaften gemein hat.

Ferner handelt es sich bei den Verbänden der leitenden Angestellten um freigebildete Vereinigungen, deren interner Willensbildungsprozeß sich nach in den Satzungen niedergelegten demokratischen Regeln vollzieht. Schließlich sind diese Verbände Vereinigungen von Arbeitnehmern mit dem Ziel der kollektiven Interessenwahrnehmung. Die im fol-

[68] Vgl. § 2 Abs. 2 der Satzung des VAA:
„Er (scil. der Verband) ist in parteipolitischer und weltanschaulicher Beziehung neutral." Ähnlich § 2 Abs. 2 der Satzung des Verbandes der Führungskräfte der Metall- und Elektroindustrie e. V., § 2 Satz 2 der Satzung der VELA, § 2 Satz 4 der Satzung des Bundes der Ingenieure in Anwendungs- und Verfahrenstechnik der deutschen Farbenfabriken, § 2 Abs. 5 der Satzung des Verbandes Deutscher Akademiker für Landwirtschaft, Ernährung und Landespflege e. V., § 2 Satz 2 des Verbandes genossenschaftlicher Geschäftsleiter; vgl. auch § 5 Absatz 1 der Satzung der ULA („politisch und wirtschaftlich unabhängige Verbände von leitenden Angestellten").

genden angeführten Bestimmungen aus den Satzungen der Verbände der leitenden Angestellten mögen dies belegen:

§ 3 der Satzung der Union der leitenden Angestellten in der Fassung vom 6. November 1973:

„Als Spitzenverband wahrt die Union der leitenden Angestellten die gemeinsamen gesellschaftspolitischen, sozialen, rechtlichen und wirtschaftlichen Interessen der in den Mitgliedsverbänden zusammengeschlossenen leitenden Angestellten."

§ 2 Abs. 1 der Satzung des Verbandes angestellter Akademiker und leitender Angestellter der Chemischen Industrie e. V.:

„Der Verband bezweckt als unabhängige Gewerkschaft die Wahrung und Förderung der wirtschaftlichen, sozialen und rechtlichen Interessen seiner Mitglieder."

§ 2 der Satzung des Verbandes der Führungskräfte in Bergbau, Mineralölindustrie und Kraftwirtschaft e. V.:

„Der Verband ist eine berufsständische Organisation und verfolgt folgende Ziele:

1. Wahrung und Förderung der beruflichen und der gemeinsamen berufsständischen Interessen;
2. Schutz und Verbesserung der rechtlichen und wirtschaftlichen Stellung der Verbandsmitglieder;
3. Vertretung der Verbandsmitglieder in allen beruflichen und die soziale Versorgung betreffenden Angelegenheiten;
4. ...
5. ..."

§ 2 der Satzung des Verbandes oberer Angestellter der Eisen- und Stahlindustrie e. V.:

„Der Zweck des Verbandes ist die Wahrung und Förderung der beruflichen, wirtschaftlichen, sozialen und rechtlichen Interessen seiner Mitglieder."

§ 2 Abs. 1 der Satzung des Verbandes der Führungskräfte der Metall- und Elektroindustrie e. V.:

„Der Verband bezweckt die Wahrung und Förderung der gesellschaftspolitischen, wirtschaftlichen, sozialen und rechtlichen Interessen seiner Mitglieder."

§ 2 Satz 1 der Satzung der VELA:

„Die VELA bezweckt die Wahrung und Förderung der gemeinsamen Interessen ihrer Mitglieder in allen sozialen und wirtschaftlichen Angelegenheiten."

§ 2 Satz 1 des Bundes der Ingenieure in Anwendungs- und Verfahrenstechnik der deutschen Farbenfabriken:

„Aufgabe des Bundes ist die Wahrung der arbeitsrechtlichen und arbeitspolitischen sowie sozialrechtlichen und sozialpolitischen Belange seiner Mitglieder, insbesondere gegenüber deren Arbeitgebern und Sozialpartnern, unter

Einbeziehung aller hierzu gesetzlich zugelassenen Mittel. Ferner ist es Aufgabe des Bundes, Tarifverträge abzuschließen."

§ 1 Satz 1 der Satzung des Verbandes der Führungskräfte der Bauwirtschaft:

„Der Verband ist ein Berufsverband und bezweckt, die beruflichen Interessen seiner Mitglieder auf gesellschaftspolitischem, wirtschaftlichem sowie arbeits- und sozialrechtlichem Gebiet zu vertreten und zu fördern."

C. Gewerkschaftsbegriff und Koalitionsbegriff

I. Begriffsbestimmung

Der Begriff der Gewerkschaft ist im gesamten Arbeitsrecht einheitlich[69]. Er setzt Tariffähigkeit voraus[69]. Ungeklärt ist dagegen, ob jeder arbeitsrechtlichen Koalition im Sinne des Art. 9 Abs. 3 GG die Tariffähigkeit immanent ist. Das hätte zur Folge, daß Koalitionen auf der Arbeitnehmerseite nur die Gewerkschaften sind.

Das Bundesverfassungsgericht[70] und das Bundesarbeitsgericht[71] vertreten die Auffassung, es gebe auch Koalitionen ohne Tariffähigkeit[72]. Nicht jeder Koalition komme von Verfassungs wegen die Tariffähigkeit zu[70, 71]. Zur Begründung führt das Bundesverfassungsgericht an, es müsse

---

[69] BAG, Beschluß v. 6. 7. 1956 — 1 AZB 18/55, AP Nr. 11 zu § 11 ArbGG; BAG, Beschluß v. 15. 11. 1963 — 1 ABR 5/63, AP Nr. 14 zu § 2 TVG, Bl. 3 R; Stein/Jonas/*Pohle*, Zivilprozeßordnung, § 50 Anm. VIII 1 a (1964). Das BAG läßt es in dem Beschluß vom 6. 7. 1956 ausdrücklich dahingestellt bleiben, ob auf dem Gebiete des *Beamten*rechts der Begriff der Gewerkschaft einen besonderen und vom Arbeitsrecht abweichenden Inhalt hat.

A. A. aber *Reuß*, RdA 1972, 4 (5): „Die Tariffähigkeit ist also keine notwendige Eigenschaft *arbeitsrechtlicher* Gewerkschaften" (Hervorhebung vom Verfasser. Mit dieser Aussage sind also nicht die *Beamten*gewerkschaften angesprochen. Die Verwirrung in der Terminologie wird durch folgenden Satz, a.a.O., noch unterstrichen: „Um die Frage nach der rechtlichen Bedeutung der tatsächlichen Mächtigkeit zur Druckausübung im kollektiven Arbeitsrecht beantworten zu können, ist mithin getrennt zu prüfen, ob die Mächtigkeit Bedeutung hat für die Koalitionseigenschaft, für die Eigenschaft als Gewerkschaft im weiteren Sinne, als arbeitsrechtliche Gewerkschaft, für die Tariffähigkeit und für die Arbeitskampffähigkeit").

[70] BVerfG, Urt. v. 18. 11. 1954 — 1 BvR 629/52, BVerfGE 4, 96 (107) und Beschluß v. 19. 10. 1966 — 1 BvL 24/65, BVerfGE 20, 312 (318).

[71] BAG, Beschluß v. 15. 11. 1963 — 1 ABR 5/63, AP Nr. 14 zu § 2 TVG, Bl. 3 R; BAG, Beschluß v. 9.7.1968 — 1 ABR 2/67, AP Nr. 25 zu § 2 TVG, Bl. 2 R.

[72] Ebenso *Gerhard Müller*, Zwanzig Jahre Verband Oberer Angestellter der Eisen- und Stahlindustrie S. 48 (60: „Es ist zwischen der Koalition und der tariffähigen Koalition zu unterscheiden") und Juristen-Jahrbuch Bd 10 (1969/1970), S. 125 (149, 153). Ferner *Nikisch*, ArbR II, § 60 III 3, S. 61 und § 70 I 2, S. 237; *Reuß*, Das Arbeitsrecht der Gegenwart Bd 1 (1964), S. 144 (151, 152); *Scholz*, Koalitionsfreiheit, § 10 C 2, S. 49; *Badura*, RdA 1974, 129 (136).

dem Gesetzgeber überlassen sein, die Voraussetzungen der Tariffähigkeit im einzelnen zu normieren[73].

Diese Rechtsprechung ist kritisiert worden. Ihr wird der Vorwurf gemacht, sie übersehe, „daß das Tarifvertragswesen und die Beteiligung an ihm zum Kernbereich des Koalitionsschutzes gehört. Koalitionen ohne Tariffähigkeit sind also wie Kernobst ohne Kerne“[74]. Anliegen dieser Kritik ist es, die Voraussetzungen der Tariffähigkeit, die als Hauptcharakteristikum einer Koalition angesehen wird, der Disposition des einfachen Gesetzgebers zu entziehen[75]. Daher werden die Koalitionen geradezu als „die geborenen Träger der Tarifmacht“ bezeichnet, denen *von Verfassungs wegen* die Fähigkeit zukommt, Tarifverträge abzuschließen[75].

Diese Auffassung verdient den Vorzug, da sie den Kernbereich koalitionsmäßiger Betätigung *verfassungsrechtlich* absichert[76]. Dabei ist eine Koalition im Sinne des Art. 9 Abs. 3 GG dann gegeben, wenn eine Vereinigung von Arbeitgebern oder Arbeitnehmern diejenigen Merkmale aufweist, die von der Rechtsprechung[77] und Lehre[78] (zugleich) als Vor-

---

[73] BVerfG, Urt. v. 18. 11. 1954 — 1 BvR 629/52, BVerfGE 4, 96 (107) und Beschluß v. 19. 10. 1966 — 1 BvL 24/65, BVerfGE 20, 312 (318). Das BVerfG hat die Frage aber im Urt. v. 6. 5. 1964 — 1 BvR 79/62, BVerfGE 18, 18 (27) ausdrücklich offen gelassen.

[74] *Mayer-Maly,* Anmerkung zu BAG, Beschluß v. 9. 7. 1968 — 1 ABR 2/67, AP Nr. 25 zu § 2 TVG.

[75] *Nipperdey/Säcker,* Arbeitsrecht-Blattei, D Tarifvertrag II A, II Abschluß, A Tariffähigkeit und Tarifzuständigkeit, unter I 2 a.

[76] Ebenso ArbG Stuttgart, Beschluß v. 4. 2. 1972 — 6 BV 3/71, EzA Art. 9 GG, 9; *Dietz,* Die Grundrechte III/1, S. 417 (461); Hueck/*Nipperdey,* Lehrb II/1, § 20 I 3, S. 422; *Gamillscheg,* Arbeitsrecht, Fall Nr. 252, S. 272.

[77] Vgl. BAG, Beschluß v. 15. 11. 1963 — 1 ABR 5/63, AP Nr. 14 zu § 2 TVG, Bl. 6:

„Um als Gewerkschaft gelten und damit tariffähig sein zu können, muß der ASt. nach der übereinstimmenden Auffassung der Rechtslehre (...), die vom Senat geteilt wird, noch folgende Voraussetzungen erfüllen:

1. es muß sich um eine Vereinigung von Arbeitnehmern (d. h. hier also Hausgewerbetreibenden) als solchen handeln,
2. die Vereinigung muß ein Verein sein,
3. sie muß freiwillig gebildet sein,
4. sie muß unabhängig von der Gegenseite sein,
5. sie muß parteipolitisch neutral sein,
6. sie muß kirchlich unabhängig sein,
7. sie muß unabhängig vom Staat sein,
8. sie muß auf überbetrieblicher Grundlage organisiert sein,
9. sie muß sich selbst zur Aufgabe gesetzt haben, TVe abzuschließen,
10. sie muß das geltende Tarif- und Schlichtungsrecht anerkennen.

Ob auch die Bereitschaft zum Arbeitskampf zu diesen Voraussetzungen gehört, ist umstritten.“

[78] Hueck/*Nipperdey,* Lehrb II/1, § 20 III A 1 - 12, S. 426 - 435 im Vergleich zu § 6 I - III, S. 82 - 111.

aussetzungen der Tariffähigkeit angesehen werden. Das bedeutet allerdings nicht, daß die Tariffähigkeit ein notwendiges Kriterium der Koalition ist. „Die Tarif*fähigkeit* ist keine *Voraussetzung*, sondern eine *Wirkung* der Koalitionseigenschaft. Aber zum Koalitionsbegriff gehört Tarif*willigkeit*[79]." Im Ergebnis hat diese Auffassung die begriffliche Dekkungsgleichheit von Arbeitnehmerkoalition und Gewerkschaft zur Folge[80]. Verbände leitender Angestellter, die nicht tarif*willig* sind oder denen eine sonstige Koalitionseigenschaft (= eine sonstige Voraussetzung der Tariffähigkeit) fehlt, sind keine Gewerkschaften[81]. Diese Verbände erfüllen nicht die Anforderungen, die etwa in § 2 Abs. 1 TVG, § 2 Abs. 1 und 2 BetrVG, §§ 10, 11 Abs. 2 Satz 2 ArbGG sowie in den §§ 7 Abs. 2 Ziff. 2, 16 Abs. 2, 20 Abs. 2 Ziff. 4, 21 Abs. 1 Ziff. 4 des Mitbestimmungsgesetz-Entwurfes[82] mit dem Begriff der Gewerkschaft umschrieben sind.

II. Das Selbstverständnis der Verbände der leitenden Angestellten

Wie oben ausgeführt worden ist[83], sind von den Verbänden der leitenden Angestellten lediglich drei tarifwillig: der Verband angestellter Akademiker und leitender Angestellter der chemischen Industrie e. V. (VAA), der Verband oberer Angestellter der Eisen- und Stahlindustrie e. V. (VOE) und der Bund der Ingenieure in Anwendungs- und Verfahrenstechnik der Deutschen Farbenfabriken (Coloristenbund). Ob sie auch gegnerrein im Sinne der im 4. Kapitel unter B III formulierten Anforderungen sind, läßt sich naturgemäß ohne empirische Untersuchung nicht feststellen. Zweifelhaft erscheint dies insbesondere beim VAA, der nach seiner Satzung auch *nicht* leitende Angestellte — nämlich angestellte Akademiker — organisiert, aber deshalb „arbeitgeberähnliche" leitende Angestellte von einer ordentlichen Mitgliedschaft nicht ausschließt[84].

---

[79] Hueck/*Nipperdey*, Lehrb II/1, § 6 III 3, Fn. 50 auf S. 105. Hervorhebung vom Verfasser.

[80] ArbG Stuttgart, Beschluß v. 4. 2. 1972 — 6 BV 3/71, EzA Art. 9 GG, 9 S. 60; ArbG Essen, Beschluß v. 28. 11. 1973 — 5 BV 23/73 (unveröffentlicht). Ferner Hueck/*Nipperdey*, Lehrb II/1, § 5 V 2 pr., S. 77: „Koalitionen i. S. des Art. 9 Abs. 3 sind nur *Gewerkschaften* und *Arbeitgeberverbände*." sowie Dietz/*Richardi*, BetrVG, § 2 Rdnr. 29: „Der Begriff der Gewerkschaften und der Arbeitgeberverbände ist hier im gleichen Sinne verstanden wie im Tarifvertragsrecht und entspricht dem der Vereinigungen des Art. 9 Abs. 3 GG, d. h. der Koalitionen."

[81] So ausdrücklich Hueck/*Nipperdey*, Lehrb II/1, § 6 III 3, S. 105 und *Schaub*, Arbeitsrechtshandbuch, § 187 IV 3, S. 768.

[82] Insoweit ist *Gerhard Müller*, DB 1975, 253 (258) der Ansicht, „verfassungsrechtlich dürfte vieles dafür sprechen, die gewollt nichttariffähigen Verbände der leitenden Angestellten ebenfalls als Gewerkschaften im Sinne des Gesetzes (gemeint ist der Mitbestimmungsgesetz-Entwurf, der Verf.) zu werten." Im Ergebnis ebenso *Mertens*, RdA 1975, 89 (97).

[83] 4. Kapitel unter B I.

[84] Von einer ordentlichen Mitgliedschaft ausgeschlossen sind jedoch die „konkreten Prinzipale". Vgl. § 3 Abs. 4 der Satzung des VAA: „Ordentliche Mit-

Diesen Ergebnissen — mit Ausnahme des hier eingenommenen Standpunktes zum Problem der Gegnerreinheit — entspricht auch das Selbstverständnis der Verbände der leitenden Angestellten sowie der ULA selbst. Der Verband angestellter Akademiker und leitender Angestellter der chemischen Industrie e. V. ist seit langem als eigenständige Gewerkschaft anerkannt[85]. Der Verband oberer Angestellter der Eisen- und Stahlindustrie e. V. versteht sich selbst als unabhängige Gewerkschaft, hat aber seinerseits noch keine Tarifverträge abgeschlossen. Seine Gewerkschaftseigenschaft ist in einem Arbeitsgerichtsprozeß in Zweifel gezogen worden. In erster Instanz wurde die Gewerkschaftseigenschaft des VOE im Beschlußverfahren gemäß §§ 2 Abs. 1 Ziff. 6, 97 ArbGG bejaht[86], in zweiter verneint[87]. Die Rechtsbeschwerde zum Bundesarbeitsgericht wird eingelegt werden[88].

Der Verband der Führungskräfte der Metall- und Elektroindustrie e. V. (VFME) und der Verband der Führungskräfte der Bauwirtschaft e. V. (FdBau) verstehen sich ausdrücklich nicht als Gewerkschaft[89]; ebenfalls nicht die Vela, Vereinigung leitender Angestellter e. V., der Verband Deutscher Akademiker für Landwirtschaft, Ernährung und Landespflege e. V. (VDL) und der Verband Deutscher Diplom-Ingenieuere (VDDI)[90].

Die Union der leitenden Angestellten selbst ist ein von rechtlich selbständigen Mitgliedsverbänden getragener Spitzenverband. Nach Auffassung der ULA kann sich ihre Gewerkschaftseigenschaft entsprechend dem Selbstverständnis ihrer Mitgliedsverbände nur dort und nur insoweit ergeben, wie die Mitgliedsverbände selbst sich als Gewerkschaften verstehen und bekennen[88]. Diese Auffassung ist insofern problematisch, als sie davon ausgeht, einem Spitzenverband könne die Gewerkschaftseigenschaft teilweise zustehen. Dies dürfte unzutreffend sein. Spitzenorganisationen sind Zusammenschlüsse von Gewerkschaften und von Vereinigungen von Arbeitgebern (§§ 2 Abs. 2, 12 TVG). Wenn nur eines seiner Mitglieder nicht tariffähig ist, ist die Gewerkschaftseigenschaft[91]

glieder, die die Stellung eines gesetzlichen Vertreters erlangen, können im Verband als außerordentliche Mitglieder verbleiben."

85 Schreiben des VAA an den Verfasser vom 17. Januar 1975.

86 ArbG Essen, Beschluß v. 28. 11. 1973 — 5 BV 23/73 (unveröffentlicht).

87 Der Beschluß des LAG ist z. Zt. (Januar 1975) noch nicht abgesetzt.

88 Diese Informationen sind dem Verfasser von der Union der leitenden Angestellten sowie vom VOE freundlicherweise zur Verfügung gestellt worden (Schreiben vom 7. und 9. Januar 1975). Ob der Bund der Ingenieure in Anwendungs- und Verfahrenstechnik der Deutschen Farbenfabriken sich selbst als Gewerkschaft sieht (da er nach seiner Satzung tarifwillig ist), hat der Verf. nicht in Erfahrung bringen können.

89 Schreiben an den Verfasser vom 2. Januar 1975.

90 Schreiben an den Verfasser vom 14. und 16. Januar 1975.

91 Hueck/*Nipperdey*, Lehrb II/1, § 6 IV, S. 111.

und Tariffähigkeit[92] auch des Spitzenverbandes zu verneinen. Dem entspricht es, daß die Union der leitenden Angestellten von der generellen Möglichkeit des § 2 Abs. 3 TVG keinen Gebrauch gemacht hat.

[92] BAG, Beschluß v. 2. 11. 1960 — 1 ABR 18/59, AP Nr. 1 zu § 97 ArbGG; Hueck/Nipperdey/*Stahlhacke*, TVG, § 2 Rdnr. 43.

Fünftes Kapitel

Zusammenfassung der Ergebnisse

A. „Arbeitgeberähnliche" leitende Angestellte einerseits sowie Arbeiter und Angestellte andererseits als soziale Gegenspieler

I. „Arbeitgeberähnliche" leitende Angestellte einerseits sowie Arbeiter und/oder Angestellte andererseits sind soziale Gegenspieler im Sinne des Koalitionsrechts. Ihre Mitgliedschaft in ein und demselben Verband ist grundsätzlich unzulässig.

II. 1. „Arbeitgeberähnliche" leitende Angestellte sind diejenigen leitenden Angestellten, die mit der Wahrnehmung von Arbeitgeberfunktionen betraut sind.

2. Die Arbeitgeberfunktion ist durch die Möglichkeit der Einflußnahme auf das Grundverhältnis der Arbeitnehmer gekennzeichnet.

3. Das Grundverhältnis der Arbeitnehmer erstreckt sich einmal auf alle Fragen, die mit Einstellungen (Beförderungen) oder Entlassungen und daher mit dem Bestand des Arbeitsverhältnisses zusammenhängen, und umfaßt zum anderen die materiellen Arbeitsbedingungen; diese sind dadurch definiert, daß sie in das arbeitsvertragliche Synallagma einbezogen sind.

B. Folgerungen für die allgemeinen Gewerkschaften

I. Die Mitgliedschaft von „arbeitgeberähnlichen" leitenden Angestellten in den allgemeinen Gewerkschaften verstößt gegen den Grundsatz der Gegnerreinheit.

II. Eine Verletzung des Grundsatzes der Gegnerreinheit ist insoweit nicht anzunehmen, als diejenigen Mitglieder einer Gewerkschaft, die als leitende Angestellte Arbeitgeberfunktionen wahrnehmen, *offenkundig* in der Koalition keinen Einfluß auszuüben vermögen.

III. Auch durch eine lediglich *außerordentliche* Mitgliedschaft „arbeitgeberähnlicher" leitender Angestellter ohne Stimmrecht und ohne Recht zur Ämterbekleidung wird der Grundsatz der Gegner*reinheit* nicht verletzt; in diesen Fällen greift jedoch das Prinzip der Gegner*unabhängigkeit* ein, falls — dennoch — tatsächliche Einflußmöglichkeiten bestehen.

C. Die Tariffähigkeit der Verbände der leitenden Angestellten

I. Gegnerreinheit und Gegnerunabhängigkeit

1. a) Die Mitgliedschaft *nicht* leitender Angestellter in den Verbänden der leitenden Angestellten verstößt gegen den Grundsatz der Gegnerreinheit.

   b) Eine Verletzung des Grundsatzes der Gegnerreinheit ist insoweit nicht anzunehmen, als *nicht* leitende Angestellte, die Mitglied in einem Verband leitender Angestellter sind, in diesem Verband *offenkundig* keinen Einfluß auszuüben vermögen.

   c) Auch durch eine lediglich *außerordentliche* Mitgliedschaft *nicht* leitender Angestellter ohne Stimmrecht und ohne Recht zur Ämterbekleidung wird der Grundsatz der Gegner*reinheit* nicht verletzt; in diesen Fällen greift jedoch das Prinzip der Gegner*unabhängigkeit* ein, falls — dennoch — tatsächliche Einflußmöglichkeiten bestehen.

2. a) Diejenigen leitenden Angestellten, die als Beauftragte ihres Unternehmens oder eines Arbeitgeberverbandes Tarifverhandlungen mit den Verbänden der leitenden Angestellten führen, sind von einer ordentlichen Mitgliedschaft in den Verbänden der leitenden Angestellten ausgeschlossen. Dies folgt sowohl aus dem Grundsatz der Gegnerreinheit als auch aus allgemeinen Inkompatibilitätserwägungen.

   b) Eine *außerordentliche* Mitgliedschaft ohne Stimmrecht und ohne Recht zur Ämterbekleidung ist zulässig; jedoch muß gewährleistet sein, daß die betreffenden leitenden Angestellten die Tarifpolitik ihres Verbandes nicht beeinflussen.

3. Verbände leitender Angestellter, die auch *nicht* leitende Angestellte organisieren wollen, unterliegen denselben Grundsätzen wie die allgemeinen Gewerkschaften. Sie müssen daher auf eine Organisierung der „arbeitgeberähnlichen" leitenden Angestellten im Rahmen der unter B II und III dargelegten Grundsätze verzichten.

II. Arbeitskampfbereitschaft und Fähigkeit zur Druckausübung

1. Die Arbeitskampfbereitschaft ist keine Voraussetzung der Tariffähigkeit.

2. Die vom Bundesarbeitsgericht geforderte Fähigkeit, auf den sozialen Gegenspieler Druck auszuüben („Mächtigkeit"), dürfte bei den Verbänden der leitenden Angestellten auf Grund der herausgehobenen Stellung ihrer Mitglieder im Arbeitsleben gegeben sein.

III. Tarifwilligkeit

1. Die Tarifwilligkeit als subjektive Voraussetzung der Tariffähigkeit ist aus verbandsrechtlichen Gesichtspunkten unverzichtbar. Die Bereitschaft zum Abschluß von Tarifverträgen gehört zum Vereinszweck und muß sich daher gemäß § 57 Abs. 1 BGB bei eingetragenen Vereinen aus der Satzung ergeben. Dies ist zur Zeit bei drei der zehn in der Union der leitenden Angestellten zusammengeschlossenen Verbänden der Fall: dem Verband angestellter Akademiker und leitender Angestellter der chemischen Industrie e. V., dem Verband oberer Angestellter der Eisen- und Stahlindustrie e. V. und dem Bund der Ingenieure in Anwendungs- und Verfahrenstechnik der deutschen Farbenfabriken.

2. Die anderen sieben Verbände der Union der leitenden Angestellten können durch eine entsprechende Änderung des Vereinszwecks ihre Bereitschaft zum Abschluß von Tarifverträgen bekunden. Die Änderung des Vereinszwecks bedarf der Zustimmung aller Mitglieder, falls nicht die Satzung eine Mehrheitsentscheidung genügen läßt.

IV. Gewerkschaftsbegriff und Koalitionsbegriff

1. Die Begriffe Arbeitnehmerkoalition und Gewerkschaft sind identisch.

2. Verbände leitender Angestellter, die nicht tarif*willig* sind oder denen eine sonstige Koalitionseigenschaft (= eine sonstige Voraussetzung der Tariffähigkeit) fehlt, sind keine Gewerkschaften.

3. Die in der ULA zusammengeschlossenen Verbände der leitenden Angestellten verstehen sich überwiegend nicht als Gewerkschaften.

Sechstes Kapitel

Der Streik leitender Angestellter

Die rechtliche Problematik der leitenden Angestellten — insbesondere derjenigen, die Arbeitgeberfunktionen ausüben — ergibt sich aus der Ambivalenz ihrer Stellung. Einerseits sind sie Arbeitnehmer, auf der anderen Seite werden aber ihre Beziehungen zur Arbeitnehmerschaft durch die von ihnen wahrgenommenen Aufgaben geprägt. Eine sachgerechte Einordnung der leitenden Angestellten kann daher nur gelingen, wenn diese Unterscheidung zwischen dem Innenverhältnis der leitenden Angestellten zu ihrem Arbeitgeber und dem Außenverhältnis zu den übrigen Arbeitnehmern beachtet wird. Das, was die leitenden Angestellten zu den „Leitenden" macht, worin ihre Eigentümlichkeit besteht, betrifft — zumindesten was die „arbeitgeberähnlichen" leitenden Angestellten anlangt — in erster Linie das Außenverhältnis, die Beziehung zur Belegschaft, in der die „Leitungs"-Funktion zum Ausdruck kommt.

Diese Unterscheidung muß der Ausgangspunkt sein, wenn das Streikrecht der leitenden Angestellten untersucht wird. Aus ihr ergibt sich nämlich schon in der Fragestellung eine erste Differenzierung: das Problem des Streikrechts der leitenden Angestellten stellt sich verschieden, je nachdem, ob es sich um einen Streik um eigene Arbeitsbedingungen handelt oder ob die leitenden Angestellten für die Verbesserung der Arbeitsbedingungen anderer Arbeitnehmer streiken. Dieser zweite Streik berührt die Außenbeziehung der leitenden Angestellten zur Belegschaft und bringt damit in betonter Weise ihre „Leitungs"-Funktion ins Spiel. Wieweit dieser „Leitungs"-Funktion beim fremdnützigen Streik der leitenden Angestellten rechtliche Bedeutung zukommt, stellt sich dabei als das Hauptproblem dar. Zunächst aber soll der Frage nach dem eigennützigen Streik der leitenden Angestellten nachgegangen werden.

A. Der Streik leitender Angestellter zur unmittelbaren Wahrnehmung eigener Interessen

I. Streikverbot für alle leitenden Angestellten?

Arbeitskämpfe erfahren ihre Rechtfertigung insoweit, als sie der Wahrnehmung berechtigter — sei es eigener, sei es fremder — Interessen dienen[1]. Ob auch die leitenden Angestellten eigene berechtigte Interessen durch Streik wahrnehmen dürfen, ist in der Literatur, die sich allerdings bisher nur spärlich mit dieser Frage beschäftigt hat, umstritten. Drei Ansichten zeichnen sich ab. Die erste will ein Streikrecht der leitenden Angestellten ganz ausschließen. Ihr zufolge soll ein Streikrecht der leitenden Angestellten dem Inhalt ihrer Stellung als Vertrauensperson und Repräsentant des Arbeitgebers widersprechen[2]. Der leitende Angestellte sei insoweit in etwa mit dem Beamten zu vergleichen, dem das Streikrecht nach allgemeiner Auffassung ebenfalls versagt sei[3]. Zwar werde das Streikverbot für den Beamten aus der rechtlichen Eigenart des Beamtenverhältnisses, dem ganz eigenartig gestalteten Treue- und Vertrauensverhältnis öffentlich-rechtlicher Natur gefolgert, der Gesichtspunkt des besonders gestalteten Treue- und Vertrauensverhältnisses treffe aber auch auf den leitenden Angestellten zu[4]. Auch er stehe in einem besonderen Treue- und Vertrauensverhältnis zu seinem Arbeitgeber[4]. Verneine man ein Streikrecht des leitenden Angestellten, so ergebe sich aus dem Grundsatz der „Waffengleichheit" zugleich, daß der Arbeitgeber seinerseits nicht berechtigt sei, im Arbeitskampf leitende Angestellte auszusperren[4].

Diese von *Boldt* so begündete Ansicht wird insbesondere auch von *Gerhard Müller* vertreten. Er führt aus, die Streikfähigkeit der Verbände der leitenden Angestellten scheitere an dem Arbeitsverhältnis der leitenden Angestellten, demzufolge sie nun einmal Arbeitgeber-/Unternehmerfunktionen auszuüben hätten und das entsprechend seinem Sinn zu einer qualifizierten Bindung gegenüber dem Arbeitgeber/Unternehmer führe[5]. Wegen der rechtlichen Beziehungen des einzelnen leitenden Angestellten zum Arbeitgeber/Unternehmer sei die Koalition dieser Arbeitnehmer eben durchweg nicht in der Lage, legitim streiken zu können[5].

Diese Ausführungen hat *Gerhard Müller* an anderer Stelle ergänzt[6]. Dort heißt es wörtlich[6]:

---

[1] Vgl. dazu allgemein *Eser*, Wahrnehmung berechtigter Interessen als allgemeiner Rechtfertigungsgrund. Nach BAG, Urt. v. 19. 6. 1973 — 1 AZR 521/72, DB 1973, 1852 besteht eine Vermutung dafür, daß ein von einer Gewerkschaft um die Regelung von Arbeits- und Wirtschaftsbedingungen geführter Streik rechtmäßig ist. Darüber hinaus soll eine Vermutung dafür bestehen, daß ein von einer Gewerkschaft geführter Streik die Regelung von Arbeits- und Wirtschaftsbedingungen zum Gegenstand hat.

[2] *Boldt*, Bergfreiheit 1961, 259 (268); im Ergebnis wohl ebenso *Berg*, Das Arbeitsrecht der leitenden Angestellten S. 50, der ohne nähere Begründung ausführt, für die leitenden Angestellten komme ein Streik zur Erzwingung besserer wirtschaftlicher Bedingungen kaum in Betracht.

[3] *Boldt*, Bergfreiheit 1961, 259 (268); auf diesen Vergleich mit den Beamten stellt auch *Gerhard Müller*, AuR 1972, 1 (7) ab.

[4] *Boldt*, Bergfreiheit 1961, 259 (268).

[5] *Gerhard Müller*, Bergfreiheit 1969, 133 (146).

[6] *Gerhard Müller*, Zwanzig Jahre Verband Oberer Angestellter der Eisen- und Stahlindustrie S. 48 (66, 67).

„In dem Vortrag ist eine Begriffsbestimmung für letztere versucht worden. Sie lautet: „Leitender Angestellter (scil.: im engeren Sinne)[7] ist, wer nach Dienstvertrag oder Dienststellung im Angestelltenverhältnis regelmäßig und im wesentlichen eigenverantwortlich übertragene Unternehmerbefugnisse wahrnimmt, einschließlich derjenigen Befugnisse, die für den Bestand oder die Entwicklung des Unternehmens aufgrund besonderer Erfahrung oder Kenntnisse, z. B. einer abgeschlossenen Hochschulausbildung oder einer anderen in dem jeweiligen Wirtschaftszweig erforderlichen Spezialausbildung, von betonter Wichtigkeit sind."

(Müller, Bergfreiheit 1969, 133, 139).

Diese Definition hat vorwiegend rechtspolitischen Charakter. Gerade für die Frage des Arbeitskampfes dürfte sie jedoch bereits nach geltendem Recht bedeutsam sein. Der leitende Angestellte in dem hier fraglichen Sinne steht nun einmal in einer sehr spezifischen Weise in Beziehung zum Unternehmer/Arbeitgeber und damit zum Unternehmen selbst. Ähnlich wie die Angehörigen der oben erwähnten Beamtenkategorien und die Richter hinsichtlich des Gemeinwesens bringt der leitende Angestellte mit seiner Tätigkeit das Unternehmen, getragen durch den Unternehmer, auf die nachhaltigste Weise zur Geltung. Somit käme es auch zu einer ähnlichen Situation wie bei jenen in einem öffentlich-rechtlichen Dienstverhältnis stehenden Bediensteten, wenn man für sie den Arbeitskampf rechtlich zulassen wollte. Weil sie das Unternehmen nachhaltig verkörpern, müßte es durch den Arbeitskampf der leitenden Angestellten empfindlichen Schaden nehmen, in einer Vielzahl, vielleicht in der Mehrzahl der Fälle sogar in Frage gestellt sein. Auch hier geht es nicht an, eine scharfe Konfrontation zwischen Dienstnehmer und Dienstherrn herbeizuführen. Die Position jener Arbeitnehmer ist eben strukturell auf das engste mit dem Unternehmer/Arbeitgeber und mit dem Unternehmen verbunden; dann würde nun einmal durch das im Arbeitskampf auf das höchste gesteigerte Gegenspielerverhältnis das Unternehmen von Grund auf in Mitleidenschaft gezogen. Das verbietet aber das mit seiner Aufgabe gegebene qualifizierte Treueverhältnis des leitenden Angestellten im engeren Sinne zu seinem Arbeitgeber. Deshalb könnte man folgern, daß diesen Arbeitsverhältnissen der Ausschluß des Arbeitskampfes immanent ist."

Von diesem grundsätzlichen Streikverbot für leitende Angestellte macht *Gerhard Müller* allerdings eine Ausnahme. Er bejaht die Streikfähigkeit der Verbände der leitenden Angestellten, wenn „in einem bestimmten Wirtschaftszweig und damit in den Unternehmen dort die Zahl der leitenden Angestellten derart groß ist, daß in der Polarität ihrer Stellung das Arbeitnehmermoment außerordentlich nachdrücklich in Erscheinung

[7] Der zitierte Autor hat vorher von leitenden Angestellten (im engeren Sinne) und von gehobenen Angestellten gesprochen, ohne allerdings den Begriff des gehobenen Angestellten zu definieren. Mit den leitenden Angestellten (im engeren Sinne) ist wohl die in § 5 Abs. 3 Ziff. 1 - 3 BetrVG umschriebene Gruppe gemeint, wie sich aus der hier wiedergegebenen Begriffsbestimmung ergibt. Innerhalb der Gruppe der leitenden Angestellten (im engeren Sinne) unterscheidet der zitierte Autor noch einmal leitende Angestellte in zuzüglich herausgehobener Stellung wie etwa Werksleiter oder Werksdirektoren, vgl. den zitierten Text S. 67. Die Begriffe „leitende" Angestellte und „obere" Angestellte gebraucht *Müller* ohne nähere Unterscheidung auch in AuR 1972, 1 (7).

tritt[8]". Insoweit soll die Zahl der leitenden Angestellten zu einem Umschlag in der Bewertung ihrer Koalitionen führen[9]. Dies gelte jedoch nur mit der Einschränkung, daß auch dann die für das Unternehmen vor allem wichtigen leitenden Angestellten, also diejenigen, die in einer zuzüglich herausgehobenen Stellung stünden wie etwa der Werkleiter und der Werksdirektor, nicht kampffähig seien[10]. Im Zweifel sei wegen der stets vorgegebenen Stellung des leitenden Angestellten (im engeren Sinne)[11] allgemein dessen Nichtkampffähigkeit anzunehmen[10].

Die Ansicht von *Gerhard Müller* läßt sich demnach dahin zusammenfassen, daß die leitenden Angestellten zwar im Grundsatz nicht streiken dürfen, daß ihnen das Streikrecht jedoch zusteht, sofern ihre Zahl in einem Wirtschaftszweig bzw. Unternehmen eine bestimmte Größe überschreitet; auch dann soll allerdings eine gewisse obere Schicht der leitenden Angestellten vom Streikrecht ausgenommen sein.

II. Streikverbot für eine obere Schicht der leitenden Angestellten?

Hält man die von *Gerhard Müller* hinsichtlich des Streikrechts aufgestellte Voraussetzung der zahlenmäßigen Relevanz der leitenden Angestellten für nicht gerechtfertigt, so unterscheidet sich seine Auffassung kaum mehr von einer zweiten Ansicht, die zum Problem des Streiks der leitenden Angestellten vertreten wird. Diese ist bisher am ausführlichsten von *Haberkorn* begründet worden[12]. *Haberkorn* geht das Problem in der Weise an, daß er zunächst nach einem spezifisch arbeitskampfrechtlichen Begriff des leitenden Angestellten sucht. Dabei kommt er zu dem Ergebnis, daß sowohl der Begrif des leitenden Angestellten im allgemeinen Sprachgebrauch als auch die speziellen Begriffe der einzelnen Gesetze auf das Arbeitskampfrecht nicht übertragbar sind, vielmehr als leitende Angestellte im Sinne des Arbeitskampfrechts nur diejenigen Angestellten angesehen werden können, die maßgeblich mit der Wahrnehmung von Arbeitgeberfunktionen beauftragt sind und deshalb kraft ihrer Stellung in der betrieblichen Hierarchie, ihrer Direktionsbefugnisse und Vorgesetztenstellung ihre Arbeitnehmereigenschaft weitgehend verloren haben[13]. Nur bei dieser engen Begriffsbestimmung der leitenden Angestellten soll davon auszugehen sein, daß diese Personen sich nicht an einem legitimen Streik beteiligen, aber auch nicht ausgesperrt werden dürfen und ihren Gehaltsanspruch gegen den Arbeiter behal-

---

[8] *Gerhard Müller,* Zwanzig Jahre Verband Oberer Angestellter der Eisen- und Stahlindustrie S. 48 (67) und vorher schon Bergfreiheit 1969, 133 (146).

[9] *Gerhard Müller,* Bergfreiheit 1969, 133 (146).

[10] *Gerhard Müller,* Zwanzig Jahre Verband Oberer Angestellter der Eisen- und Stahlindustrie S. 48 (67).

[11] Vgl. zu der Formulierung „leitende Angestellte im engeren Sinne" Fußnote 7.

[12] *Haberkorn,* MuA 1965, 204 - 206.

ten[13]. Lege man jedoch den allgemeinen Begriff des leitenden Angestellten unter besonderer Berücksichtigung der extensiven Auslegung durch die Rechtsprechung oder einen Begriff nach einem speziellen Gesetz zugrunde, so sei der leitende Angestellte echter Arbeitnehmer und nehme insoweit keine Sonderstellung im Arbeitskampfrecht ein; er könne mithin streiken und auch ausgesperrt werden und hätte auch als arbeitswilliger Arbeitnehmer keinen Gehaltsanspruch gegen seinen Arbeitgeber[13].

Praktisch zum gleichen Ergebnis wie *Haberkorn* kommt *Böker*[14]. Auch er betont die Arbeitnehmereigenschaft der leitenden Angestellten im allgemeinen Sinne und zieht daraus die Folgerung, daß die leitenden Angestellten im Arbeitskampf grundsätzlich wie die übrigen Arbeitnehmer zu behandeln sind. Man müsse jedoch diejenigen leitenden Angestellten ausnehmen, die eine Stellung hätten, kraft derer sie den Arbeitskampf, z. B. die Aussperrung, selbst vollzögen. Denn es sei widersinnig, wenn sie sich selbst aussperren würden. Es handele sich dabei um den Personenkreis der Leiter von Betrieben im arbeitsrechtlichen Sinn, also um Geschäftsführer und Betriebsleiter[14].

Schließlich ist noch eine dritte Literaturstimme zu nennen, die gleichfalls auf derselben Linie liegt. In einem Aufsatz über Grundfragen der Aussperrung hat *Isele* das hier behandelte Problem kurz angesprochen[15]. Er ist der Ansicht, daß die in der Unternehmensführung tätigen leitenden Angestellten von Aussperrungen nicht erfaßt würden. Im Rahmen des Arbeitskampfrechts rechneten sie zur Arbeitgeberseite[15]. Diese Bemerkung *Iseles* kann selbstverständlich nur so verstanden werden, daß damit den leitenden Angestellten auch das Streikrecht verwehrt ist. Doch wird diese Aussage dadurch eingeschränkt, daß der Begriff des leitenden Angestellten im Arbeitskampfrecht enger interpretiert werden soll als in § 12 Buchstabe c KSchG 1951 und in § 4 Abs. 2 Buchstabe c BetrVG 1952[16].

Die Auffassungen von *Haberkorn, Böker* und *Isele* lassen sich somit wie folgt zusammenfassen: da auch die leitenden Angestellten Arbeitnehmer sind, dürfen sie grundsätzlich in gleicher Weise wie diese streiken (und ausgesperrt werden). Eine Ausnahme bildet jedoch eine obere Schicht der leitenden Angestellten, der das Streikrecht verwehrt ist (und die infolgedessen auch nicht ausgesperrt werden darf). Diese obere Schicht der leitenden Angestellten ist dadurch gekennzeichnet, daß sie in besonderem Ausmaß mit der Wahrnehmung von Arbeitgeberfunktionen betraut ist (z. B. Geschäftsführer, Betriebsleiter, Werksdirektoren).

---

[13] *Haberkorn*, MuA 1965, 204 (206).

[14] *Böker*, Der leitende Angestellte S. 173, 174.

[15] *Isele*, JuS 1964, 41 (43).

[16] *Isele*, JuS 1964, 41 (43 Fn. 20 a).

III. Streikrecht für alle leitenden Angestellten?

Den beiden bisher dargestellten Ansichten ist gemein, daß aus der Nähe des leitenden Angestellten zur Unternehmensspitze, aus seiner Wichtigkeit für das Unternehmen gerade im Streikfall und aus dem besonderen Vertrauensverhältnis zur Unternehmensleitung ein spezielles Streikverbot entweder für alle leitenden Angestellten oder zumindesten für eine obere Teilgruppe der leitenden Angestellten abgeleitet wird. Ob die hier angeführten Begründungen dieses Ergebnis zu tragen vermögen, erscheint zweifelhaft. Jüngst hat vor allem *Säcker* ein Streikrecht für alle leitenden Angestellten befürwortet[17]. Eine Verweigerung oder Abstufung des Streikrechts unter dem Gesichtspunkt der Vergütungshöhe nach dem Motto: „Wer viel verdient, darf nicht streiken" soll im Bereich des Art. 9 Abs. 3 GG nicht möglich sein[18]. Denn das durch Art. 9 Abs. 3 GG mitgewährleistete Streikrecht sei kein Arme-Leute-Recht, das auf die Forderung nach höheren Stundenlöhnen beschränkt sei; es erlaube die kollektive Regelung aller Arbeits- und Wirtschaftsbedingungen. Die spezifische Schutzbedürftigkeit leitender Angestellter liege eben gerade nicht im Lohnbereich, sondern im Bereich der sonstigen Arbeits- und Wirtschaftsbedingungen (Kündigung, Abfindung, Wettbewerbsverbot)[18]. Wörtlich heißt es[17]:

> „Den leitenden Angestellten steht als Arbeitnehmern auch das Recht zu, zur Durchsetzung ihrer Ansprüche zu streiken bzw. sich am Streik von Fachgewerkschaften zu beteiligen, jedenfalls dann, wenn Gegenstand des Tarifvertrages auch Regelungen sind, die für leitende Angestellte gelten sollen."

Außer *Säcker* haben sich in neuester Zeit auch *Biedenkopf* und *Wiegand* für ein Streikrecht der leitenden Angestellten ausgesprochen. In einem Aufsatz über die „Mitbestimmung am Scheideweg"[19] hat *Biedenkopf* geäußert, nach ihrem eigenen Selbstverständnis stünde den leitenden Angestellten wie allen Arbeitnehmern das Streikrecht zu. *Wiegand* schließlich betont, daß die Leitungsfunktionen eines Angestellten sein Streikrecht nicht ausschließen[20].

Bei der Frage nach dem Streik leitender Angestellter hat man davon auszugehen, daß das Streikrecht im Grundsatz allen Arbeitnehmern gewährleistet ist (Konnexgarantie zur Koalitionsfreiheit des Art. 9 Abs. 3 GG[21]). Daraus folgt, daß auch den leitenden Angestellten das Streikrecht zusteht, es sei denn, daß es aus besonderen, in der Ambivalenz ihrer Stellung begründeten Gesichtspunkten ausgeschlossen ist. Der vom Bundesarbeitsgericht aufgestellte Rechtssatz, es bestehe eine Vermutung da-

---

[17] *Säcker*, BB 1972, 1197 (1200).
[18] *Säcker*, BB 1972, 1197 (1200 Fn. 29).
[19] F.A.Z. vom 9. Dezember 1972, Wirtschaftsblatt S. 17.
[20] *Wiegand*, Der leitende Angestellte als Arbeitnehmer S. 115 Rdnr. 285.
[21] *Brox/Rüthers*, Arbeitskampfrecht, § 2 A IV 1, S. 44.

für, daß ein von einer Gewerkschaft um die Regelung von Arbeits- und Wirtschaftsbedingungen geführter Streik rechtmäßig sei[22], gilt auch für die leitenden Angestellten. Einzige Voraussetzung ist, daß ihre Verbände den auch an die Gewerkschaften gestellten Anforderungen genügen, d. h. daß es sich um tariffähige Vereinigungen handelt.

Gegenüber § 4 Abs. 2 Buchst. c BetrVG 1952 hat gerade auch § 5 Abs. 3 BetrVG 1972 herausgestellt, daß die leitenden Angestellten zu den Arbeitnehmern zu rechnen sind; denn das neue Betriebsverfassungsgesetz lehnt nicht ihre Arbeitnehmereigenschaft, sondern nur ihre Einbeziehung in die Betriebsverfassung ab. Die Arbeitsverträge leitender Angestellter werden nicht mehr wie ehedem individuell ausgehandelt, sondern in Anlehnung an die kollektive Regelung der Arbeitsbedingungen der übrigen Arbeitnehmer überwiegend durch arbeitsvertragliche Einheitsregelungen festgelegt[23]. Das bedeutet, daß auch der leitende Angestellte, solange er als Einzelperson auftritt, kaum mehr die Möglichkeit hat, auf den Inhalt seines Arbeitsvertrages Einfluß zu nehmen, ihm vielmehr lediglich noch die sogenannte Abschlußfreiheit verbleibt — und auch das mehr in der Theorie als in der Praxis, da der leitende Angestellte wie alle Arbeitnehmer zur Verwertung seiner Arbeitskraft gezwungen ist, um sich seine Existenzgrundlage zu schaffen und zu erhalten. Daraus ergibt sich für die leitenden Angestellten dieselbe Schutzbedürftigkeit wie für die übrige Arbeitnehmerschaft. Sie müssen die Möglichkeit haben, sich in Koalitionen zusammenzuschließen, um der kollektiven Regelung ihrer Arbeitsbedingungen seitens der Arbeitgeber durch den Abschluß von Tarifverträgen zu begegnen und um die Arbeitgeber notfalls durch Streik zur Aufnahme von Tarifverhandlungen veranlassen zu können. Die einheitliche Regelung der Arbeitsbedingungen der leitenden Angestellten durch die Arbeitgeber[24] erfordert die Bildung einer

---

[22] Vgl. BAG, Urt. v. 19. 6. 1973 — 1 AZR 521/72, DB 1973, 1852: „Führt eine Gewerkschaft einen Streik um die Regelung von Arbeits- und Wirtschaftsbedingungen, so besteht eine Vermutung dafür, daß dieser Streik rechtmäßig ist. Es besteht eine Vermutung dafür, daß ein von einer Gewerkschaft geführter Streik die Regelung von Arbeits- und Wirtschaftsbedingungen zum Gegenstand hat."

[23] *Rüthers*, BB 1972, 1105 (1105, 1108). Zur rechtstatsächlichen Seite arbeitsvertraglicher Einheitsregelungen vgl. *Säcker*, Gruppenautonomie und Übermachtkontrolle im Arbeitsrecht, § 3, S. 73 ff.

[24] Vgl. *Meenzen*, Leitende Angestellte S. 74:

„Weite Kreise des Unternehmertums verschließen sich der Erkenntnis, daß Zusamenschlüsse leitender Angestellter und ihr gemeinsames Auftreten zu einem hohen Grade von den Unternehmen selbst herausgefordert sind. Bei ihnen nämlich, bei der kollektiven Behandlung leitender Angestellter durch die Großbetriebe in Form schematischer Anstelungsverträge und in Form von Gehaltstabellen mit dem Charakter von Haustarifen ... ist der Ursprung für kollektives Auftreten dieser Gruppe und für ihre Forderungen nach eigenen Repräsentanzen zu suchen."

Demgegenüber BAG, Beschluß v. 18. 9. 1973 — 1 ABR 7/73, NJW 74, 333 (335): „Für eine kollektivähnliche Regelung der Gehälter von außertariflichen Ankollektiven Gegenmacht durch die leitenden Angestellten, wozu auch und gerade das Recht zum Streik gehört (wobei es eine andere Frage ist, ob ein Verband leitender Angestellter es generell oder im Einzelfall für zweckmäßig hält, von der durch die Rechtsordnung eingeräumten Möglichkeit zum Streik auch Gebrauch zu machen[25]). Schließlich zeigt auch die immer häufiger erhobene Forderung nach Errichtung von Sprecherausschüssen[26], daß sich die Notwendigkeit, die Interessen der leitenden Angestellten kollektiv zu artikulieren und zu vertreten, immer mehr herausstellt[27].

Auch wenn man den leitenden Angestellten das Streikrecht grundsätzlich zugesteht, so stellt sich doch die Frage, ob nicht innerhalb der Gruppe der leitenden Angestellten eine Differenzierung geboten ist und „die für das Unternehmen vor allem wichtigen leitenden Angestellten, also diejenigen, die in einer zuzüglich herausgehobenen Stellung stehen wie etwa der Werksleiter und der Werksdirektor“[28], als nicht kampffähig anzusehen sind. Ein Streikrecht dieser leitenden Angestellten ist auf Grund ihrer besonderen Stellung in den Unternehmen möglicherweise entbehrlich.

Das Argument von der Entbehrlichkeit des Streikrechts kann nicht durchgreifen. Die Entbehrlichkeit einer Rechtsposition beurteilt sich nach den tatsächlichen Verhältnissen, die einem ständigen Wandel unterworfen sind. Es ist ohne weiteres denkbar, daß auch leitende Angestellte unmittelbar unter der Vorstandsebene auf das Streikrecht verwiesen sind, um etwa in Manteltarifverträgen gewisse Schutzbestimmungen durchzusetzen. Dies ist angesichts der Konzentrationsprozesse in der deutschen Wirtschaft — sowohl auf der Kapitalseite (Konzernbildungen, Fusionen) als auch auf der Arbeitnehmerseite (Mitbestimmung) nicht utopisch. Für einen (gekündigten) leitenden Angestellten des topmanagements ist es unter diesen Bedingungen viel schwieriger als für einen anderen Arbeitnehmer, einen gleichwertigen Arbeitsplatz in einem anderen Unternehmen zu finden. Dies führt zwangsläufig zu einer erhöhten Schutzbedürftigkeit und läßt tarifliche Bestimmungen über einge-

---

gestellten, die insbesondere eine Beachtung des § 75 Abs. 1 BetrVG 1972 erfordern würde, besteht keine tatsächliche Vermutung.“ Bestätigt durch BAG, Beschluß v. 28. 5. 1974 — 1 ABR 22/73, DB 1974, 1917.

[25] Zur Arbeitskampfbereitschaft leitender Angestellter vgl. die Angaben unter Fn. 32 im vierten Kapitel.

[26] Nach *Steffens*, Institution und Funktion der Sprecherausschüsse S. 65, bestanden im August 1972 etwa 50 und Ende Januar 1973 ungefähr 70 Sprecherausschüsse. Nach einer Meldung in „Der leitende Angestellte“ 11/1974, S. 28 existieren nunmehr 150 Sprecherausschüsse; davon entfallen 66 auf die chemische Industrie, 24 auf die Versicherungswirtschaft und 41 auf die Metall- und Elektroindustrie.

[27] *Rüthers*, BB 1972, 1105 (1107, 1108).

[28] *Gerhard Müller*, Zwanzig Jahre Verband Oberer Angestellter der Eisen- und Stahlindustrie S. 48 (67).

schränkte Kündigungsmöglichkeiten und tarifliche Abfindungsregelungen nicht abwegig erscheinen.

Auch der Gesichtspunkt, daß die leitenden Angestellten in zuzüglich herausgehobenen Stellungen (etwa der Werksleiter oder der Werksdirektor) gerade im Streikfall für das Unternehmen von besonderer Wichtigkeit sind, rechtfertigt es nicht, ihnen das Streikrecht zu versagen[29]. Diese leitenden Angestellten üben zwar Arbeitgeberfunktionen aus. Für sie trifft die Feststellung von *Rüthers* zu, die leitenden Angestellten seien eine Art Zwitterwesen, das — janusköpfig — nach links ein Arbeitnehmer- und nach rechts ein Arbeitgebergesicht habe[30]. Das Arbeitsverhältnis dieser herausgehobenen Gruppe der leitenden Angestellten ist durch die übertragenen Arbeitgeberaufgaben geprägt. Für die Frage der Zulässigkeit des Arbeitskampfes, in dem die gegensätzlichen Arbeitgeber- und Arbeitnehmerinteressen aufeinanderprallen, muß dieser Gesichtspunkt jedoch zurücktreten und die Tatsache, daß auch die „arbeitgeberähnlichen" leitenden Angestellten Arbeitnehmer sind, ausschlaggebend ins Gewicht fallen. Die besondere vertragliche In-Pflicht-Nahme der „arbeitgeberähnlichen" leitenden Angestellten bedeutet für diese keine Verkürzung ihres Streikrechts. Vielmehr wird die vertragliche Verpflichtung, in besonderem Maße auf das Wohl des Unternehmens bedacht zu sein, durch den Streik ebenso suspendiert wie die Arbeitsverträge der übrigen Arbeitnehmer. Dies muß zumindest in den Fällen gelten, in denen die „arbeitgeberähnlichen" leitenden Angestellten zur Wahrnehmung eigener und nicht zur Unterstützung fremder Interessen streiken. Denn dieser Konflikt erschöpft sich in der auch sonst zwischen Arbeitgebern und Arbeitnehmern üblichen Konfrontation und berührt gerade nicht die Zwitterstellung der „arbeitgeberähnlichen" leitenden Angestellten. Allerdings ergibt sich aus dieser Zwitterstellung eine Einschränkung. Die „arbeitgeberähnlichen" leitenden Angestellten sind soziale Gegenspieler der Arbeiter und Angestellten. Daher ist ihnen eine ordentliche Mitgliedschaft in den allgemeinen Gewerkschaften versagt. Mit dieser Rechtsstellung wäre es unvereinbar, wenn die „arbeitgeberähnlichen" leitenden Angestellten einem Streikaufruf der allgemeinen Gewerkschaften, in denen die Arbeiter und Angestellten organisiert sind,

---

[29] Hier geht es zunächst nur um den *eigennützigen* Streik. Vgl. zum *Sympathiestreik* von Arbeitgeberfunktionen ausübenden leitenden Angestellten die folgenden Ausführungen von *Säcker*, BB 1972, 1197 (1200):

„Soweit schließlich argumentiert wird, daß die Sicherung der Aktionsfähigkeit der Arbeitgeberseite gegenüber ihrem sozialen Gegenspieler gebiete, die Arbeitgeberfunktionen ausübenden leitenden Angestellten in der allgemeinen Arbeitskampfsituation der Arbeitgeberseite auch rechtlich zuzuordnen, so wird dabei verkannt, daß die Rechtsordnung nicht die Funktionsfähigkeit des Konfrontationsmechanismus in jedem Augenblick und schlechthin garantiert, sondern nur die *Möglichkeit* funktionsgerechter Ordnung gewährleistet." Vgl. im übrigen unten 6. Kapitel unter B II.

[30] *Rüthers*, Handelsblatt vom 11. Juni 1974, S. 3.

Folge leisten dürften. Die „arbeitgeberähnlichen" leitenden Angestellten sind vielmehr darauf verwiesen, dem Streikaufruf einer Gewerkschaft leitender Angestellter zu folgen.

Ist somit grundsätzlich auch denjenigen leitenden Angestellten, die Arbeitgeberfunktionen ausüben oder sonst in der Unternehmensführung in besonderer Weise herausgehoben sind, das Streikrecht zuzubilligen, so muß dieser Grundsatz doch eine Ausnahme erleiden. Diejenigen leitenden Angestellten, die aufgrund ihrer Stellung oder eines generellen Auftrages der Unternehmensleitung in den Tarifkommissionen oder während eines Arbeitskampfes mit den Verbänden der leitenden Angestellten die Verhandlungen führen, dürfen nicht streiken. Es handelt sich hierbei um denselben Personenkreis, dem auch die (ordentliche) Mitgliedschaft in den Verbänden der *leitenden* Angestellten versagt ist[31]. Es würde einen Fall des venire contra factum proprium darstellen, wenn leitende Angestellte, zu deren vertraglich übernommenen Aufgaben die Verhandlungsführung mit den Verbänden der leitenden Angestellten gehört, sich einem Streik leitender Angestellter anschlössen[32]. Denn gerade für diesen Fall haben sie sich dem Unternehmen als diejenigen Personen zur Verfügung gestellt, denen es obliegt, gegenüber den Verbänden der leitenden Angestellten die Rolle des sozialen Gegenspielers auszufüllen.

Ergebnis: Ein Streik leitender Angestellter zur unmittelbaren Wahrnehmung eigener Interessen ist mit der Einschränkung zulässig, daß die „arbeitgeberähnlichen" leitenden Angestellten nur dem Streikaufruf einer Gewerkschaft leitender Angestellter folgen dürfen. Rechtswidrig ist lediglich ein Streik derjenigen leitenden Angestellten, die aufgrund ihrer Stellung oder eines generellen Auftrags der Unternehmensleitung in den Tarifkommissionen oder während eines Arbeitskampfes mit den Verbänden der leitenden Angestellten die Verhandlungen führen.

B. Der Streik leitender Angestellter zur unmittelbaren Wahrnehmung fremder Interessen

Die Frage nach der Rechtmäßigkeit des Streiks leitender Angestellter nicht zur Wahrnehmung eigener, sondern fremder Interessen stellt sich auf dem Hintergrund dreier denkbarer Fallgestaltungen:

---

[31] Vgl. oben 4. Kapitel, B III.

[32] Dieses Ergebnis läßt sich nicht etwa schon aus dem Satz „pacta sunt servanda" ableiten. Denn es gehört gerade zum Wesen des Streiks — seine Zulässigkeit vorausgesetzt — vertragliche Pflichten zu suspendieren. Ein Verzicht auf das Streikrecht oder eine Verwirkung des Streikrechts dürften in Analogie zu dem in §§ 4 Abs. 4 TVG, 77 Abs. 4 BetrVG enthaltenen Rechtsgedanken unzulässig sein (nur die Gewerkschaften können sich qua tarifvertraglicher Friedenspflicht zur Nichtausübung des Streikrechts verpflichten). Zur Abgrenzung des Verzichts und der Verwirkung vom Rechtsinstitut des venire contra factum proprium vgl. Siebert/*Knopp*, BGB, 10. Aufl. (1967), § 242 Rdnr. 230, 231.

1. Leitende Angestellte unterstützen die streikende Belegschaft ihres Unternehmens.
2. Leitende Angestellte streiken gemeinsam mit der Belegschaft ihres Unternehmens zugunsten der Arbeiter und Angestellten anderer Unternehmen.
3. Leitende Angestellte streiken zugunsten leitender Angestellter (desselben oder eines fremden Unternehmens).

Ausgangspunkt muß in allen drei Fällen das Recht des Sympathiestreiks sein. Dabei sind zu klären:

1. der Begriff des Sympathiestreiks
2. die Voraussetzungen der Rechtmäßigkeit des Sympathiestreiks
3. die Anwendung der Rechtmäßigkeitsvoraussetzungen auf den Sympathiestreik leitender Angestellter.

I. Die allgemeine Problematik des Sympathiestreiks

1. *Der Begriff des Sympathiestreiks*

a) Kampf nicht für eigene, sondern für fremde Ziele

Der Sympathiestreik ist dadurch charakterisiert, daß die Streikenden — zumindesten unmittelbar — nicht um eigener Ziele willen kämpfen, sondern um den Forderungen anderer, im Hauptarbeitskampf stehender Arbeitnehmer Nachdruck zu verleihen[33]. Aus dieser allgemein gehaltenen und insoweit unbestrittenen Definition folgt, daß Sympathiestreiks nicht gegen die relative Friedenspflicht verstoßen[34]. Denn mit ihnen wird eine Änderung der eigenen Tarifbedingungen jedenfalls nicht unmittelbar erstrebt[34].

[33] *Osswald*, Der Streik S. 16; *Bulla*, Molitor-Festschrift S. 293 (296); *Löwisch*, RdA 1962, 314 (314); *Siebrecht*, Arbeitskampf S. 16; *Rüthers*, BB 1964, 312 (312); *Nipperdey*, Küchenhoff-Festschrift S. 133 (142); *Stadler*, BB 1967, 719 (719); *Döhner*, Sympathiearbeitskampf S. 3; *Geib*, Sympathiearbeitskampf S. 23.

[34] RG, Urt. v. 29. 1. 1915 — Rep. III 365/14, RGZ 86, 152 (154); RG, Urt. v. 31. 3. 1931 — III 218/30, RGZ 132, 249 (253, 254); *Anthes*, NZfA 1931, Sp. 81 (92); *Hartung*, Der Streik S. 61; *Brox/Rüthers*, Arbeitskampfrecht, § 6 IV 5, S. 83; *Haupt*, Sympathiestreik S. 85; *Freund*, Sympathieaussperrungen S. 83 (für die Sympathieaussperrung); *Hartje*, Sympathiearbeitskampf S. 267; Hueck/*Nipperdey*, Lehrb II/1, § 16 II 2 b, S. 315 und § 16 II 2 i, S. 322 sowie Lehrb II/2, § 49 B II Fn. 35, S. 1010.

Zweifelnd aber *Promberger*, Arbeitskampf S. 75 Fn. 384, *Evers*, Arbeitskampffreiheit S. 78 Fn. 205 sowie *Schaub*, Arbeitsrechtshandbuch, § 193 II 5, S. 788. Diese Zweifel sind um so berechtigter, je mehr der Sympathiestreik mittelbar der Verfolgung eigener Interessen dient. So auch *Rüthers*, BB 1964, 312 (315) und *Haupt*, Sympathiestreik S. 87 für den Fall, daß die aus Sympathie Streikenden mit der Unterstützung einer Modell-Forderung ihren eigenen *künftigen* Tarifabschluß gestalten wollen. Denn ein Verstoß gegen die Friedenspflicht ist auch dann zu bejahen, wenn der Arbeitskampf eine günstigere Regelung oder Verlängerung der tariflichen Arbeitsbedingungen für die Zeit

b) Auseinanderfallen des vom Sympathiestreik betroffenen Arbeitgebers und des Forderungsadressaten

Umstritten ist, ob es ein begriffswesentliches Merkmal des Sympathiestreiks darstellt, daß der Arbeitgeber der aus Sympathie Streikenden nicht mit dem Arbeitgeber der primär Streikenden identisch ist. Anders formuliert lautet die Frage: ist ein Streik, mit dem Arbeitnehmer eines Unternehmens die Forderungen eines anderen Teiles der Belegschaft unterstützen, noch unter den Begriff des Sympathiestreiks zu fassen[35] oder kann man hier nur von einem einheitlichen Geschehen derart sprechen, daß lediglich eine Ausweitung des Haupt- bzw. Primärarbeitskampfes vorliegt[36]?

Vorweg ist festzustellen, daß es sich hier lediglich um eine Frage der Begriffsbestimmung und damit um eine Zweckmäßigkeitsfrage handelt, von der irgendwelche sachlichen Ergebnisse nicht abhängen können. Dann aber erscheint es sinnvoll, von einem weiten Begriff des Sympathiestreiks auszugehen; erstens, um alle seine sozialen Erscheinungsformen zu erfassen und zweitens, um nicht Fragen der Rechtmäßigkeit bzw. Rechtswidrigkeit in die Begriffsbestimmung vorzuverlegen. Danach ist für den Sympathiestreik nur entscheidend, daß die aus Sympathie Streikenden nicht für eigene Forderungen kämpfen, sondern um die im Hauptarbeitskampf stehenden Arbeitnehmer zu unterstützen[37]. Unerheblich ist, ob der Arbeitgeber der aus Sympathie Streikenden mit dem der primär Streikenden identisch ist oder nicht[38].

2. *Die Rechtmäßigkeitsvoraussetzungen des Sympathiestreiks*

Die aus Sympathie streikenden Arbeitnehmer kämpfen nicht um eigene Arbeitsbedingungen, sondern um Regelungen, von denen sie

---

nach Ablauf des Tarifvertrages erstrebt, der Kampf aber noch *während der Geltungszeit des Tarifvertrags* eingeleitet oder begonnen wird (*Dietz*, JZ 1959, 425, 429; *Nikisch*, ArbR II, § 75 II 3 a, S. 331; Hueck/*Nipperdey*, Lehrb II/1, § 16 II 2 a, S. 314).

35 So RG, Urt. v. 26. 3. 1903 — Rep. VI. 351/02, RGZ 54, 255 (259); *Hartung*, Der Streik S. 51; *Schippel*, Gewerbebetrieb S. 100; *Hohenester*, Streikfreiheit S. 101 Fn. 4; *Seeler*, Arbeitskampf S. 16; *Döhner*, Sympathiearbeitskampf S. 5; *Hartje*, Sympathiearbeitskampf S. 107 - 111; *Alber*, Die Kampfmittelparität S. 146, 147; Hueck/*Nipperdey*, Lehrb II/2, § 47 A III 1 b *β. δδ* Fn. 19 i, S. 899.

36 So *Bulla*, Molitor-Festschrift S. 293 (295 Fn. 5); *Rüthers*, BB 1964, 312 (312, 315); *Tomandl*, Streik und Aussperrung S. 17 Fn. 33; *Haupt*, Sympathiestreik S. 31; *Freund*, Sympathieaussperrungen S. 39, 40 (für die Sympathieaussperrung); unklar *Hohenester*, Streikfreiheit S. 102 im Vergleich zu S. 101 Fn. 4, der zwischen Sympathiestreiks innerhalb desselben Unternehmens und desselben Betriebes unterscheidet und letztere nicht als Sympathie-, sondern als Solidaritätsstreiks ansieht.

37 *Nipperdey*, Küchenhoff-Festschrift S. 133 (142).

38 A. A. *Rüthers*, BB 1964, 312 (312, 315), der meint, bei einem Sympathiestreik dürfe der Arbeitgeber der sekundär Streikenden mit dem der primär Streikenden nicht identisch sein.

selbst jedenfalls nicht unmittelbar betroffen werden. Das ist mit dem Verhältnismäßigkeitsgrundsatz, der das ganze Arbeitskampfrecht beherrscht und vom Bundesarbeitsgericht in besonderer Weise betont wird[39], nur schwer zu vereinbaren[40].

Zusätzliche Schwierigkeiten entstehen, wenn — wie im Regelfall des Sympathiestreiks — die aus Sympathie und die primär Streikenden verschiedene Arbeitgeber haben. Denn dann kann der vom Sympathiestreik betroffene Arbeitgeber die Kampfforderungen nicht erfüllen, weil er nicht Adressat der erhobenen Forderungen ist. Damit wird es fraglich, ob sich der Sympathiestreik noch gegen den sozialen Gegenspieler richtet[41] und ob er nicht auch aus diesem Grunde unverhältnismäßig ist[42]. Daher wird denn auch gerade diese Regelform des Sympathiestreiks von einer Mindermeinung im Schrifttum für unzulässig gehalten[43].

a) Solidaritätsprinzip

Demgegenüber steht die überwiegende Meinung auf dem Standpunkt, daß Sympathiestreiks rechtmäßig sind. Dies wird mit der Solidarität der Arbeitnehmer begründet[44]. Ob die Solidarität aller Arbeitnehmer zur Begründung konkreter Rechtsfolgen herangezogen werden kann,

---

[39] BAG, Beschluß v. 21. 4. 1971 — GS 1/68, AP Nr. 43 zu Art. 9 GG Arbeitskampf unter Teil III A der Gründe.

[40] *Rüthers*, BB 1964, 312 (315) spricht von einem Verstoß gegen den ultima-ratio-Grundsatz. Dasselbe Problem stellt sich auch, wenn nichtorganisierte Arbeitnehmer einen von der Gewerkschaft geführten Streik unterstützen. Auch diese Arbeitnehmer kämpfen wegen § 3 Abs. 1 TVG um Regelungen, von denen sie — zumindesten rechtlich und unmittelbar — nicht erfaßt werden.

[41] Vgl. *Evers*, Arbeitskampffreiheit S. 78.

[42] Vgl. *Brox*, Nipperdey-Festschrift S. 55 (60) und *Döhner*, Sympathiearbeitskampf S. 26.

[43] *Bydlinski*, Österr. ZföffR Band IX (1958, 1959), S. 518 (554, 555); *ders.*, Die kollektiven Mächte im Arbeitsleben S. 79 (92); *Rüthers*, BB 1964, 312 f.; *ders.*, AuR 1967, 129 (131); *Brox*, Nipperdey-Festschrift S. 55 (59, 60); *Brox/Rüthers*, Arbeitskampfrecht, § 8 A II 1 b, S. 127; *Ballerstedt*, AuR 1966, 225 (235); *Döhner*, Der Sympathiearbeitskampf S. 30, 34, 55; *Evers*, Arbeitskampffreiheit S. 78 f. (81); *Wolf*, RdA 1970, 53 (55); nach *Schmid*, Arbeitskampf und Notstand S. 47 ist der Sympathiestreik nicht Schutzobjekt des Art. 9 Abs. 3 Satz 3 GG.

[44] LAG Frankfurt a. M., Urt. v. 20. 2. 1953 — IV LA 360/52, RdA 1953, 195 (197); *Maschke*, Boykott S. 129, 130 (mit der Beschränkung auf Sympathiearbeitskämpfe in der gleichen oder in verwandten Branchen); *Oertmann*, ZfHR 1928, 48 (51); *Grote*, Der Streik S. 64, 65; *Forsthoff*, Die politischen Streikaktionen S. 7 (19); *Nipperdey*, Die Ersatzansprüche S. 43 sowie Hueck/*Nipperdey*, Lehrb II/2, § 49 B II 2 Fn. 35, S. 1009; *Schnorr von Carolsfeld*, ArbR S. 323 (mit der Einschränkung, daß der Sympathiestreik zwar rechtmäßig sei, aber dennoch zum Schadenersatz verpflichte); *Huber*, WirtschaftsverwaltungsR II, § 92 III 3, S. 412; *Schippel*, Gewerbebetrieb S. 100; *Tillmann*, Politischer Streik S. 16, 17; *Löwisch*, RdA 1962, 314 (315); *Galperin*, Nipperdey-Festschrift S. 197 (210); *Haupt*, Sympathiestreik S. 125 - 127; *Haßkamp*, Schadensersatzverpflichtung S. 68; *Stadler*, BB 1967, 719 (720); *Steinert*, Notstands- und Streikarbeit S. 105; *Freund*, Sympathieaussperrungen S. 65 - 68; *Mayer-Maly*, RdA 1969, 89 (89); *Geib*, Sympathiearbeitskampf S. 116, 119, 124.

wird zwar immer wieder bezweifelt[45]. Insbesondere in der Rechtsprechung des Bundesarbeitsgerichts hat sich das Argument von der Solidarität der Arbeitnehmerschaft aber durchgesetzt[46]. Ihr zufolge ist das Prinzip der Solidarität der Arbeitnehmerschaft „nicht nur ein soziologisches Phänomen, sondern ein in bestimmten Grenzen zu verwertendes Rechtsprinzip"[47].

b) Einwirkungsmöglichkeit des vom Sympathiestreik betroffenen Arbeitgebers auf den Forderungsadressaten

Der vom Sympathiestreik betroffene Arbeitgeber ist regelmäßig nicht Adressat der im Hauptarbeitskampf erhobenen Forderungen und daher nicht in der Lage, durch Erfüllen dieser Forderungen den Haupt- bzw. den Sympathiearbeitskampf zu beenden. Er wird in Mitleidenschaft gezogen, obwohl er grundsätzlich keinen Einfluß auf die Beendigung des Arbeitskampfes hat. Deshalb wird von einem Teil des Schrifttums die Ansicht vertreten, der Sympathiestreik sei nur dann rechtmäßig, wenn der vom Sympathiestreik betroffene Arbeitgeber die Möglichkeit habe, auf seinen Kollegen dahingehend einzuwirken, daß dieser den im Hauptarbeitskampf gestellten Forderungen nachkommt[48]. Solch eine Einwirkungsmöglichkeit soll etwa gegeben sein bei einer produktionstechnischen oder geschäftlichen Verbindung der beiden Arbeitgeber[49].

---

[45] ArbG Kassel, Urt. v. 17. 4. 1972 — 3 Ca 643/71, DB 1972, 1121 (1122); *Wiedemann*, RdA 1969, 321 (332, 333); *Biedenkopf*, Die Betriebsrisikolehre S. 18 f.; *Richardi*, RdA 1970, 65 (70) und 1971, 334 (338); *Danz*, Die Verteilung des Lohnrisikos S. 66 - 83; *Ehmann*, DB 1973, 1994 (1996):

„Gegen die Anerkennung der Solidarität der Arbeitnehmerschaft als Rechtsprinzip und die daraus abgeleitete Zuordnung von Verantwortungssphären bestehen daher durchschlagende verfassungsrechtliche Bedenken";

ferner *Weiss*, AuR 1974, 37 (40, 41); *Pfarr/Kittner*, RdA 1974, 284 (292). Zurückhaltender *Krasnitzky*, Die Lehre vom Betriebsrisiko S. 145:

„Damit kann aber der Solidaritätsgedanke nicht als eindeutig falsch im ökonomischen Sinne nachgewiesen angesehen werden, weil durchaus Fälle denkbar sind, in denen er als brauchbarer Regulator fungieren könnte."

[46] BAG, Urt. v. 8. 2. 1957 — 1 AZR 338/55, AP Nr. 2 zu § 615 BGB Betriebsrisiko, Bl. 2; BAG, Urt. v. 25. 7. 1957 — 1 AZR 194/56, AP Nr. 3 zu § 615 BGB Betriebsrisiko, Bl. 3. Ferner Hueck/*Nipperdey*, Lehrb II/2, § 49 B II 2, Fn. 35, S. 1009; *Gaber*, Die Bedeutung des Solidaritätsprinzips S. 23 - 31. Vgl. auch aus jüngster Zeit *Rüthers*, Solidaritätsprinzip und Vertragstreue im Arbeitskampf, ZfA 1972, 403 ff. (bes. 411, 415, 421) sowie *Gamillscheg*, Die Solidarität als Rechtsbegriff, Fechner-Festschrift S. 135 ff.

[47] BAG, Urt. v. 25. 7. 1957 — 1 AZR 194/56, AP Nr. 3 zu § 615 BGB Betriebsrisiko, Bl. 3.

[48] LAG Frankfurt/M., Urt. v. 20. 2. 1953 — IV LA 360/52, RdA 1953, 195 (197); *Seeler*, Der Arbeitskampf S. 16; *Kettner*, ArbGeb 1959, 445 (446); *Fay*, Schadensersatzansprüche S. 74; *Hertel*, Der Arbeitskampf S. 6; *Hacker*, Das Verhältnis von Sittenwidrigkeit und sozialer Inadäquanz S. 105; *Siebrecht*, Arbeitskampf S. 62; *Reuss*, Recht im Wandel S. 253 (263); *Gitter*, ZfA 1971, 127 (150); *Strasser/Reischauer*, Der Arbeitskampf S. 82.

[49] *Hohenester*, Streikfreiheit S. 106; *Tomandl*, Streik und Aussperrung S. 123; *Haßkamp*, Schadenersatzverpflichtung S. 70 (Fn. 5). Vgl. auch *Söllner*, ArbeitsR,

c) Einwirkungsmöglichkeit der sympathisierenden Partei auf den Forderungsadressaten

Der Sinn von Sympathiestreiks liegt darin, die im Hauptarbeitskampf stehenden Arbeitnehmer zu unterstützen. Dieser Unterstützungszweck kann nur erreicht werden, wenn durch den Sympathiestreik auf den primär bestreikten Arbeitgeber Druck ausgeübt wird. Dies kann mittelbar geschehen, indem der sekundär bestreikte Arbeitgeber veranlaßt wird, auf seinen Kollegen einzuwirken[50]. Unter bestimmten Voraussetzungen ist es aber auch möglich, daß durch den Sympathiestreik auf den primär bestreikten Arbeitgeber unmittelbar Druck ausgeübt wird, ohne daß es einer Einschaltung des sekundär bestreikten Arbeitgebers bedarf. Dies ist immer dann der Fall, wenn sich der Sympathiestreik in der Zulieferindustrie abspielt, d. h. in Betrieben, die für die im Hauptarbeitskampf befindlichen Unternehmen Rohstoffe oder Halbfabrikate herstellen, die dort weiter verarbeitet werden[51]. Dasselbe gilt für Sympathiestreiks in der Abnehmerindustrie; ferner dann, wenn es sich um Unternehmen handelt, die an sich untereinander im Konkurrenzverhältnis stehen, nunmehr aber das primär bestreikte Unternehmen seine Aufträge in das Konkurrenzunternehmen zu verlagern sucht, um seine Lieferfristen einhalten zu können und seinen Kundenkreis nicht zu verlieren[52].

Unter diesen Voraussetzungen wird durch den Sympathiestreik auf den primär bestreikten Arbeitgeber unmittelbar Druck ausgeübt, so daß hier eine wirkliche Unterstützungsmöglichkeit gegeben ist. Teilweise wird daher angenommen, nur in diesen Fällen sei der Sympathiestreik rechtmäßig[53].

---

§ 12 II 5 e ß. aa, S. 90: „enge wirtschaftliche Verflechtung" der beiden Betriebe als Rechtmäßigkeitsvoraussetzung des Sympathiestreiks.

[50] Siehe soeben unter b.

[51] *Nikisch*, ArbR II, § 62 II 2 d, S. 88.

[52] *Hartung*, Der Streik S. 50; *Osswald*, Der Streik S. 17. In diesen Fällen dient der Sympathiestreik der Verweigerung mittelbarer Streikarbeit; vgl. dazu die bei *Säcker*, Streikhilfeabkommen und Kartellrecht, ZHR 137 (1973), 455 f., wiedergegebenen Streikhilfeabkommen der chemischen Industrie sowie *Rüthers*, Solidaritätsprinzip und Vertragstreue im Arbeitskampf, ZfA 1972, 403 ff.

[53] Vor allem *Haupt*, Sympathiestreik S. 131, 132 i. V. mit S. 47 - 52; wohl auch *Tomandl*, Streik und Aussperrung S. 123.

A. A. *Rüthers*, ZfA 1972, 403 (430, 431); *Rüthers*, der die Zulässigkeit von Sympathiestreiks generell ablehnt (BB 1964, 312 f.), nimmt in vielen Fällen der geschilderten Art entgegen der h. M. das Vorliegen direkter Streikarbeit an (ZfA 1972, 440: „soweit vom Arbeitnehmer Arbeiten verlangt werden, die zwar im Rahmen der vertraglichen Arbeitspflicht, jedoch außerhalb der bisher tatsächlich erbrachten oder für die Zukunft real vorgesehenen Arbeitsleistung (außerhalb des ‚faktischen status quo') liegen") und verweist die Arbeitnehmer auf ihr individuelles Leistungsverweigerungsrecht wegen Unzumutbarkeit. Nach dieser Auffassung bleibt der Vergütungsanspruch der Arbeitnehmer, die unzumutbare Streikarbeiten verweigern, bestehen, weil die Vertragsstörung vom anordnenden Arbeitgeber zu vertreten ist. Gegen diese Ansicht ausdrücklich *Haupt*, Sympathiestreik S. 51 Fn. 3.

d) Das mittelbare Interesse der sympatisierenden Partei am Ergebnis des Hauptarbeitskampfes

Eine vierte im Schrifttum vertretene Ansicht geht dahin, Sympathiestreiks seien nur dann rechtmäßig, wenn die im Hauptarbeitskampf erstrittenen Regelungen sich mittelbar auch auf die Arbeitsbedingungen der aus Sympathie Streikenden auswirken[54]. Gedacht ist dabei vor allem an den Fall, daß in den verschiedenen Tarifgebieten die Tarifverträge zu verschiedenen Zeitpunkten auslaufen und durch den Arbeitskampf in dem ersten Tarifgebiet eine Modellregelung auch für die übrigen Tarifgebiete durchgesetzt werden soll[55]. Hier besteht ein mittelbares Interesse der sekundär Streikenden am Ausgang des Hauptarbeitskampfes[56].

---

[54] *Bulla*, Molitor-Festschrift S. 293 (300, 302); *Siebrecht*, Arbeitskampf S. 60, 61; *Tomandl*, Streik und Aussperrung S. 123; *Hartje*, Sympathiearbeitskampf S. 283, 284, 287; *Jülicher*, DB 1973, 720 (724):

„Nach dem geltenden Arbeitskampfrecht, insbesondere unter Berücksichtigung des Grundsatzes der Verhältnismäßigkeit, ist ein Sympathiearbeitskampf nur als rechtmäßig anzusehen, wenn der mit dem Hauptarbeitskampf erstrebte Tarifabschluß auch den unterstützend Streikenden oder Aussperrenden zugute kommen wird."

Diese Ansicht schränkt die Rechtmäßigkeitsvoraussetzungen von Sympathiearbeitskämpfen unter dem Gesichtspunkt des Eigeninteresses ein. Sie findet eine Parallele einmal in neueren Auffassungen zur Lehre vom Betriebsrisiko (Wirtschaftsrisiko) in von Arbeitskämpfen betroffenen Drittbetrieben und zum anderen in der gesetzlichen Regelung der Arbeitslosengeldgewährung an Arbeitnehmer, die durch Arbeitskämpfe arbeitslos geworden sind, an denen sie sich nicht beteiligen.

Beispielhaft für die Verunsicherung der herrschenden Betriebsrisikolehre: ArbG Kassel, Urt. v. 17. 4. 1972 — 3 Ca 643/71, DB 1972, 1121:

„Arbeitnehmer, die wegen eines Streiks in anderen Betrieben nicht beschäftigt werden können, tragen das Lohnrisiko nur dann, wenn der Streik von einer für ihren Betrieb zuständigen Gewerkschaft auch in ihrem Interesse geführt wird" (Leitsatz).

Zur Arbeitslosengeldgewährung bei Arbeitskämpfen vgl. § 116 AFG, insbesondere Abs. 3:

„Ist der Arbeitnehmer durch einen inländischen Arbeitskampf, an dem er nicht beteiligt ist, arbeitslos geworden, so ruht der Anspruch auf Arbeitslosengeld bis zur Beendigung des Arbeitskampfes, wenn

1. der Arbeitskampf auf eine Änderung der Arbeitsbedingungen in dem Betrieb, in dem der Arbeitnehmer zuletzt beschäftigt war, abzielt oder
2. die Gewährung des Arbeitslosengeldes den Arbeitskampf beeinflussen würde."

[55] *Promberger*, Arbeitskampf S. 75; *Dietz*, ZAS 1970, 41 (49) und JuS 1968, 1 (7).

[56] Es ist allerdings zu fragen, ob solch ein mittelbares Eigeninteresse bei der heutigen engen Verflechtung des gesamten Wirtschaftsorganismus nicht grundsätzlich in *allen* Fällen angenommen werden kann mit der Folge, daß das Kriterium des mittelbaren Interesses entbehrlich ist. Wenn man dem folgt, unterscheidet sich diejenige Auffassung, welche die Solidarität der Arbeitnehmerschaft als ausreichenden Rechtfertigungsgrund für Sympathiestreiks ansieht, im Ergebnis nicht mehr von derjenigen, die ein mittelbares Interesse der Sympathisierenden für erforderlich hält.

Für diese Lösung spricht viel. Vgl. etwa die den Hintergrund erhellenden Ausführungen von *Rüthers*, Arbeitsrecht und politisches System S. 124:

Ein Sympathiestreik lediglich aus Solidarität ist dagegen nach dieser Ansicht unzulässig[57, 56].

II. Der Sympathiestreik leitender Angestellter

1. *Sympathiestreik leitender Angestellter zugunsten der Belegschaft ihres Unternehmens*

Auch ein Unterstützungsstreik innerhalb desselben Unternehmens ist als Sympathiestreik zu werten[58]. Die Union der leitenden Angestellten begegnet solchen Unterstützungsmaßnahmen, sofern sie von leitenden Angestellten ergriffen werden, mit Zurückhaltung. Dies läßt sich dem § 2 Abs. 3 des von der ULA vorgelegten Gesetzentwurfs „über die Rechtstellung des leitenden Angestelten in der betrieblichen Ordnung"[59] entnehmen:

„Bei Auseinandersetzungen über wirtschaftliche, soziale oder personelle Angelegenheiten, die nicht die leitenden Angestellten betreffen, hat der leitende Angestellte im Unternehmensinteresse diejenige Zurückhaltung zu wahren, die sich aus seiner Stellung im Betrieb oder im Unternehmen und aus Rücksicht auf seine Aufgaben ergibt."

Dazu heißt es in der Einzelbegründung zu § 2:

„Unter Wahrung der Koalitionsfreiheit hat der leitende Angestellte bei Auseinandersetzungen, die nicht die leitenden Angestellten betreffen, grundsätzlich auf der Seite des Unternehmens zu stehen[60]."

Im Schrifttum ist die Frage des Sympathiestreiks leitender Angestellter zugunsten anderer Arbeitnehmer (desselben Unternehmens) kaum

---

„Diese Deutung bietet zugleich eine Erklärung dafür, daß große Tarifkonflikte von beiden Tarifparteien zunehmend zentral geplant und gesteuert werden. Wenn in der Metallindustrie Nordwürttemberg-Nordbadens um die Löhne gekämpft wird, so geht es in gesamtwirtschaftlicher Sicht nicht nur um die Tariflöhne in diesem Gebiet oder in der gesamten Metallindustrie, sondern mit einigen Modifikationen um Leitlinien und Richtsätze der Lohnentwicklung in der Bundesrepublik. Die Tarif- und Kampfparteien sind sich der gesamtwirtschaftlichen Dimensionen ihrer Konflikte heute völlig bewußt."

[57] *Dietz,* ZAS 1970, 41 (49); *Gerhard Müller,* AuR 1972, 1 (8).

[58] Oben 6. Kapitel, B I 1 b.

[59] Veröffentlicht als Sonderheft der ULA-Zeitschrift „Der leitende Angestellte", 2. Nachdruck 1970.

[60] In Übereinstimmung hiermit ist die Bereitschaft der leitenden Angestellten, zugunsten der übrigen Arbeitnehmerschaft in den Streik zu treten, gering einzuschätzen. Vgl. dazu *Hartmann/Bock-Rosenthal/Helmer,* Leitende Angestellte S. 133:

„Auffällig ist, daß unsere Befragten auf eine der von uns vorgegebenen Antwortmöglichkeiten nicht reagierten: daß die leitenden Angestellten für die Interessen der übrigen Arbeitnehmer in den Streik treten sollten. Diese Chance besonderer Solidarisierung mit den übrigen Arbeitnehmern ist für die Leitenden anscheinend auch als Option unrealistisch."

Zur Arbeitskampfbereitschaft der leitenden Angestellten vgl. ferner die Angaben im vierten Kapitel Fn. 32.

untersucht. Nur *Säcker* hat sich im Rahmen seines Aufsatzes „Die Rechtsstellung der leitenden Angestellten im kollektiven Arbeitsrecht“[61] mit diesem Problem auseinandergesetzt. Da es sich um die bisher einzige Stellungnahme handelt, sei sie hier vollständig und wörtlich wiedergegeben[62]:

„Ob sie (scil. die leitenden Angestellten, der Verf.) auch dann streiken dürfen, wenn es nicht um eigene Belange geht, sondern nur um Lohnansprüche nicht leitender Angestellter, ist ein sehr intrikates Problem. Grundsätzlich hält die herrschende Lehre ein Mitstreiken für fremde Kampfziele für zulässig, und zwar auch dann, wenn kein mittelbar eigenes Interesse verfolgt wird. Folgt man dieser (m. E. allerdings zu Recht bestrittenen) Ansicht, so bestünden gegen die Streikteilnahme aus *allgemeinen* Gesichtspunkten keine Bedenken. Lehnt man diese Ansicht dagegen ab, muß man folgerichtig die Zulässigkeit eines Streiks der leitenden Angestellten zur Förderung eines Tarifvertrages, der für sie keine Geltung erlangt, verneinen.

Andererseits glaube ich nicht, daß, wie gelegentlich behauptet wird, aus der „Nähe“ des leitenden Angestellten zur Unternehmensspitze, aus seiner Wichtigkeit für das Unternehmen gerade im Streikfall und aus dem besonderen Vertrauensverhältnis zur Unternehmensleitung ein *spezielles* Streikverbot für leitende Angestellte, und zwar unabhängig von einer Notdienstlage abgeleitet werden kann. Es ist — vom Standpunkt uneingeschränkter Zulassung des Sympathiearbeitskampfes aus — Sache des leitenden Angestellten zu entscheiden, wem im Streikfall seine Sympathie gehört, und sich vor späterer Maßregelung zu schützen. Die Unternehmensleitung, die durch rechtliche Verbote statt durch entsprechende Arbeitskonditionen und durch ein entsprechendes Betriebsklima in der oberen Führungsetage die Streikteilnahme ausschließen will, scheint mir ohnehin schlecht beraten. Soweit schließlich argumentiert wird, daß die Sicherung der Aktionsfähigkeit der Arbeitgeberseite gegenüber ihrem sozialen Gegenspieler gebiete, die Arbeitgeberfunktionen ausübenden leitenden Angestellten in der *allgemeinen*[63] Arbeitskampfsituation der Arbeitgeberseite auch rechtlich zuzuordnen, so wird dabei verkannt, daß die Rechtsordnung nicht die Funktionsfähigkeit des Konfrontationsmechanismus in jedem Augenblick und schlechthin garantiert, sonderen nur die *Möglichkeit* funktionsgerechter Ordnung gewährleistet.

Art. 9 Abs. 3 GG enthält keine Sachverhaltsgarantie, sondern nur eine Normenkomplexgarantie. Selbst wenn alle leitenden Angestellten von ihrem Recht Gebrauch machen sollten, *gemeinsam*[63] mit den übrigen Arbeitnehmern zu streiken, wäre das (jedenfalls vom Standpunkt der Anhänger uneingeschränkter Zulässigkeit des Sympathiearbeitskampfes aus) *rechtlich* nicht zu beanstanden. Die Rechtsordnung sichert der Unternehmensspitze nur die Möglichkeit, auf die leitenden Angestellten durch „moral persuasion“ und entsprechend attraktive Ausgestaltung der Arbeitsbedingungen Einfluß zu nehmen, damit sie dem Unternehmen auch während des Arbeitskampfes ihre Arbeitskraft zur Verfügung stellen, es sei denn, es besteht unter dem allgemeinen Gesichtspunkt der auch während eines Arbeitskampfes zu erbringenden Notarbeiten eine Rechtspflicht zur Weiterarbeit. Die arbeitsrechtliche Verpflichtung zur Erbringung von Notarbeiten erstreckt sich bekanntlich ja nicht nur auf manuelle, sondern auch auf geistige Dienstleistungen und den Führungs-know-how.

---

[61] *Säcker*, BB 1972, 1197 - 1201.

[62] *Säcker*, BB 1972, 1197 (1200).

[63] Hervorhebung vom Verfasser.

Die betriebliche Alltagspraxis hat das Problem bislang auf ihre Weise gelöst: bei Beginn eines Arbeitskampfes werden von der Unternehmensleitung, ganz offensichtlich ohne vorherige Prüfung der Frage, ob im Falle der Streikteilnahme einzelner (Gruppen) leitender Angestellter die funktionsgerechte Leitung des Unternehmens im Arbeitskampf gefährdet ist, sämtliche leitenden Angestellten als „Notarbeiter“ zur Weiterarbeit verpflichtet, um so den Gedanken an eine evtl. Streikteilnahme von vornherein gar nicht erst aufkommen zu lassen. Ist solcher „Brauch“ in seiner Allgemeinheit rechtlich auch unhaltbar, so zeigt er doch, daß das allgemeine Arbeitskampfrecht mit seiner Verpflichtung zur Notarbeit über ein ausreichend differenziertes, elastisches Kriterium zur Lösung des Sachproblems verfügt und die Unternehmensleitung nicht schutzlos stellt. Die Postulierung gefahrenvorbeugender, „generalpräventiver“ Sonderrechtsätze über die (mindere) Rechtsstellung der leitenden Angestellten ist daher entbehrlich.“

a) Das Solidaritätsprinzip

Das Ergebnis der soeben ausführlich wiedergegebenen Stellungnahme *Säckers* lautet: vom Standpunkt uneingeschränkter Zulassung des Sympathiearbeitskampfes aus bestehen gegen die Streikteilnahme leitender Angestellter aus allgemeinen Gesichtspunkten keine Bedenken. Ob dieses Ergebnis so pauschal richtig ist, erscheint zweifelhaft. Es ist nämlich zu berücksichtigen, daß auch die Anhänger einer uneingeschränkten Zulassung von Sympathiearbeitskämpfen hierfür eine besondere Begründung ins Feld führen: die Solidarität der Arbeitnehmerschaft. Die in der Literatur teilweise geforderten Einwirkungsmöglichkeiten des vom Sympathiestreik betroffenen Arbeitgebers oder der sympathisierenden Partei auf den Forderungsadressaten des Hauptarbeitskampfes stellen nur zusätzliche Voraussetzungen dar, die bei einem Sympathiestreik innerhalb desselben Unternehmens vernachlässigt werden können. Denn der Grund für das Aufstellen dieser Voraussetzungen — die fehlende Identität des primär und des sekundär bestreikten Arbeitgebers — entfällt bei einem Sympathiestreik innerhalb desselben Unternehmens. Dieser ist sonach rechtmäßig, wenn und soweit eine Solidarität der streikenden Arbeitnehmer angenommen werden kann. Daher ist zu untersuchen, welche Funktion dem Solidaritätsprinzip bei der rechtlichen Bewertung des Sympathiestreiks zukommt und ob bei einem Sympathiestreik leitender Angestellter das Solidaritätsprinzip zugrunde gelegt werden kann.

aa) Die Funktion des Solidaritätsprinzips bei der rechtlichen Bewertung des Sympathiestreiks

Die aus Sympathie streikenden Arbeitnehmer kämpfen nicht für eigene Forderungen und werden von den für die primär Streikenden erstrittenen Regelungen jedenfalls nicht unmittelbar betroffen. Es fragt sich, ob das nicht gegen Grundregeln des kollektiven Arbeitsrecht verstößt. Das Arbeitskampfrecht kann nicht isoliert, sondern nur im Zusammenhang mit der ordnenden und befriedenden Funktion der Tarifverträge gesehen werden. Positivrechtlich wird das bestätigt durch § 74 Abs. 2 Satz 1, Halbs. 2 BetrVG. Aus § 74 Abs. 2 Satz 1, 2. Halbs. BetrVG in Verbindung mit § 3 Abs. 1 TVG ergibt sich aber weiter, daß Arbeitskämpfe grundsätzlich nur zur Gestaltung der eigenen Arbeitsbedingungen zulässig sind[64] — was weder für Sympathiestreiks noch für die Teilnahme von Außenseitern[65] an gewerkschaftlich geführten Streiks zutrifft.

Ein Arbeitskampf, der nicht um die Gestaltung der eigenen Arbeitsbedingungen geführt wird, ist schließlich auch mit dem Verhältnismäßigkeitsgrundsatz, der das gesamte Arbeitskampfrecht beherrscht[66], nur schwer zu vereinbaren[67].

Trotzdem kann aus diesen Gesichtspunkten noch nicht die Schlußfolgerung gezogen werden, daß Sympathiestreiks unzulässig sind[68]. Ihre Rechtfertigung erhalten sie vielmehr durch den Grundsatz der Solidarität der Arbeitnehmer[69]. Das Prinzip der Solidarität der Arbeitnehmerschaft ist „nicht nur ein soziologisches Phänomen, sondern ein in bestimmten Grenzen zu verwertendes Rechtsprinzip[70]“. Dieses Rechtsprinzip führt

[64] Vgl. *van Gelder/Leinemann*, AuR 1970, 1 (6).

[65] Die Zulässigkeit der Teilnahme von Außenseitern an gewerkschaftlich geführten Streiks wird von *Kraft*, RdA 1968, 434 (436), stark eingeschränkt. Die Teilnahme von Außenseitern am Streik ist nach seiner Ansicht nur dann rechtmäßig, wenn auch der Arbeitsvertrag der Außenseiter bereits zur Zeit der kampfweisen Arbeitsniederlegung „offen“, d. h. auf Ausfüllung und Sicherung durch die Normen des angestrebten Tarifvertrages angelegt ist. Das aber sei nur der Fall entweder, wenn der Arbeitsvertrag auf die Bestimmungen des jeweils geltenden Tarifvertrages Bezug nehme oder wenn eine betriebliche Übung oder sogar betriebliches Gewohnheitsrecht bestehe, wonach für Außenseiter die gleichen Arbeitsbedingungen gelten wie für tarifgebundene Arbeitnehmer.

[66] BAG, Beschluß v. 21. 4. 1971 — GS 1/68, AP Nr. 43 zu Art. 9 GG Arbeitskampf unter Teil III A der Gründe.

[67] *Rüthers*, BB 1964, 312 (315): Verstoß gegen den ultima-ratio-Grundsatz.

[68] Für die Teilnahme von Außenseitern an einem gewerkschaftlich geführten Streik im Ergebnis ebenso: BAG, Beschluß v. 21. 4. 1971 — GS 1/68, AP Nr. 43 zu Art. 9 GG Arbeitskampf, Bl. 8 (ausdrücklich gegen *van Gelder/Leinemann*, AuR 1970, 1); ferner Hueck/*Nipperdey*, Lehrb II/2, § 49 B II 3 Fn. 35 a, S. 1010 und § 49 B II 1 a Fn. 34 p, S. 1006 sowie § 47 B VI 2 b Fn. 43 1, S. 945: „Aus dem Grundsatz der Kampfparität und dem Grundsatz der *Solidarität* (Hervorhebung vom Verfasser) der Arbeitnehmer untereinander folgt zugleich, daß die Aussperrung gegenüber den Arbeitnehmern, die *nicht organisiert* sind und sich am Streik beteiligen oder nicht beteiligen, in gleicher Weise angewandt werden kann wie gegenüber den organisierten Arbeitnehmern“; *Söllner*, ArbR, § 13 II 1, S. 95.

[69] *Bulla*, Molitor-Festschrift S. 293 (300), spricht ausdrücklich von der Solidarität der Arbeitnehmer bzw. Arbeitgeber als Rechtfertigungsgrund für Sympathiearbeitskämpfe. Dagegen *Dietz*, ZAS 1970, 41 (49): „Das Solidaritätsprinzip ist kein Rechtfertigungsgrund.“

[70] BAG, Urt. v. 25. 7. 1957 — 1 AZR 194/56, AP Nr. 3 zu § 615 BGB Betriebsrisiko, Bl. 3; ebenso Hueck/*Nipperdey*, Lehrb II/2, § 49 B II 2 Fn. 35, S. 1009;

dazu, daß Sympathiestreiks entgegen den Bedenken, die sich aus § 74 Abs. 2 Satz 1, 2. Halbs. BetrVG in Verbindung mit § 3 Abs. 1 TVG und aus dem Verhältnismäßigkeitsgrundsatz ergeben, für rechtmäßig gehalten werden müssen. Allerdings gilt dies nur, soweit das Solidaritätsprinzip reicht. Infolgedessen muß der Anwendungsbereich des Solidaritätsprinzips in personeller Hinsicht abgegrenzt werden.

ab) *Die Anwendbarkeit des Solidaritätsprinzips auf das Verhältnis der leitenden Angestellten zu den übrigen Arbeitnehmern*

Nach der Rechtsprechung des Bundesarbeitsgerichts findet das Solidaritätsprinzip nicht nur innerhalb der Gruppe der Arbeiter oder der Angestellten Anwendung, sondern innerhalb der gesamten Arbeitnehmerschaft. Danach müssen sich etwa bei einem Streik der Arbeiter die Angestellten das Verhalten der Arbeiter anrechnen lassen, so daß sie ihre Lohnansprüche verlieren, wenn sie infolge des Streiks der Arbeiter nicht beschäftigt werden können[71]. Indessen erscheint es zweifelhaft, ob der Anwendungsbereich des Solidaritätsprinzips auch auf alle *leitenden* Angestellten erstreckt werden kann. Denn es ist selbstverständlich, daß Solidarität und soziale Gegenspielerschaft einander ausschließen. Soziale Gegenspieler der Arbeitnehmer sind aber auch die „arbeitgeberähnlichen" leitenden Angestellten[72]. Für diese *leitenden* Angestellten treffen die Formulierungen des Bundesarbeitsgerichts zu, die leitenden Angestellten seien „quasi Erfüllungsgehilfen des Arbeitgebers in seiner Arbeitgeberfunktion"[73] und insoweit „in einem ganz betonten Sinne Vertreter des Arbeitgebers und Gegenspieler der Arbeitnehmer"[74].

Soweit die leitenden Angestellten Arbeitgeberfunktionen wahrnehmen, sind sie Gegenspieler der übrigen Arbeitnehmer. Daher kann das Solidaritätsprinzip auf sie nicht angewandt werden. Damit aber entfällt der rechtfertigende Grund für einen Arbeitskampf, der nicht um die Gestaltung der eigenen Arbeitsbedingungen geführt wird. Dagegen findet das Solidaritätsprinzip Anwendung im Verhältnis zwischen den *nicht* „arbeitgeberähnlichen" leitenden Angestellten einerseits sowie den

dagegen ArbG Kassel, Urt. v. 17. 4. 1972 — 3 Ca 643/71, DB 1972, 1121 (1122); *Wiedemann*, RdA 1969, 321 (332, 333); *Biedenkopf*, Die Betriebsrisikolehre S. 18 f.; *Richardi*, RdA 1970, 65 (70) und 1971, 334 (338); *Danz*, Die Verteilung des Lohnrisikos S. 66 - 83; *Ehmann*, DB 1973, 1994 (1996); *Weiss*, AuR 1974, 37 (40, 41); zuletzt *Pfarr/Kittner*, RdA 1974, 284 (292).

[71] BAG, Urt. v. 8. 2. 1957 — 1 AZR 338/55, AP Nr. 2 zu § 615 BGB Betriebsrisiko, Bl. 2 = BAGE 3, 346 (349), BAG, Urt. v. 24. 1. 1958 — 1 AZR 132/57, AP Nr. 4 zu § 615 BGB Betriebsrisiko, Bl. 2.

[72] In dem im 3. Kapitel unter B II dargelegten Sinn.

[73] BAG, Urt. v. 18. 2. 1960 — 5 AZR 472/57, AP Nr. 1 zu § 419 BGB Betriebsnachfolge, Bl. 2 = BAGE 9, 62 (71).

[74] BAG, Beschluß v. 28. 4. 1964 — 1 ABR 2/64, AP Nr. 4 zu § 4 BetrVG 1952, Bl. 6 R = BAGE 16, 8 (20) (für die Fahrsteiger).

Arbeitern und/oder Angestellten andererseits. Dem steht nicht entgegen, daß § 5 Abs. 3 BetrVG *alle* leitenden Angestellten aus der Betriebsverfassung herausnimmt. Denn diese Regelung beruht *nicht* auf einer Interessenpolarität zwischen *allen* leitenden Angestellten und den übrigen Arbeitnehmern. Dies wird dadurch bestätigt, daß der Mitbestimmungsgesetz-Entwurf[75] zunächst in § 3 Ziff. 3 *alle* leitenden Angestellten im Sinne des § 5 Abs. 3 BetrVG der Arbeitnehmerseite zurechnet und dann aus aktienrechtlichen Gründen (Unvereinbarkeit von Leitungs- und Kontrollfunktion) in § 6 Abs. 2 Ziff. 1 in Verbindung mit § 105 Abs. 1 AktG eine oberste Schicht der leitenden Angestellten von der Wählbarkeit als Aufsichtsratsmitglied ausnimmt[76]. Hiermit stimmt ferner überein, daß auch im Kündigungsschutzgesetz (§ 14 Abs. 2 Satz 1, § 17 Abs. 3 Ziff. 3), im Arbeitsgerichtsgesetz (§ 22 Abs. 2 Ziff. 2) und im Sozialgerichtsgesetz (§ 16 Abs. 4 Ziff. 4) nur eine eng gefaßte Gruppe der leitenden Angestellten eine Sonderregelung erfahren hat.

Zwischenergebnis: Sympathiestreiks der „arbeitgeberähnlichen" leitenden Angestellten zugunsten der Belegschaft ihres Unternehmens erfahren durch den Grundsatz der Solidarität der Arbeitnehmerschaft keine Rechtfertigung.

b) Das mittelbare Eigeninteresse

Es wurde bereits ausgeführt, daß ein Teil der Literatur Sympathiestreiks nur unter der Voraussetzung eines mittelbaren Eigeninteresses

[75] Bundesrats-Drucksache 200/74 = Bundestags-Drucksache 7/2172.

[76] In der vorliegenden Arbeit wird durchgehend die Auffassung vertreten, daß die „arbeitgeberähnlichen" leitenden Angestellten soziale Gegenspieler der Arbeiter und Angestellten sind. Das bedeutet, daß die „arbeitgeberähnlichen" leitenden Angestellten in einem Aufsichtsrat mit zwei Bänken (Anteilseigner — Arbeitnehmer) nicht als Vertreter der Arbeitnehmerseite auftreten können. Da der Begriff der „arbeitgeberähnlichen" leitenden Angestellten weiter ist als die in § 105 Abs. 1 AktG gebrauchte Umschreibung („Prokurist oder zum gesamten Geschäftsbetrieb ermächtigter Handlungsbevollmächtigter"), müßte der § 105 Abs. 1 AktG für die *Arbeitnehmer*vertreter im Aufsichtsrat nicht eingeengt werden (§ 6 Abs. 2 Ziff. 1 MitbestG-Entwurf), sondern ausgedehnt. So im Ergebnis offenbar auch *Gerhard Müller* (Protokoll der 55. Sitzung des Bundestagsausschusses für Arbeit und Sozialordnung am 7. November 1974, S. 23):

„Die Frage des Abg. Sund darf ich folgendermaßen beantworten: Ich bin in der Tat für eine Ausdehnung des § 105 Aktiengesetzes, und zwar genau in dem Sinne, wie es der Sachverständige Dr. Sieber mit dem Begriff der ersten Delegationsstufe gemeint hat. Anders als Dr. Sieber lese ich den Beschluß des Bundesarbeitsgerichts — ad personam: er trägt ja meine Unterschrift — allerdings so, daß mit den leitenden Angestellten die erste Delegationsstufe noch nicht erschöpft ist. Es geht noch weiter nach unten."

In einem Aufsichtsrat mit drei Bänken (Anteilseigner — Arbeitnehmer — leitende Angestellte) könnten dagegen auch die „arbeitgeberähnlichen" leitenden Angestellten vertreten sein. Dieses Modell hat mit dem Board-System allerdings bereits so viel Ähnlichkeit, daß man dann auch gleich die Vorstandsmitglieder in den Aufsichtsrat entsenden kann (als die eigentlich berufenen Vertreter des top-managements, des Faktors „Disposition").

der Sympathisierenden für unzulässig hält[77]. So bleibt die Frage, ob Sympathiestreiks von „arbeitgeberähnlichen“ leitenden Angestellten nicht wenigstens dann zuzulassen sind, wenn diese mittelbar der Erhaltung oder Verbesserung der *eigenen* Arbeitsbedingungen dienen sollen. Doch bestehen hiergegen zwei grundsätzliche Bedenken. Zum einen dient das Kriterium des mittelbaren Interesses der angeführten Ansicht[78] nicht zu einer *Erweiterung*, sondern zu einer *Einschränkung* der Zulässigkeit von Sympathiearbeitskämpfen, so daß es fraglich erscheint, ob dieses Kriterium hier mit der entgegengesetzten Zielrichtung eingeführt werden kann. Das andere Bedenken richtet sich gegen die *generelle* Tauglichkeit des Kriteriums des mittelbaren Eigeninteresses, und zwar unter zwei Gesichtspunkten, die miteinander zusammenhängen. Angesprochen sind die Schwierigkeiten der Definition des mittelbaren Interesses und in Abhängigkeit davon der latente Konflikt mit der tariflichen Friedenspflicht.

Das mittelbare Interesse bedarf, wie bisher in aller Deutlichkeit nur *Siebrecht* ausgeführt hat[79], einer Abgrenzung sowohl nach *unten* als auch nach *oben:* einerseits ist zu fragen, welches Maß an Betroffensein zu fordern ist, damit von einem *mittelbaren* Interesse gesprochen werden kann, andererseits, wann sich dieses mittelbare Interesse zu einem *unmittelbaren* Interesse verdichtet. Fehlt es an einem mittelbaren Interesse, so ist der Sympathiestreik nach der zugrunde gelegten Auffassung rechtswidrig; liegt ein unmittelbares Interesse vor, so handelt es sich um einen Arbeitskampf um *eigene* Arbeitsbedingungen, der nur dann zulässig ist, wenn die „Sympathisierenden“ nicht einem laufenden Tarifvertrag unterliegen. Anderenfalls verstößt der „Sympathie“-Streik gegen die tarifliche Friedenspflicht[80]. Denn ein Verstoß gegen die Friedenspflicht ist auch dann zu bejahen, wenn eine Tarifpartei *noch während der Geltung des Tarifvertrages* einen Kampf beginnt, um *nach Vertragsablauf* eine günstigere Regelung oder eine Verlängerung der bisherigen Bedingungen zu erreichen[81].

Die Festlegung des Bereichs des mittelbaren Interesses zwischen bloßem Betroffensein und unmittelbarem Interesse erscheint wie eine Fahrt zwischen Skylla und Charybdis. Ob sie gelingen kann oder auch nur sinnvoll ist, ist zweifelhaft. Zur Verdeutlichung der Abgrenzung nach unten spricht *Siebrecht* von einem „sozialpolitischen Interesse . . .,

---

[77] Oben 6. Kapitel unter B I 2 d.

[78] Vgl. Fn. 54, 55 und 57.

[79] *Siebrecht*, Arbeitskampf, S. 60 - 63.

[80] Die Ansicht von *Schaub*, Arbeitsrechtshandbuch, § 193 II 5, S. 788: „Sympathiearbeitskämpfe werden zumeist gegen die Friedenspflicht verstoßen“ geht zu weit. Von einem Verstoß gegen die Friedenspflicht kann jedenfalls bei Sympathiearbeitskämpfen, die nicht einmal mittelbar der Verfolgung eigener Interessen dienen, keine Rede sein.

[81] *Dietz*, JZ 1959, 425 (429); *Nikisch*, ArbR II, § 75 II 3 a, S. 331; Hueck/*Nipperdey*, Lehrb II/1, § 16 II 2 a, S. 314.

das durch Branchengleichheit, ähnliche Tarifregelung wie im Hauptkampfgebiet und mögliche Betroffenheit in den Arbeitsbedingungen, also durch Art und Inhalt der umkämpften Forderungen gekennzeichnet ist"[82]. Andererseits soll „das Interesse einer sympathiekampfführenden Gewerkschaft am Ausgang eines Hauptarbeitskampfes in einem anderen Tarifgebiet erheblich sein, wenn es klar ist, daß die umkämpften Forderungen nach Art und Inhalt in absehbarer Zeit von ihr geltend gemacht werden. Es wird dann ein eigenes und nicht mehr nur ein mittelbares Interesse vorliegen"[82].

Zwischen diesen beiden Polen ist der schmale Grat, der dem mittelbaren Interesse verbleibt, kaum mehr auszumachen. Zwei Gründe sprechen dafür, daß eine Abgrenzung nach unten überhaupt nicht möglich ist oder mit anderen Worten, daß bei Sympathiestreiks ein *mittelbares* Interesse am Ausgang des Hauptarbeitskampfes *immer* anzunehmen ist: einmal die Tatsache, daß infolge der Inflation jede Lohn- bzw. Gehaltserhöhung eine lineare Komponente, einen Grundbetrag enthält[83], der die Verteuerung der Lebenshaltungskosten ausgleichen soll und daher *allen* Arbeitnehmern zugute kommen muß, und zum anderen — teilweise als Folge hiervon — der mittelbare Zusammenhang aller Lohnbewegungen[84]. Hauptursache für diesen mittelbaren Zusammenhang aller Lohnbewegungen ist die enge Verflechtung des gesamten Wirtschaftsorganismus[85]. Dies ist schon vor über 40 Jahren vom Reichsgericht so gesehen worden, wenn es zur Frage der Zulässigkeit von Sympathiestreiks ausführt[86]:

„Sie (scil. die Revision) bekämpft zwar auch die Annahme der Zulässigkeit eines Sympathiestreiks um deswillen, weil sie, wenn überhaupt, nur unter der Voraussetzung als richtig anerkannt werden könne, daß alle Beteiligten *unter demselben Tarifverhältnis*[87] ständen. Dieser Auffassung kann nicht beigetreten werden. Bei der feinen Verflechtung der einzelnen Berufs- und Gewerbezweige im heutigen Wirtschaftsleben können die tariflichen Grenzen für die Frage der Zulässigkeit oder Unzulässigkeit eines Sympathiestreiks keine maßgebende Rolle spielen[88]."

---

[82] *Siebrecht*, Arbeitskampf S. 61.

[83] Vgl. hierzu etwa die Entscheidung BAG, Urt. v. 9. 11. 1972 — 5 AZR 224/72, AP Nr. 36 zu § 242 BGB Gleichbehandlung:

„Werden zu einem bestimmten Zeitpunkt die Gehälter der tariflichen und der außertariflichen Angestellten allgemein erhöht, so darf ein außertariflicher Angestellter jedenfalls nicht insoweit von Gehaltserhöhungen ausgenommen werden, als in den individuell unterschiedlichen Anhebungen für diesen Personenkreis wegen der Steigerung des Lohn- und Preisniveaus auch ein ‚Grundbetrag' enthalten ist." (Leitsatz)

[84] Formulierung von *Hanau*/Adomeit, Arbeitsrecht, H III 3 b, S. 179.

[85] Vgl. dazu auch *Rüthers*, Arbeitsrecht und politisches System S. 124, wörtlich wiedergegeben in Fußnote 56.

[86] RG, Urt. v. 31. 3. 1931 — III 218/30, RGZ 132, 249 (253) = ARS 12, 313 (316).

[87] Hervorhebung vom Verfasser.

[88] Trotz der Parallelproblematik bei der Frage des Betriebsrisikos (Wirtschaftsrisikos) in von Arbeitskämpfen betroffenen Drittbetrieben hat sich das

Wenn hiernach ein mittelbares Interesse der aus Sympathie Streikenden am Ergebnis des Hauptarbeitskampfes *in jedem Fall* angenommen werden muß, kann das Kriterium des mittelbaren Interesses nicht mehr zur Einschränkung der Zulässigkeit von Sympathiearbeitskämpfen dienen. Es ist seiner Funktion entkleidet und damit entbehrlich.

Gegen dieses Ergebnis und seine Begründung läßt sich nur ins Feld führen, das mittelbare Interesse sei falsch definiert. Ein solches könne etwa erst in dem Fall angenommen werden, daß in den verschiedenen Tarifgebieten die Tarifverträge zu unterschiedlichen Zeitpunkten auslaufen und durch den Arbeitskampf in dem ersten Tarifgebiet eine Modellregelung auch für die übrigen Tarifgebiete durchgesetzt werden soll[89]. Doch drängt sich die Frage auf, ob bei dieser Fallgestaltung nicht schon von einem *unmittelbaren* Interesse der Sympathisierenden, d. h. aber von einem Arbeitskampf um deren *eigene* Arbeitsbedingungen gesprochen werden muß[90]. Daraus ergibt sich dann zwingend die Schluß-

---

von der h. M. abweichende ArbG Kassel, Urt. v. 17. 4. 1972 — 3 Ca 643/71, DB 1972, 1121 mit dieser Entscheidung des RG nicht auseinandergesetzt.

Ähnlich wie das RG hat auch schon vorher das LAG Elberfeld, Urt. v. 4. 4. 1928 — 6 LS 28/28, ARS 3, LAG Nr. 38, S. 127 (129):

„Allein diese Verschiedenheit des vorliegenden Falles rechtfertigt eine andere Entscheidung nicht, da nicht nur eine soziale Arbeits- und Betriebsgemeinschaft eines einzelnen Betriebes anzuerkennen ist, sondern darüber hinaus eine wirtschaftliche Verbundenheit der Arbeitnehmerschaft unter sich besteht. Es zeigt sich das vor allem auf dem zur Zeit für die Arbeitnehmerschaft wichtigsten Gebiet der Lohnregelung; erkämpft eine Arbeitnehmergruppe einen höheren Lohn, so lehrt die tägliche Erfahrung, daß dieses unmittelbar oder mittelbar sehr bald anderen Arbeitnehmergruppen zugute kommt und sei es auch nur auf dem Wege, daß dadurch der Stand des mittleren Lohnes aller Arbeitnehmergruppen erhöht wird, was zwingend lohnsteigernd wirkt. Vielfach wird gerade diese Tatsache von den Führern der Arbeitnehmerschaft taktisch benutzt, indem sie den Lohnkampf nur in einer Arbeitnehmergruppe, für die er am billigsten oder aussichtsreichsten ist, durchführen und sich dadurch den Lohnkampf für die anderen Arbeitnehmergruppen ersparen oder jedenfalls erheblich erleichtern."

[89] Beispiel etwa bei *Dietz,* ZAS 1970, 41 (49), der nur in solchen Fällen Sympathiearbeitskämpfe zulassen will:

„Es muß sich um ein von der Gegenseite einheitlich angestrebtes Ziel handeln, das nur mit Rücksicht auf die organisatorische Aufteilung in Tarifgebiete und der unterschiedlichen Laufzeit der Tarifverträge gleichsam in Stufen erreicht werden kann und erreicht werden soll, wobei nur der Sympathiearbeitskampf dazu dienen soll, die Entscheidung über das gleiche Problem in zeitlich nacheinander ablaufenden Tarifverträgen in einem einheitlichen Arbeitskampf herbeizuführen."

[90] So ausdrücklich *Siebrecht,* Arbeitskampf S. 61; *Rüthers,* BB 1964, 312 (315); *Haupt,* Sympathiestreik S. 87.

Daher gibt auch die Umschreibung des mittelbaren Interesses in § 4 der Neutralitätsanordnung des Verwaltungsrates der Bundesanstalt für Arbeit vom 22. März 1973 im vorliegenden Zusammenhang nichts her. Denn diese Umschreibung braucht sich um eine Aussparung des *unmittelbaren* Interesses nicht zu bemühen, da nach § 116 Abs. 3 AFG der Anspruch auf Arbeitslosengeld in diesem Fall erst recht ruht. § 4 der Neutralitätsanordnung hat folgenfolgerung, daß der „Sympathie"-Streik gegen die tarifliche Friedenspflicht verstößt, falls die „Sympathisierenden" einem noch nicht abgelaufenen Tarifvertrag unterliegen[91].

Somit verbleiben nur zwei Möglichkeiten: entweder geht man davon aus, daß bei Sympathiearbeitskämpfen ein mittelbares Eigeninteresse der Sympathisierenden *immer* anzunehmen ist, oder man setzt bei der Definition des mittelbaren Interesses die Schwelle so hoch an, daß bei deren Erreichen der Konflikt mit der tariflichen Friedenspflicht droht. Das Ergebnis kann nur sein, daß man das Kriterium des mittelbaren Interesses aufgibt. Aus identischen Gründen ist es weder geeignet, die Zulässigkeitsvoraussetzungen von Sympathiearbeitskämpfen *einzuschränken* noch sie zu *erweitern*.

Verzichtet man bei der Beurteilung der Rechtmäßigkeit von Sympathiearbeitskämpfen *generell* auf das Kriterium des mittelbaren Interesses, so ist ein Sympathiestreik von „arbeitgeberähnlichen" leitenden Angestellten zugunsten der Belegschaft ihres Unternehmens auch bei Vorliegen eines mittelbaren Interesses nicht gerechtfertigt.
Ergebnis:

Bei einem Sympathiestreik leitender Angestellter zugunsten der Belegschaft ihres Unternehmens ist zu unterscheiden: ein Sympathiestreik der „arbeitgeberähnlichen" leitenden Angestellten kann weder durch den Grundsatz der Solidarität der Arbeitnehmerschaft noch durch ein mittelbares Interesse am Ergebnis des Hauptarbeitskampfes gerechtfertigt werden. Ein Sympathiestreik der übrigen leitenden Angestellten ist zulässig.

---

den Wortlaut (veröffentlicht bei *Schwerdtfeger*, Arbeitslosenversicherung S. 119 und *Säcker*, Gruppenparität S. 20, 21):

§ 4

„Der Anspruch des nichtbeteiligten Arbeitnehmers (§ 1) auf Arbeitslosengeld ruht nach § 116 Abs. 3 Satz 1 Nr. 1 und 2 AFG, wenn der Arbeitnehmer seine Beschäftigung in einem Betrieb verloren hat, weil in einem anderen Betrieb ein Arbeitskampf geführt wird, sofern

1. dieser Arbeitskampf auf die Änderung von Arbeitsbedingungen eines Tarifvertrages gerichtet ist und der Betrieb, in dem der Arbeitslose zuletzt beschäftigt war, zwar nicht dem räumlichen, aber dem fachlichen Geltungsbereich des in Frage kommenden Tarifvertrages zuzuordnen ist und
2. die Gewerkschaften für den Tarifvertragsbereich des arbeitslosen nichtbeteiligten Arbeitnehmers nach Art und Umfang gleiche Forderungen wie für die am Arbeitskampf beteiligten Arbeitnehmer erhoben haben und mit dem Arbeitskampf nach Art und Umfang gleiche Arbeitsbedingungen durchgesetzt werden sollen."

Will man das Kriterium des mittelbaren Interesses zu einer Einschränkung der *Betriebsrisikolehre* heranziehen (ArbG Kassel, Urt. v. 17. 4. 1972 — 3 Ca 643/71, DB 1972, 1121), braucht eine Aussparung des *unmittelbaren* Interesses natürlich ebenfalls nicht zu erfolgen: siehe unten achtes Kap. Fn. 9.

[91] So ausdrücklich *Löwisch*, RdA 1962, 314 (316); *Rüthers*, BB 1964, 312 (315); *Haupt*, Sympathiestreik S. 87.

2. *Beteiligung leitender Angestellter an einem Sympathiestreik der Belegschaft ihres Unternehmens zugunsten der Arbeitnehmer anderer Unternehmen*

Die Beteiligung leitender Angestellter an einem Sympathiestreik der Belegschaft ihres Unternehmens zugunsten der Arbeitnehmer anderer Unternehmen hat mit dem Regelfall des Sympathiestreiks gemein, daß der primär und der sekundär bestreikte Arbeitgeber nicht identisch sind. Für diese Fallgestaltung wird von einem Teil der Literatur die Auffassung vertreten, ein solcher Sympathiestreik sei nur dann rechtmäßig, wenn entweder der vom Sympathiestreik betroffene Arbeitgeber[92] oder die sympathisierende Partei[93] auf den primär bestreikten Arbeitgeber Einfluß auszuüben vermögen. Hierbei handelt es sich um Voraussetzungen, die ganz allgemein die Zulässigkeit von Sympathiearbeitskämpfen einschränken sollen und daher über die besondere Problematik der leitenden Angestellten nichts aussagen. Für diese verbleibt es bei den soeben herausgearbeiteten Grundsätzen[94]. Danach gelangt man zu folgendem Ergebnis:

Bei der Beteiligung leitender Angestellter an einem Sympathiestreik der Belegschaft ihres Unternehmens zugunsten der Arbeitnehmer anderer Unternehmen ist zu unterscheiden: ein Sympathiestreik der „arbeitgeberähnlichen" leitenden Angestellten ist rechtswidrig. Die Rechtmäßigkeit eines Sympathiestreiks der übrigen leitenden Angestellten beurteilt sich nach *allgemeinen* Grundsätzen[95].

3. *Sympathiestreik leitender Angestellter zugunsten leitender Angestellter (desselben oder eines fremden Unternehmens)*

Bei der Frage nach der rechtlichen Bewertung eines Sympathiestreiks leitender Angestellter zugunsten leitender Angestellter (desselben oder eines fremden Unternehmens) ist davon auszugehen, daß die herrschende Lehre zur Beurteilung von Sympathiestreiks nach wie vor den Grundsatz von der Solidarität der Arbeitnehmerschaft heranzieht und von diesem Ausgangspunkt zu einer grundsätzlichen Zulässigkeit von Sympa-

[92] Oben 6. Kapitel unter B I 2 b.

[93] Oben 6. Kapitel unter B I 2 c.

[94] Oben 6. Kapitel unter B II 1.

[95] Theoretisch denkbar ist auch noch der Fall, daß *nur* die leitenden Angestellten eines Unternehmens in einen Sympathiestreik zugunsten der Arbeiter und Angestellten fremder Unternehmen treten. In der Praxis dürfte sich dieser Fall kaum ereignen. Zu beurteilen ist er ebenso wie die Beteiligung leitender Angestellter an einem Sympathiestreik der Belegschaft ihres Unternehmens zugunsten der Arbeitnehmer anderer Unternehmen. Ob die leitenden Angestellten alleinige Träger des Sympathiestreiks sind oder sich an einem von den Arbeitern und Angestellten ihres Unternehmens getragenen Sympathiestreik beteiligen, kann für die rechtliche Bewertung keinen Unterschied machen.

thiestreiks gelangt[96]. Daher war bei einem Sympathiestreik leitender Angestellter zugunsten der Belegschaft ihres Unternehmens zu prüfen, ob und gegebenenfalls inwieweit das Solidaritätsprinzip nicht nur im Verhältnis der Arbeiter und Angestellten, sondern auch im Verhältnis dieser beiden Gruppen zu den leitenden Angestellten Geltung beanspruchen kann. Entsprechend ist nunmehr zu fragen, ob das Solidaritätsprinzip auch *innerhalb* der Gruppe der leitenden Angestellten Anwendung findet. Räumt man den leitenden Angestellten das Recht ein, sich in eigenen Verbänden zusammenzuschließen — dieses Recht kann wegen Art. 9 Abs. 3 Grundgesetz kaum zweifelhaft sein — und versteht man ferner das Koalitionswesen geradezu als „organisierte Solidarität"[97], so läßt sich die Frage nicht verneinen. Der Solidaritätsgrundsatz vermag daher einen Sympathiestreik leitender Angestellter zugunsten leitender Angestellter (desselben oder eines fremden Unternehmens) zu rechtfertigen.

Jedoch ist eine Einschränkung geboten. Sie betrifft diejenigen leitenden Angestellten, die aufgrund ihrer Stellung oder eines generellen Auftrages der Unternehmensleitung in den Tarifkommissionen oder während eines Arbeitskampfes mit den Verbänden der leitenden Angestellten die Verhandlungen führen. Diese leitenden Angestellten dürfen nicht um *eigene* Arbeitsbedingungen streiken, weil sie sich ihren Unternehmen gerade als diejenigen Personen zur Verfügung gestellt haben, denen es obliegt, gegenüber den Verbänden der leitenden Angestellten die Rolle des sozialen Gegenspielers auszufüllen[98]. Aus demselben Grund muß ihnen dann aber auch die Teilnahme an einem Sympathiestreik zugunsten leitender Angestellter (desselben oder eines fremden Unternehmens) verwehrt sein. Es handelt sich dabei um denjenigen Personenkreis, dem auch die (ordentliche) Mitgliedschaft in den Verbänden der leitenden Angestellten versagt ist[99].

Ergebnis:

Ein Sympathiestreik leitender Angestellter zugunsten leitender Angestellter (desselben oder eines fremden Unternehmens) ist im Rahmen der *allgemein* für Sympathiestreiks geltenden Grundsätze zulässig. Rechtswidrig ist lediglich ein Sympathiestreik derjenigen leitenden Angestellten, die aufgrund ihrer Stellung oder eines generellen Auftrages der Unternehmensleitung in den Tarifkommissionen oder während eines Arbeitskampfes mit den Verbänden der leitenden Angestellten die Verhandlungen führen.

---

[96] Oben 6. Kapitel unter B I 2 a und II 1 a.

[97] *Scholz*, Koalitionsfreiheit, § 32 B 4, S. 186.

[98] Oben 6. Kapitel, unter A III am Ende.

[99] Oben 4. Kapitel unter B III.

Siebtes Kapitel

Die Aussperrung leitender Angestellter

A. Das Paritätsgebot

Ausgangspunkt der anzustellenden Erwägungen muß sein, daß das Bundesarbeitsgericht Streik und Aussperrung untrennbar miteinander verknüpft. „Es gilt der Grundsatz der Waffengleichheit, der Kampfparität[1].“ Dieses Paritätsgebot wird von *Rüthers* als ein „Regelungsauftrag zur Schaffung einer funktionsfähigen Kampfrechtsordnung im freien Tarifvertragssystem“ verstanden[2]. Mit dieser Sicht decken sich die Ausführungen des großen Senats vom 21. April 1971[3]:

„Im Rahmen des Prinzips der Verhältnismäßigkeit sind nicht nur Streiks der Arbeitnehmer, sondern auch als Kampfmaßnahme der Arbeitgeber Aussperrungen zulässig. Unsere Rechtsordnung geht davon aus, daß der Arbeitgeber derartige Maßnahmen — und zwar auch als den ersten Akt eines Arbeitskampfes — ergreifen kann. Denn anderenfalls wäre nicht gewährleistet, daß es im Rahmen der Tarifautonomie durch Verhandlungen und notfalls durch Ausübung von Druck und Gegendruck zum Abschluß von Tarifverträgen und damit zu einer kollektiven Regelung von Arbeitsbedingungen kommt. Könnte die eine Seite, nämlich die Arbeitnehmerschaft, vertreten durch die Gewerkschaft, allein das Kampfgeschehen bestimmen und wäre der Arbeitgeber auf ein Dulden und Durchstehen des Arbeitskampfes beschränkt, so bestünde die Gefahr, daß die Regelung der Arbeitsbedingungen nicht mehr auf einem System freier Vereinbarungen beruht, das Voraussetzung für ein Funktionieren und innerer Grund des Tarifvertragssystems ist. Vorbehaltlich der konkreten, insbesondere auch der wechselnden wirtschaftlichen Situation, die vorgegeben ist, muß im Prinzip sichergestellt sein, daß nicht eine Tarifvertragspartei der anderen von vornherein ihren Willen aufzwingen kann, sondern daß möglichst gleiche Verhandlungschancen bestehen. Auf andere Weise kann die Tarifautonomie unter Ausschluß der staatlichen Zwangsschlichtung nicht funktionieren (BGH AP Nr. 38 zu Art. 9 GG Arbeitskampf, Leitsatz 1 und Ziff. 2 der Gründe; BAG 21, 98 (101 f.) = AP Nr. 25 zu § 2 TVG [Ziff. 2]). Alle geltenden Vorschriften, die Arbeitskampfmaßnahmen erwähnen und von ihrem rechtlichen Bestand ausgehen, ohne sie zu regeln (neutrale Rechtsnormen), meinen offensichtlich Kampfmaßnahmen der Arbeitnehmer wie der Ar-

---

[1] BAG, Beschluß v. 28. 1. 1955 — 1 AZR 165/54, BAGE 1, 292 (308). Zum Prinzip der Kampfparität vgl. auch *Mayer-Maly/Nipperdey*, Risikoverteilung S. 12, 17, 38, 39, 41.

[2] *Rüthers*, JurA 1970, 85 (111).

[3] BAG, Beschluß v. 21. 4. 1971 — GS 1/68, AP Nr. 43 zu Art. 9 GG Arbeitskampf, Bl. 7 und Bl. 7 R.

beitgeber (vgl. Art. 9 Abs. 3 Satz 3 GG, Art. 6 Abs. 4 der Europäischen Sozialcharta, § 19 Abs. 5 des SchwerbeschädigtenG, § 25 KSchG neue Fassung, § 49 Abs. 2 Satz 2 + 3 BetrVG, § 55 Abs. 2 Satz 2 + 3 PersonalvertretungsG, § 17, 116 AFG, § 2 Abs. 1 Nr. 1 Arbeitsgerichtsgesetz)."

Das Bundesarbeitsgericht leitet aus dem Paritätsgebot aber nicht nur die grundsätzliche Zulässigkeit der Aussperrung[4], sondern auch detailliertere Rechtsfolgen ab[5]:

„An einem von einer Gewerkschaft getragenen Streik können sich auch die nicht organisierten und gegebenenfalls auch die anders organisierten Arbeitnehmer beteiligen; *dann*[6] dürfen sie aber auch ausgesperrt werden."

Das Paritätsgebot dient hier also zur Begründung sowohl der grundsätzlichen Zulässigkeit der Aussperrung als auch der Zulässigkeit der Aussperrung gerade gegenüber bestimmten Arbeitnehmergruppen.

B. Folgerungen aus dem Paritätsgebot

Aus Vorstehendem ergibt sich, daß das Bundesarbeitsgericht zur Lösung arbeitskampfrechtlicher Fragen den Gedanken der Symmetrie heranzieht. Danach besteht zwischen dem Streikrecht der Arbeitnehmer und dem Recht der Arbeitgeber zu Aussperrungen ein wechselseitiges Abhängigkeitsverhältnis, so daß sich das eine nicht ohne das andere bejahen oder ablehnen läßt[7]. Für die hier aufgeworfene Frage nach der Aussperrung leitender Angestellter bedeutet dies, daß die Ergebnisse, die zum Streikrecht der leitenden Angestellten gefunden worden sind, gleichsam spiegelbildlich auf das Recht der Aussperrung übertragen werden müssen. Auch die Literatur verfährt in dieser Weise, soweit sie sich mit Streik *und* Aussperrung leitender Angestellter befaßt. So heißt es etwa bei *Boldt*[8]:

„Verneint man ein Streikrecht des leitenden Angestellten, so ergibt sich aus dem Grundsatz der „Waffengleichheit" zugleich, daß der Arbeitgeber seinerseits nicht berechtigt ist, im Arbeitskampf leitende Angestellte auszusperren."

Auch *Gerhard Müller*, der ein Streikrecht der leitenden Angestellten ebenfalls grundsätzlich ablehnt[9], zieht daraus Konsequenzen für die Aussperrung leitender Angestellter[10]:

---

[4] Vgl. dazu *Zöllner*, Aussperrung und arbeitskampfrechtliche Parität. Düsseldorf 1974.

[5] BAG, Beschluß v. 21. 4. 1971 — GS 1/68, AP Nr. 43 zu Art. 9 GG Arbeitskampf, Bl. 8. *Zöllner*, Aussperrung und arbeitskampfrechtliche Parität S. 52, erhebt gegenüber dem BAG die Kritik, es habe dem Paritätsprinzip zuviel an detaillierter Folgerung abzugewinnen versucht. Damit sei jedoch die Möglichkeit der Ableitung einiger überzeugender Grundsätze nicht widerlegt.

[6] Hervorhebung vom Verfasser.

[7] Vgl. das Zitat im Text bei Fußnote 5.

[8] *Boldt*, Bergfreiheit 1961, 259 (268).

[9] Vgl. die Darstellung der Auffassung *Müllers* im 6. Kapitel unter A I.

[10] *Gerhard Müller*, Bergfreiheit 1969, 133 (146).

„... grundsätzlich besitzen die Koalitionen der leitenden Angestellten jedoch keine Tariffähigkeit und keine Arbeitskampffähigkeit.

Dieses Ergebnis könnte allerdings auch für die Arbeitgeberseite bestimmte Rechtsfolgen nach sich ziehen. Der sich auf die Arbeits- und Wirtschaftsbedingungen der leitenden Angestellten beziehende Interessenkonflikt zwischen ihren Vereinigungen einerseits und der Arbeitgeberseite andererseits wird in gewisser Hinsicht möglicherweise eine rechtliche Auseinandersetzung sein. Es wäre im Einzelfall sorgfältig zu prüfen, ob nicht sachgemäße Ansprüche, die die Vereinigungen der leitenden Angestellten stellen, etwa die Vermutung der Rechtmäßigkeit für sich haben. Es ist zu prüfen, ob sich als Rechtsfolge ein solcher Satz nicht aus dem Sozialstaatsgedanken und dem grundlegenden Rechtsprinzip von der Würde des Menschen ergibt, wenn Arbeitnehmervereinigungen im Sinne des Art. 9 Abs. 3 GG nicht streikfähig sind. Auf jeden Fall würde es zu Lasten der letzteren zu einer vollkommenen *Ungleichgewichtigkeit*[6] zwischen der Arbeitgeberseite und den Vereinigungen der leitenden Angestellten kommen, wenn die leitenden Angestellten bei einem ihre Arbeits- und Wirtschaftsbedingungen betreffenden Interessenkonflikt ausgesperrt werden könnten. Ein derartiges Vorgehen wäre m. E. rechtlich unzulässig."

Entsprechend lautet das Ergebnis von *Haberkorn*[11]:

„Nur bei dieser engen Begriffsbestimmuig der leitenden Angestellten[12] ist davon auszugehen, daß diese Personen sich nicht an einem legitimen Streik beteiligen, aber auch nicht ausgesperrt werden dürfen."

Nach alledem sind die für das Streikrecht gefundenen Ergebnisse entsprechend in das Recht der Aussperrung zu übertragen. Das aber bedeutet, daß Fallgruppen gebildet werden müssen. Die erste Unterscheidung ist auch hier danach zu treffen, ob die Aussperrung in einem Arbeitskampf um die Arbeitsbedingungen leitender Angestellter oder anderer Arbeitnehmergruppen erfolgt.

C. Fallgruppen

I. Aussperrung leitender Angestellter in einem Arbeitskampf um ihre eigenen Arbeitsbedingungen

Da die leitenden Angestellten zur unmittelbaren Wahrnehmung eigener Interessen streiken dürfen[13], dürfen sie in einem solchen Arbeitskampf auch ausgesperrt werden. Unzulässig ist lediglich die Aussperrung derjenigen leitenden Angestellten, die aufgrund ihrer Stellung oder eines generellen Auftrages der Unternehmensleitung in den Tarifkommissionen oder während eines Arbeitskampfes mit den Verbänden der leitenden Angestellten die Verhandlungen führen[14].

[11] *Haberkorn*, MuA 1965, 204 (206).

[12] Vgl. die Wiedergabe der Ansicht *Haberkorns* im 6. Kapitel unter A II.

[13] Vgl. oben 6. Kapitel unter A III.

[14] Vgl. oben 6. Kapitel unter A III am Ende.

II. (Sympathie-) Aussperrung leitender Angestellter in einem Arbeitskampf um die Arbeitsbedingungen anderer Arbeitnehmergruppen

Bei einem Streik der Arbeiter und Angestellten um ihre Arbeitsbedingungen dürfen sich die leitenden Angestellten mit Ausnahme der „arbeitgeberähnlichen" leitenden Angestellten solidarisieren, d. h. in den Sympathiestreik treten[15]. Dies gilt sowohl für einen Sympathiestreik leitender Angestellter zugunsten der Belegschaft ihres Unternehmens[15] als auch für einen Sympathiestreik leitender Angestellter zugunsten der Arbeiter und Angestellten fremder Unternehmen[16]. Daraus folgt für das Aussperrungsrecht der Arbeitgeber das

Ergebnis:

In einem Arbeitskampf um die Arbeitsbedingungen der Arbeiter und Angestellten darf der Arbeitgeber auch die leitenden Angestellten mit Ausnahme der „arbeitgeberähnlichen" leitenden Angestellten aussperren.. Mit dieser Einschränkung ist auch eine Sympathieaussperrung leitender Angestellter durch einen vom Hauptarbeitskampf nicht betroffenen Arbeitgeber im Rahmen der *allgemein* für Sympathieaussperrungen geltenden Grundsätze zulässig.

III. (Sympathie-) Aussperrung leitender Angestellter in einem Arbeitskampf um die Arbeitsbedingungen anderer leitender Angestellter

Sympathiestreiks leitender Angestellter zugunsten leitender Angestellter (desselben oder eines fremden Unternehmens) sind grundsätzlich zulässig[17]. Rechtswidrig ist lediglich ein Sympathiestreik derjenigen leitenden Angestellten, die aufgrund ihrer Stellung oder eines generellen Auftrages der Unternehmensleitung in den Tarifkommissionen oder während eines Arbeitskampfes mit den Verbänden der leitenden Angestellten die Verhandlungen führen[17]. Daraus folgt für das Recht der Aussperrung das

Ergebnis:

In einem Arbeitskampf um die Arbeitsbedingungen leitender Angestellter darf der Arbeitgeber auch solche leitenden Angestellten aussperren, deren Arbeitsbedingungen von dem Arbeitskampf nicht berührt werden. Ausgenommen sind nur diejenigen leitenden Angestellten, die aufgrund ihrer Stellung oder eines generellen Auftrags der Unternehmensleitung in den Tarifkommissionen oder während eines Arbeits-

---

[15] Vgl. oben 6. Kapitel unter B II 1.

[16] Vgl. oben 6. Kapitel unter B II 2 und dort Fußnote 95.

[17] Vgl. oben 6. Kapitel unter B II 3.

kampfes mit den Verbänden der leitenden Angestellten die Verhandlungen führen. Mit dieser Einschränkung ist auch eine Sympathieaussperrung leitender Angestellter durch einen vom Hauptarbeitskampf nicht betroffenen Arbeitgeber im Rahmen der *allgemein* für Sympathieaussperrungen geltenden Grundsätze zulässig.

Achtes Kapitel

Die Anwendung der Betriebsrisikolehre auf die leitenden Angestellten bei durch Arbeitskampf hervorgerufenen Betriebsstörungen

Im bisherigen Verlauf der Arbeit wurde versucht aufzuzeigen, daß der Annahme einer *alle* Arbeitnehmer umfassenden Solidargemeinschaft Grenzen gesetzt sind. Diese Grenzen verlaufen dort, wo Arbeitnehmer trotz dieser ihrer Eigenschaft als soziale Gegenspieler der Arbeitnehmerschaft angesehen werden müssen. Es gilt, die Konsequenzen hieraus auch für die Betriebsrisikolehre zu ziehen. Daher soll zunächst die Betriebsrisikolehre in der Ausformung und mit der Begründung, die sie durch die herrschende Lehre erfahren hat, nachgezeichnet werden.

A. Die herrschende Betriebsrisikolehre

Die herrschende Betriebsrisikolehre läßt sich in wenigen Thesen skizzieren. Sie ist jüngst von *Ehmann* kurz und prägnant wie folgt formuliert worden[1]:

„1. Es ist zu unterscheiden zwischen Wirtschafts- und Betriebsrisiko. Unter dem Begriff *Betriebsrisiko* werden die Fälle erfaßt, in denen der Arbeitgeber das Leistungssubstrat (Energie, Rohstoffe, Maschinen, Mitarbeiter), d. h. einen funktionsfähigen Betrieb unverschuldet aus tatsächlichen oder zwingenden rechtlichen Gründen (polizeiliches Verbot) nicht zur Verfügung stellen kann und infolge dessen der Vollzug der Arbeitsleistung durch den dazu fähigen und bereiten Arbeitnehmer unmöglich wird.

Unter dem Begriff *Wirtschaftsrisiko* werden demgegenüber die Fälle erfaßt, in denen die Arbeitsleistung technisch an sich möglich, wirtschaftlich aber z. B. wegen Absatzmangels sinnlos ist.

2. Das *Wirtschaftsrisiko* hat stets der Unternehmer zu tragen[2].

[1] Vgl. *Ehmann*, DB 1973, 1946 (1947) im Anschluß an *Hueck*/Nipperdey, Lehrb I, § 44 IV, S. 347 - 355.

[2] BAG, Urt. v. 8. 3. 1961 — 4 AZR 223/59, AP Nr. 13 zu § 615 BGB Betriebsrisiko, Bl. 2 R; BAG, Urt. v. 10. 7. 1969 — 5 AZR 323/68, AP Nr. 2 zu § 615 BGB Kurzarbeit, Bl. 2.

An der Unterscheidung zwischen Wirtschafts- und Betriebsrisiko wird mit der Begründung Kritik geübt, es sei rein zufällig, ob ein Unternehmen als Zulieferer oder als Abnehmer der Kampfbetriebe zur Einstellung der Arbeit gezwungen werde: so *Löwisch*, DB 1963, 899 (899); *Brox*/*Rüthers*, Arbeits-

3. In der Frage des *Betriebsrisikos* enthält das BGB eine *Regelungslücke;* es ist daher eine arbeitsrechtliche Lösung zu entwickeln. Danach ist das Betriebsrisiko *grundsätzlich* vom Arbeitgeber zu tragen, insbesondere auch dann, wenn die Betriebsstillegung auf einer *Aussperrung* beruht[3]. Das ansonsten zum Betriebsrisiko gerechnete *Lohnrisiko* haben jedoch in zwei Fallgruppen *ausnahmsweise* die Arbeitnehmer zu tragen:

a) wenn die Stillegung des Betriebes durch ein Verhalten der Arbeitnehmer, insbesondere durch einen gewerkschaftlichen oder einen wilden[4] *Streik* herbeigeführt wird, wobei es gleichgültig ist, ob im eigenen oder fremden Betrieb gestreikt wird, ob die Arbeitnehmer der Gewerkschaft angehören, von der der Streik ausgeht oder ob es sich um Arbeiter und/oder Angestellte[5] handelt.

b) wenn die Betriebsstillegung den Betrieb so schwer trifft, daß bei Zahlung der vollen Löhne die *Existenz* des Betriebes *gefährdet* wird[6]."

Im vorliegenden Zusammenhang ist vor allem der Grundsatz unter Ziff. 3 a) und die von der Rechtsprechung für ihn gegebene Begründung von Bedeutung. Eine Analyse insbesondere der Entscheidung des Bundesarbeitsgerichts vom 8. Februar 1957[7] zeigt, daß das Bundesarbeitsgericht für die Ergebnisse, zu denen die Betriebsrisikolehre im Arbeitskampfrecht gelangt, drei Gesichtspunkte ins Feld führt:

1. Den Grundsatz von der Solidarität der Arbeitnehmerschaft

(„Auch hier ist die Berücksichtigung der Solidarität der Arbeitnehmer untereinander entscheidend, die, wie das Bestehen der Gewerkschaften zeigt, über den einzelnen Betrieb hinausreicht[8].")

---

kampfrecht, § 17 II, S. 267 - 269; *Ehmann,* DB 1973, 1994 (1999). Ebenso jetzt das ArbG Kassel, Urt. v. 17. 4. 1972 — 3 Ca 643/71, DB 1972, 1121 (1122):

„Betriebsrisiko und Wirtschaftsrisiko sind somit rechtlich gleichzustellen, wenn es um die Frage geht, wer dieses Risiko *grundsätzlich* zu tragen hat und unter welchen Voraussetzungen eine Ausnahme von diesem Grundsatz anzuerkennen ist."

[3] BAG, Urt. v. 8. 2. 1957 — 1 AZR 338/55, AP Nr. 2 zu § 615 BGB Betriebsrisiko, Bl. 2 R. Die Unterscheidung zwischen Streiks und Aussperrungen als Ursache von Betriebsstörungen wird als nicht gerechtfertigt kritisiert, weil sie vor allem bei Abwehraussperrungen verwickelte Kausalitätsprobleme und unlösbare Beweisschwierigkeiten aufwirft: so *Mayer-Maly/Nipperdey,* Risikoverteilung S. 17 f. und im Ergebnis ihnen folgend *Ehmann,* DB 1973, 1994 (1999).

[4] BAG, Urt. v. 25. 7. 1957 — 1 AZR 194/56, AP Nr. 3 zu § 615 BGB Betriebsrisiko.

[5] BAG, Urt. v. 24. 1. 1958 — 1 AZR 132/57, AP Nr. 4 zu § 615 BGB Betriebsrisiko.

[6] *Hueck*/Nipperdey, Lehrb I, § 44 IV 3 c, S. 354. Vgl. auch BAG, Urt. v. 10. 12. 1971 — 3 AZR 190/71, AP Nr. 154 zu § 242 BGB Ruhegehalt, zur Kürzung eines Ruhegehalts für den Fall, daß bei ungekürzter Weiterzahlung der Bestand des Unternehmens gefährdet ist.

[7] BAG, Urt. v. 8. 2. 1957 — 1 AZR 338/55, AP Nr. 2 zu § 615 BGB Betriebsrisiko.

[8] Gegen den Grundsatz einer *alle* Arbeitnehmer umfassenden Solidarität sind immer wieder Bedenken erhoben worden:

ArbG Kassel, Urt. v. 17. 4. 1972 — 3 Ca 643/71, DB 1972, 1121 (1122); *Wiedemann,* RdA 1969, 321 (332, 333); *Biedenkopf,* Die Betriebsrisikolehre S. 18 f.; *Richardi,* RdA 1970, 65 (70) und 1971, 334 (338); *Säcker,* Gruppenautonomie S. 405 Fn. 93 sowie S. 482 Fn. 85; *Danz,* Die Verteilung des Lohnrisikos, S. 66

2. Einen mittelbaren Zusammenhang aller Lohnbewegungen

(„Auch kommt unter den heutigen Verhältnissen, wie die Erfahrung lehrt, der Erfolg eines Streiks in einem Betrieb vielfach auch anderen Arbeitnehmern zugute, , , . “)

3. Das Prinzip der Kampfparität oder Waffengleichheit

(„Das Prinzip der Kampfparität oder Waffengleichheit würde gestört, wenn Angehörige des den Arbeitskampf nicht betreibenden Sozialpartners zu Leistungen gezwungen werden könnten, für die sie nur aufgrund von Kampfmaßnahmen des anderen Sozialpartners keine Gegenleistung erhalten.“).

Die gegen die herrschende Betriebsrisikolehre vorgebrachten Bedenken wenden sich vor allem gegen die Annahme einer *alle* Arbeitnehmer umfassenden Solidarität[8]. Eine grundsätzliche Auseinandersetzung mit diesem Einwand ist hier nicht möglich. Der Argumentationshaushalt zum Problemkreis der Betriebsrisikolehre ist weitgehend identisch mit demjenigen zum Problemkreis des Sympathiearbeitskampfes. Dies wird besonders deutlich an den „topoi“ des Solidaritätsprinzips und des mittelbaren Zusammenhangs aller Lohnbewegungen. Insoweit kann auf die Ausführungen zum Sympathiestreik hingewiesen werden[9].

Eine neue Dimension hat die Diskussion um die Betriebsrisikolehre durch § 116 AFG und die Neutralitätsanordnung des Verwaltungsrates

---

bis 83; *Ehmann*, DB 1973, 1994 (1996); *Weiss*, AuR 1974, 37 (40, 41); *Pfarr/Kittner*, RdA 1974, 284 (292).

[9] Vgl. oben 6. Kapitel unter B I 2 a und d sowie B II 1 a und b.

Im 6. Kapitel unter B II 1 b ist die Ansicht vertreten worden, das mittelbare Interesse am Ergebnis des Hauptarbeitskampfes sei als Kriterium zur Einschränkung von Sympathiestreiks untauglich. Zur Begründung ist angeführt worden, bei einer weitgefaßten Definition des mittelbaren Interesses sei dieses *immer* anzunehmen, bei einer eng gefaßten Definition dagegen läge in Wirklichkeit bereits ein *unmittelbares* Interesse vor. In diesem Fall aber scheitere ein Sympathiestreik an der relativen Friedenspflicht, da er auf eine Änderung der *eigenen* Arbeitsbedingungen ziele.

Dieser Gesichtspunkt kann nicht dagegen sprechen, im Falle eines Arbeitskampfes mit dem Ziel der Durchsetzung einer Modellregelung die Lohnansprüche derjenigen arbeitswilligen Arbeitnehmer entfallen zu lassen, die wegen des Arbeitskampfes nicht beschäftigt werden können *und* auf deren Arbeitsverhältnisse sich die erkämpften Regelungen infolge ihres Modellcharakters auswirken werden.

Das Kriterium des (un) mittelbaren Interesses könnte also durchaus herangezogen werden, um die Betriebsrisikolehre auf Fälle dieser Art zu beschränken und damit einzuschränken (vgl. ArbG Kassel, DB 72, 1121). Sinnvoll ist dies aber nur, wenn das Recht des Sympathiearbeitskampfes entsprechend angeglichen wird (das verkennt das ArbG Kassel, DB 1972, 1121, 1123). Da Sympathiearbeitskämpfe zur Unterstützung von Arbeitskämpfen um eine Modellregelung rechtswidrig sind (wegen Verstoßes gegen die relative Friedenspflicht), in allen anderen Fällen aber unzulässig sein müssen, um nicht die Einschränkung der Betriebsrisikolehre zu unterlaufen, gelangt man zu folgendem Ergebnis: Im Falle einer Einschränkung der Betriebsrisikolehre mit Hilfe des Kriteriums des (un) mittelbaren Interesses läßt sich ein von Wertungswidersprüchen freies System nur erreichen, wenn Sympathiearbeitskämpfe grundsätzlich für unzulässig erklärt werden.

der Bundesanstalt für Arbeit vom 22. März 1973[10] erhalten. Auch wenn man nicht der Ansicht ist, daß die herrschende Betriebsrisikolehre durch § 116 Abs. 3 AFG vom Gesetzgeber positivrechtlich bestätigt worden ist[11], läßt sich nicht verkennen, daß die überkommene Betriebsrisikolehre durch § 116 Abs. 3 AFG starken Auftrieb erhalten hat[12]. Dies aus zwei Gründen: zum einen werden durch die Gewährung von Arbeitslosengeld die sozialen Härten vermieden oder wenigstens gemildert, die sonst durch die Anwendung der Betriebsrisikolehre entstehen können. Zum anderen setzt § 116 Abs. 3 AFG voraus, daß diejenigen Arbeitnehmer, die infolge eines Arbeitskampfes nicht beschäftigt werden können und auf deren Arbeitsverhältnisse der Arbeitskampf auch keinen Einfluß hat, ihren Lohn- bzw. Gehaltsanspruch verlieren; anderenfalls wäre es nämlich sinnlos, diesen Arbeitnehmern einen Anspruch auf Arbeitslosengeld zu geben. Dies ist zwar kein logisch zwingender Zusammenhang[12]. Eine Einschränkung der herrschenden Betriebsrisikolehre führt danach aber in jedem Fall dazu, daß die Regelung des § 116 Abs. 3 AFG ins Leere stößt. Dies wirft nicht zuletzt auch ein rechtsquellentheoretisches Problem auf. Es ist nämlich fraglich, ob dann, wenn der Gesetzgeber sich zwar darauf beschränkt hat, Arbeitskampf*folge*recht zu regeln, dabei aber eine *bestimmte* Arbeitskampfordnung *vorausgesetzt* hat[13], diese Arbeitskampfordnung durch Richterrecht geändert werden kann. Die Feststellung *Säckers*, § 116 AFG schmiege sich lückenlos an das (jeweils) bestehende Arbeitskampfrecht an[14], hilft nicht weiter. Denn sie läßt die Frage unbeantwortet, wer zur Normierung der jeweiligen Arbeitskampfordnung befugt ist, nachdem der Gesetzgeber einmal eine *bestimmte* Arbeitskampfordnung zur Voraussetzung einer gesetzlichen Regelung gemacht hat[15]. *Daß* der Gesetzgeber dies getan hat, läßt sich nicht bezwei-

---

[10] Veröffentlicht in den Amtlichen Nachrichten der BA 1973, S. 365; ferner bei *Säcker*, Gruppenparität S. 20 - 21 und bei *Schwerdtfeger*, Arbeitslosenversicherung S. 118 - 119.

[11] In dieser Richtung *Schwerdtfeger*, Arbeitslosenversicherung S. 31 Fn. 85, S. 54.

[12] So auch *Hanau*/Adomeit, Arbeitsrecht, H III 3 b, S. 179.

[13] *Schwerdtfeger*, Arbeitslosenversicherung S. 54. Vom Gesetzgeber vorausgesetzt ist natürlich nicht die *gesamte* geltende Arbeitskampfordnung, sondern nur die Regelung einer einzelnen Frage, nämlich die Verteilung des Betriebsrisikos i. S. der überkommenen Auffassung.

[14] *Säcker*, Gruppenparität S. 86.

[15] Diese Frage stellt sich natürlich nur für denjenigen, der im Grundsatz davon ausgeht, daß das BAG auf dem Gebiet des Arbeitskampfrechts längst zum Ersatzgesetzgeber geworden ist. Es kann sich dabei aber immer nur um eine subsidiäre Rechtsetzung handeln, die die primäre Kompetenz des Parlaments respektiert. Auf Grund dieser faktischen Zuständigkeitskonkurrenz entsteht dann die hier aufgeworfene Frage. Geläufig ist eine ähnliche Konkurrenzsituation im Bereich der Gesetzgebungszuständigkeit von Bund und Ländern. Denn bei der konkurrierenden Zuständigkeit von Bund und Ländern zur Gesetzgebung handelt es sich um eine alternativ-konkurrierende Gesetzgebungszuständigkeit des Bundes oder der Länder mit *nachträglich ausschließ-*

feln, will man ihm nicht den Vorwurf machen, eine sinnlose Regelung getroffen zu haben. Auch für die Problematik der leitenden Angestellten ist daher von dieser Arbeitskampfordnung. d. h. aber von der überkommenen Betriebsrisikolehre auszugehen.

B. Die Äußerungen in der Literatur zu der Frage „Betriebsrisikolehre und leitende Angestellte"

Die Äußerungen in der Literatur zu der Frage „Betriebsrisikolehre und leitende Angestellte" sind spärlich. Eine erste Stellungnahme findet sich allerdings bereits in einer Dissertation aus dem Jahre 1930 von Fritz *Berg* über „Das Arbeitsrecht der leitenden Angestellten". Es heißt dort[16]:

„Auch der Entwurf eines Allgemeinen Arbeitsvertragsgesetzes von 1923 will in § 76 Abs. 2 im Falle einer irgendwie durch Kampfmaßnahmen von Arbeitnehmern herbeigeführten Betriebsstillegung sämtlichen Arbeitnehmern ausnahmslos den Anspruch auf Gehalt und Lohn entziehen und erklärt die Gesamtheit der Arbeitnehmer als solidarisch verhaftet für die Wirkung von Kampfmaßnahmen auf die Betriebsmöglichkeiten.

Vom Standpunkt des leitenden Angestellten aus kann eine solche Lösung nicht befriedigen, denn für ihn kommt ein Streik zur Erzwingung besserer wirtschaftlicher Bedingungen kaum in Betracht. Seine Stellung im Betrieb läßt eine so weitgehende Verbundenheit mit der Gesamtheit der Arbeitnehmer nicht zu.

Man denke z. B. an einen Betriebsleiter, auf den die Voraussetzungen von § 12 Abs. 2 Betriebsrätegesetz zwar zutreffen, bei dem aber von einer Betriebsverbundenheit in dem obigen Sinne niemals die Rede sein kann. Im Verhältnis zum Arbeitgeber erscheint er nun als Arbeitnehmer. Allein aus diesem Grunde soll er bei Ausbruch eines Teilstreiks, den er vielleicht zu verhinderen suchte, seines Gehaltsanspruchs verlustig gehen.

Diese Lösung stellte eine *Überspannung des Solidaritätsgedankens*[17] dar. Wenn man die Frage des Teilstreiks durch generelle gesetzliche Bestimmungen regeln will, so muß man jedenfalls der besonderen Stellung des leitenden Angestellten Rechnung tragen."

Erst 35 Jahre später wird die hier angesprochene Frage von neuem aufgeworfen, und zwar in dem bereits zitierten Aufsatz von *Haberkorn* „Zum Begriff des leitenden Angestellten im Arbeitskampfrecht"[18]. *Haberkorn* behandelt das Problem zutreffend im unmittelbaren Zusammenhang mit dem Recht des Streiks und der Aussperrung. Er führt aus, die Frage, ob ein Angestellter leitender Angestellter im Sinne des Arbeitskampfrechts sei, habe keineswegs nur theoretische, sondern für die be-

---

licher Gesetzgebungszuständigkeit des Bundes (von Mangoldt/*Klein*, GG, Bd. II, Art. 72 Anm. III 2 a, S. 1435).

[16] *Berg*, Das Arbeitsrecht der leitenden Angestellten S. 50.

[17] Hervorhebung vom Verfasser.

[18] *Haberkorn*, MuA 1965, 204.

triebliche Praxis erhebliche Bedeutung. Insbesondere sei dies für die Entscheidung maßgebend, ob er streiken dürfe, ob er ausgesperrt werden könne und ob ihm während eines Streiks Gehaltsansprüche zustünden oder nicht[18]. *Haberkorn* entwickelt dann einen Begriff des leitenden Angestellten im Sinne des Arbeitskampfrechtes[19]. Er gelangt zu dem Ergebnis, nur bei der von ihm vorgenommenen engen Begriffsbestimmung der leitenden Angestellten sei davon auszugehen, daß diese Personen sich nicht an einem legitimen Streik beteiligen, aber auch nicht ausgesperrt werden dürfen und ihren Gehaltsanspruch gegen den Arbeiter behalten[20].

Auch der Präsident des Bundesarbeitsgerichts, *Gerhard Müller*, hat sich zu dem anstehenden Problem geäußert. Er führt aus[21]:

„Was den Gleichbehandlungsgrundsatz und die Verteilung des Betriebsrisikos bei der Bestreikung eines dritten Betriebes mit wirtschaftlicher Auswirkung auf den in Frage kommenden Betrieb angeht, so dürften sie im Falle der leitenden Angestellten m. E. mit Sicherheit keine Anwendung finden. Die personale Basis bei dem Arbeitsverhältnis des leitenden Angestellten ist der Art, daß die rechtlich sinnvolle Möglichkeit einer Vergleichbarkeit mit sonstigen Angehörigen der Belegschaft, und zwar auch mit anderen leitenden Angestellten desselben Betriebes fehlt. Die personale Nähe des leitenden Angestellten zu seinem Arbeitgeber läßt auch die Aufbürdung eines Betriebsrisikos sachlich nicht gerechtfertigt erscheinen."

Die jüngste Äußerung zu dem Problem „Betriebsrisikolehre und leitende Angestellte" stammt von *Hanau*[22]. Nach seiner Auffassung kann man die leitenden Angestellten im Sinne des § 5 Abs. 3 BetrVG nicht ohne besondere Anhaltspunkte (Solidarisierung; enger Zusammenhang eines Arbeitskampfes mit ihren eigenen Arbeitsbedingungen) zu der allgemeinen Arbeitnehmer-Sphäre rechnen.

Den wiedergegebenen vier Stellungnahmen ist mit Ausnahme der Ansicht von *Haberkorn* gemein, daß sie die Gruppe der leitenden Angestellten in der Frage der Betriebsrisikolehre einheitlich behandeln. Nur *Haberkorn* trifft eine Unterscheidung, nämlich zwischen den leitenden Angestellten im Sinne des § 5 Abs. 3 BetrVG und denjenigen leitenden Angestellten, „die maßgeblich mit der Wahrnehmung von Arbeitgeberfunktionen beauftragt sind und deshalb kraft ihrer Stellung in der betrieblichen Hierarchie, ihrer Direktionsbefugnisse und Vorgesetztenstellung ihre Arbeitnehmereigenschaft weitgehend verloren haben"[23]. Nur die letzteren will *Haberkorn* in der Frage der Betriebsrisikolehre von den allgemeinen Grundsätzen ausnehmen. Diese Auffassung betont zu Recht, daß die leitenden Angestellten im gesamten Arbeitskampfrecht — an-

[19] Dieser ist wiedergegeben oben im 6. Kapitel unter A II.

[20] *Haberkorn*, MuA 1965, 204 (206).

[21] *Gerhard Müller*, DB 1967, 948 (950).

[22] *Hanau*/Adomeit, Arbeitsrecht, H III 3 b, S. 179.

[23] *Haberkorn*, MuA 1965, 204 (206).

ders als in der Betriebsverfassung — nicht als einheitliche Gruppe gesehen werden können. Es ist versucht worden, dies für das Recht des Streiks und der Aussperrung und vorher schon für das Koalitionsrecht aufzuzeigen. Der tiefere Grund für diese Divergenz zwischen dem Recht der Betriebsverfassung einerseits und dem Recht der Koalitionen und des Arbeitskampfes andererseits besteht darin, daß diese Rechtsgebiete grundsätzliche strukturelle Unterschiede aufweisen und unterschiedlichen Organisationsprinzipien folgen[24].

C. Fallgruppen in Anlehnung an die zum Koalitions- und Streik-(Aussperrungs)recht entwickelten Grundsätze

Der Grundsatz von der *alle Arbeitnehmer* umfassenden Solidarität kann nicht länger aufrechterhalten werden. Die „arbeitgeberähnlichen" leitenden Angestellten sind soziale Gegenspieler der Arbeitnehmer[25] und daher in eine allgemeine Arbeitnehmersolidarität nicht einbezogen. Für die Frage der Betriebsrisikolehre ist aber weiter zu beachten, daß die *nicht* „arbeitgeberähnlichen" leitenden Angestellten eine Doppelrolle einnehmen: denn sie können sich sowohl in den Verbänden der leitenden Angestellten als auch in den allgemeinen Gewerkschaften organisieren. Bereits die rechtliche *Möglichkeit*, sich mit anderen Arbeitnehmern in einer Koalition zusammenzuschließen, ist nach herkömmlicher Auffassung als Ausdruck der Solidarität zu verstehen[26]. Danach erscheint die Annahme einer Solidargemeinschaft zwischen folgenden Arbeitnehmergruppen gerechtfertigt:

1. zwischen den Arbeitern und/oder Angestellten einerseits und den *nicht* „arbeitgeberähnlichen" leitenden Angestellten andererseits;
2. zwischen den *nicht* „arbeitgeberähnlichen" leitenden Angestellten und den „arbeitgeberähnlichen" leitenden Angestellten.

---

[24] Vgl. die Gegenüberstellung bei *Biedenkopf*, Tarifautonomie, § 25 III, S. 300 - 303. *Beuthien*, SAE 1974, 173 (175) weist zutreffend darauf hin, daß das BAG in seinem Beschluß vom 5. 3. 1974 — 1 ABR 19/73 der Sache nach das aus dem Koalitionsrecht bekannte Prinzip der Gegnerreinheit auf den Betriebsrat und damit auf die Betriebsverfassung überträgt. Mit dieser Kritik hat *Beuthien* die eigentliche Ursache für die heillose Verwirrung um die leitenden Angestellten aufgezeigt.

[25] Vgl. die thesenartige Zusammenfassung der Ergebnisse im 5. Kapitel unter A.

[26] Die herrschende Lehre beschränkt die Anwendung des Solidaritätsprinzips gerade nicht auf diejenigen Arbeitnehmer, die sich tatsächlich in einer Koalition zusammengeschlossen haben. Dies hat der h. L. den Vorwurf eingetragen, die Erstreckung des Solidaritätsgrundsatzes auf *alle Arbeitnehmer* sei mit der Rechtsprechung des BAG zur negativen Koalitionsfreiheit kaum vereinbar: *Biedenkopf*, Betriebsrisikolehre S. 21, 22; *Ehmann*, DB 1973, 1994 (1996); *Weiss*, AuR 1974, 37 (40).

Als dritter Grundsatz ist zu ergänzen:

3. diejenigen leitenden Angestellten, die aufgrund ihrer Stellung oder eines generellen Auftrages der Unternehmensleitung in den Tarifkommissionen oder während eines Arbeitskampfes mit den Verbänden der leitenden Angestellten die Verhandlungen führen, sind weder mit den leitenden Angestellten[27] noch mit den übrigen Arbeitnehmern solidarisch verbunden.

Aus diesen Grundsätzen ergeben sich unmittelbar die folgenden Fallgruppen und ihre Lösungen:

1. Streik von Arbeitern und/oder Angestellten: die *nicht* „arbeitgeberähnlichen" leitenden Angestellten verlieren ihre Gehaltsansprüche, die „arbeitgeberähnlichen" leitenden Angestellten behalten sie.
2. Streik *nur* von „arbeitgeberähnlichen" leitenden Angestellten: *alle* leitenden Angestellten verlieren ihre Gehaltsansprüche, die Arbeiter und Angestellten behalten ihre Lohn- und Gehaltsansprüche.
3. Streik *nur* von *nicht* „arbeitgeberähnlichen" leitenden Angestellten: sowohl die Arbeiter und Angestellten als auch *alle* leitenden Angestellten verlieren ihre Gehaltsansprüche.
4. Streik von *nicht* „arbeitgeberähnlichen" leitenden Angestellten *und* von „arbeitgeberähnlichen" leitenden Angestellten: hier scheint eine Unterscheidung danach, durch wessen Streik die fehlende Beschäftigungsmöglichkeit für die Arbeiter und/oder Angestellten verursacht ist, kaum möglich. Eine solche Unterscheidung hätte unlösbare Kausalitätsprobleme und unüberwindbare Beweisschwierigkeiten zur Folge. Der Fall ist daher wie Ziff. 3 zu entscheiden: sowohl die Arbeiter und Angestellten als auch *alle* leitenden Angestellten verlieren ihre Gehaltsansprüche.
5. Diejenigen leitenden Angestellten, die aufgrund ihrer Stellung oder eines generellen Auftrages der Unternehmensleitung in den Tarifkommissionen oder während eines Arbeitskampfes mit den Verbänden der leitenden Angestellten die Verhandlungen führen, behalten bei jeder Fallgestaltung ihre Gehaltsansprüche.

---

[27] Vgl. zum Koalitionsrecht oben 4. Kapitel unter B III und zum Streikrecht 6. Kapitel unter A III jeweils am Ende.

Neuntes Kapitel

Streikarbeit und leitende Angestellte

A. Die Unterscheidung zwischen direkter und indirekter Streikarbeit

Rechtsprechung[1] und Lehre[2] unterscheiden ausnahmslos zwischen direkter und indirekter Streikarbeit. Direkte Streikarbeit darf der Arbeitnehmer verweigern, ohne seinen Lohn- bzw. Gehaltsanspruch zu verlieren[1], zur Verrichtung indirekter Streikarbeit ist er dagegen verpflichtet[2]. Ob die eine oder die andere Rechtsfolge eintritt, beurteilt sich danach, wie die direkte von der indirekten Streikarbeit abgegrenzt wird. „Direkte Streikarbeit liegt dann vor, wenn in einem bestreikten Betrieb ein nicht streikender Arbeitnehmer *außerhalb seines vertraglich festgelegten Aufgabenbereichs*[3] zu Arbeiten herangezogen werden soll, die sonst streikende Arbeitnehmer verrichtet haben[4].“ Unter indirekter Streikarbeit versteht man die Verrichtung einer Arbeit, die sich zwar *innerhalb des vertraglich festgelegten Aufgabenbereichs* hält, jedoch im Arbeitsprozeß auf einer vorangehenden Arbeit aufbaut, die bisher von einem nunmehr Streikenden geleistet wurde und während des Streiks von einem anderen Arbeitnehmer erbracht wird[5]. Hierbei handelt es sich um indirekte Streikarbeit innerhalb eines teilweise bestreikten Unternehmens (unternehmensinterne indirekte Streikarbeit). Unter indirekte Streikarbeit werden aber auch die Fälle gefaßt, in denen ein nicht bestreiktes Unternehmen seine Arbeitnehmer mit solchen Arbeiten betraut, die den Arbeitnehmern zwar nach ihrem Arbeitsvertrag obliegen, die jedoch auf Aufträgen beruhen, die ein bestreiktes Unternehmen an das nicht bestreikte Unternehmen abgegeben hat (unternehmensexterne in-

---

[1] BAG, Urt. v. 25. 7. 1957 — 1 AZR 194/56, AP Nr. 3 zu § 615 BGB Betriebsrisiko, Bl. 2.

[2] *Nikisch,* ArbR I, § 27 II 3, S. 287; *Siebrecht,* Arbeitskampf S. 97; *Brox/Rüthers,* Arbeitskampfrecht, § 12 V 4 a, S. 231; *Steinert,* Notstands- und Streikarbeit S. 105; Hueck/*Nipperdey,* Lehrb II/2, § 47 B VI 3 c, S. 948; *Rüthers,* ZfA 1972, 403 (417, 418, 422, 423); Hanau/*Adomeit,* ArbR, C III 7 e, S. 85.

[3] Hervorhebung vom Verfasser.

[4] Hueck/*Nipperdey,* Lehrb II/2, § 47 B VI 3 c, S. 948.

[5] *Steinert,* Notstands- und Streikarbeit S. 105; Hueck/*Nipperdey,* Lehrb II/2, § 47 B VI 3 c, S. 948; Hanau/*Adomeit,* ArbR, C III 7 e, S. 85.

direkte Streikarbeit)[6]. Die unternehmensinterne und die unternehmensexterne indirekte Streikarbeit haben gemein, daß die den Arbeitnehmern übertragenen Arbeiten innerhalb des vertraglich festgelegten Aufgabenbereichs liegen. Dies bildet zugleich das maßgebliche Kriterium zur Unterscheidung der indirekten von der direkten Streikarbeit[7].

B. Die Begründung des Leistungsverweigerungsrechts im Falle direkter Streikarbeit

Der Arbeitnehmer ist zur Verrichtung indirekter Streikarbeit verpflichtet[8]. Dennoch hat er die Möglichkeit, sich mit den streikenden Arbeitnehmern zu solidarisieren. Er ist in diesem Fall darauf verwiesen, sich an dem Hauptstreik[9] oder an einem Sympathiestreik[10] zu beteiligen; dies bedeutet den Verlust des Lohn- bzw. Gehaltsanspruchs[11].

Direkte Streikarbeit dagegen darf der Arbeitnehmer verweigern[12]. Er behält seinen Lohn- bzw. Gehaltsanspruch, weil die Verrichtung der

---

[6] *Nikisch,* ArbR I, § 27 II 3, S. 287; *Siebrecht,* Arbeitskampf S. 97.

[7] *Rüthers,* ZfA 1972, 403 (417 - 423) bestreitet die Tauglichkeit dieses Kriteriums. Insbesondere mit Blick auf die Fälle, die im Text als unternehmensexterne indirekte Streikarbeit bezeichnet werden, bildet er drei Gruppen (S. 418):

1. Die Streikarbeiten liegen außerhalb der vertraglichen Arbeitspflicht.
2. Die Streikarbeiten liegen zwar im Rahmen der vertraglichen Arbeitspflicht, jedoch außerhalb der bisher tatsächlich erbrachten oder für die Zukunft real vorgesehenen Arbeitsleistungen, also außerhalb des „faktischen status quo“.
3. Die Streikarbeiten liegen sowohl im Rahmen der vertraglichen Arbeitspflicht wie des „faktischen status quo“.

Rüthers zählt in der Terminologie der herrschenden Lehre auch die Fallgruppe 2 zu den direkten Streikarbeiten (S. 422); innerhalb der Fallgruppe 3 differenziert er weiter danach, ob der bestreikte Unternehmer oder seine Kunden die Aufträge in das nicht bestreikte Unternehmen verlagert haben (S. 423). Da im ersten Fall die Arbeitgeber untereinander Solidarität üben, soll auch hier direkte Streikarbeit vorliegen. Diese Kontroverse besagt nichts über die noch zu erörternde Problematik der leitenden Angestellten.

[8] *Nikisch,* ArbR I, § 27 II 3, S. 287; *Hueck*/Nipperdey, Lehrb I, § 33 III, S. 204.

[9] *Hueck*/Nipperdey, Lehrb I, § 33 III, S. 203; *Steinert,* Notstands- und Streikarbeit S. 106.

[10] *Haupt,* Sympathiestreik S. 51 Fn. 3; *Hartje,* Sympathiearbeitskampf S. 314. Die Solidarisierung durch Beteiligung an einem Sympathiestreik setzt allerdings voraus, daß die zuständige Gewerkschaft zu einem Sympathiestreik aufgerufen hat und dieser von den Gewerkschaftsmitgliedern mit der erforderlichen Mehrheit beschlossen worden ist; vgl. auch *Rüthers,* ZfA 1972, 403 (421).

[11] Die herrschende Lehre läßt also auch im Falle von indirekter Streikarbeit eine Solidarisierung zu, wenn der Arbeitnehmer bereit ist, den Lohn- bzw. Gehaltsverlust in Kauf zu nehmen. Dies zeigt, daß eine Ausweitung des Rechtsinstituts der direkten Streikarbeit auf Kosten des Begriffs der indirekten Streikarbeit zu Lasten der Arbeitgeber erfolgt, die auf diese Weise zur Finanzierung von verdeckten (Sympathie-) Streiks herangezogen werden.

ihm aufgetragenen direkten Streikarbeit für ihn unzumutbar und die Vertragsstörung vom Arbeitgeber zu vertreten ist[13]. Die Unzumutbarkeit der direkten Streikarbeit hat letztlich ihren Grund in der Solidarität der Arbeitnehmerschaft[12]. Hierzu führt das Bundesarbeitsgericht wörtlich aus[14]:

„... entscheidend ist vielmehr, daß im vorliegenden Fall *Streikarbeit*, und zwar sogenannte *direkte* Streikarbeit, vom Kläger verlangt worden ist.

Der Fall der direkten Streikarbeit ist dann gegeben, wenn von einem Arbeitnehmer Verrichtungen gefordert werden, die bisher von den Streikenden erledigt wurden und die lediglich wegen des Streiks ihm, in dessen bisherigen Arbeitskreis sie an sich nicht fallen, übertragen werden. Zur Übernahme einer solchen Arbeit ist der Arbeitnehmer regelmäßig nicht verpflichtet, auch wenn in anders gearteten besonderen Fällen derartige Arbeit von ihm verlangt werden könnte. Der Senat steht auf dem Standpunkt, daß *die Solidarität der Arbeitnehmer untereinander*[15] und namentlich in einem bestimmten Betrieb auch von der Rechtsordnung berücksichtigt werden muß. Es ist dem Arbeitnehmer *nicht zuzumuten*[15], den Streikenden in den Rücken zu fallen. Es würde sich bei der direkten Streikarbeit um eine unmittelbare Beeinträchtigung der Aussichten des Streiks handeln, die den in den Kreisen der Arbeitnehmer mit Recht herrschenden Anschauungen widerspricht, wie auch umgekehrt die Arbeitgeber eine Verletzung der Solidarität in ihrem Bereich als ungerechtfertigt und anstößig empfinden."

Der Grundsatz von der Solidarität der Arbeitnehmerschaft bildet somit den entscheidenden Gesichtspunkt bei der rechtlichen Bewertung der direkten Streikarbeit.

C. Folgerungen für die leitenden Angestellten

Da das Bundesarbeitsgericht bei der Beurteilung der direkten Streikarbeit maßgeblich auf den Grundsatz von der Solidarität der Arbeitnehmerschaft abstellt, ist zu untersuchen, zwischen welchen Arbeitnehmergruppen die Annahme einer Solidargemeinschaft gerechtfertigt ist. Da-

[12] BAG, Urt. v. 25. 7. 1957 — 1 AZR 194/56, AP Nr. 3 zu § 615 BGB Betriebsrisiko, Bl. 2; *Nikisch*, ArbR I, § 27 II 3, S. 287; *Hueck/Nipperdey*, Lehrb I, § 33 III, S. 203 und Lehrb II/2, § 47 B VI 3 c, S. 948; *Brox/Rüthers*, Arbeitskampfrecht, § 12 V 4 a, S. 231; *Steinert*, Notstands- und Streikarbeit S. 108.

[13] *Rüthers*, ZfA 1972, 403 (414, 415). Der Arbeitnehmer darf die direkte Streikarbeit nicht schon deshalb verweigern, weil sie außerhalb seines vertraglich festgelegten Aufgabenbereichs liegt. Denn in außergewöhnlichen Situationen muß er auch Arbeiten übernehmen, die nicht zu seinen normalen vertraglichen Pflichten gehören (*Nikisch*, ArbR I, § 27 II 1, S. 285). Die Lehre von der direkten Streikarbeit besagt danach nur, daß Streiks nicht zu solchen außergewöhnlichen Situationen zählen (vgl. *Rüthers*, ZfA 1972, 403, 419). „Methodisch wird damit eine erste Ausnahme (Ausdehnung der Arbeitspflicht in Notfällen) durch eine zweite Ausnahme wieder eingeschränkt." (*Rüthers*, ebd.).

[14] BAG, Urt. v. 25. 7. 1957 — 1 AZR 194/56, AP Nr. 3 zu § 615 BGB Betriebsrisiko, Bl. 2.

[15] Hervorhebung vom Verfasser.

mit stellt sich genau dieselbe Frage wie schon vorher im Rahmen der Betriebsrisikolehre[16]. Die Antwort muß in beiden Fällen naturgemäß gleich ausfallen. Danach besteht zwischen folgenden Arbeitnehmergruppen eine Solidargemeinschaft[16]:

1. zwischen den Arbeitern und/oder Angestellten einerseits und den *nicht* „arbeitgeberähnlichen" leitenden Angestellten andererseits;
2. zwischen den *nicht* „arbeitgeberähnlichen" leitenden Angestellten und den „arbeitgeberähnlichen" leitenden Angestellten.

Als dritter Grundsatz ist zu ergänzen:

3. Diejenigen leitenden Angestellten, die aufgrund ihrer Stellung oder eines generellen Auftrages der Unternehmensleitung in den Tarifkommissionen oder während eines Arbeitskampfes mit den Verbänden der leitenden Angestellten die Verhandlungen führen, sind weder mit den leitenden Angestellten noch mit den übrigen Arbeitnehmern solidarisch verbunden.

Hiernach läßt sich zumindest folgendes feststellen:

1. Bei einem Streik der Arbeiter und/oder Angestellten sind die *nicht* „arbeitgeberähnlichen" leitenden Angestellten zur Verrichtung direkter Streikarbeit nicht verpflichtet; die *nicht* „arbeitgeberähnlichen" leitenden Angestellten können sich auf das Solidaritätsprinzip berufen.
2. Bei einem Streik der *nicht* „arbeitgeberähnlichen" oder der „arbeitgeberähnlichen" leitenden Angestellten ist die jeweils andere Gruppe zur Verrichtung direkter Streikarbeit nicht verpflichtet; insoweit greift der Solidaritätsgrundsatz ein.

Fraglich kann nun allerdings sein, ob in jedem Fall auch der Umkehrschluß zu ziehen ist, daß nämlich insoweit, als das Solidaritätsprinzip nicht eingreift, eine Verpflichtung zur Verrichtung direkter Streikarbeit besteht. Dann müßten generell etwa bei einem Streik der Arbeiter und/oder Angestellten die „arbeitgeberähnlichen" leitenden Angestellten zur Verrichtung direkter Streikarbeit verpflichtet sein und entsprechend bei einem Streik leitender Angestellter diejenigen leitenden Angestellten, die aufgrund ihrer Stellung oder eines generellen Auftrages der Unternehmensleitung in den Tarifkommissionen oder während eines Arbeitskampfes mit den Verbänden der leitenden Angestellten die Verhandlungen führen.

Diese Schlußfolgerung dürfte zu voreilig gezogen sein. Richtig ist, daß die soeben bezeichneten leitenden Angestellten sich in den genannten Fällen nicht auf den Solidaritätsgrundsatz berufen können. Insoweit zählen für sie auch Streiks zu denjenigen Notsituationen, in denen die

[16] Vgl. oben 8. Kapitel unter C.

Arbeitspflicht und damit das Weisungsrecht des Arbeitgebers den arbeitsvertraglichen Rahmen überschreiten können[17]. Aber es läßt sich nicht *allgemein* sagen, was ihnen in dieser Hinsicht zugemutet werden kann.

Ergebnis:

Soweit zwischen verschiedenen Arbeitnehmergruppen keine Solidargemeinschaft besteht, läßt sich die Verweigerung direkter Streikarbeit nicht unter Berufung auf den Solidaritätsgrundsatz rechtfertigen. Insoweit zählen vielmehr auch Streiks zu denjenigen Notsituationen, in denen die Arbeitspflicht und damit das Weisungsrecht des Arbeitgebers den arbeitsvertraglichen Rahmen überschreiten können.

---

[17] Vgl. Fußnote 13.

Zehntes Kapitel

Notarbeiten und leitende Angestellte

A. Begriff der Notarbeiten

Zwei verschiedene Arten der Notarbeit sind zu unterscheiden: einmal die Arbeit, die verrichtet werden muß, um die lebensnotwendige Versorgung der Bevölkerung sicherzustellen[1]; zum anderen die Arbeit, die eine sonst eintretende Zerstörung oder Beschädigung der Produktionsmittel verhindern soll, damit nach Beendigung des Arbeitskampfes die Arbeit sofort wieder aufgenommen werden kann[2]. Auch das Bundesarbeitsgericht trifft diese Unterscheidung, wenn es ausführt, die Arbeitskampfregeln der Tarifvertragsparteien müßten unter anderem Bestimmungen darüber enthalten, ob und welche für die Allgemeinheit lebensnotwendigen Betriebe vom Arbeitskampf ausgenommen werden und wie die Erhaltungsmaßnahmen für bestreikte Betriebe zu gewährleisten sind[3]. Teilweise wird zur besseren Kennzeichnung im ersten Fall von Notstandsarbeiten[4] und im zweiten Fall von Instandhaltungs- oder Erhaltungsarbeiten[5] gesprochen.

---

[1] *Brox/Rüthers*, ArbeitskampfR, § 8 A II 7 b. ff., S. 150.

[2] *Nikisch*, ArbR II, § 62 II 3 f., S. 93; Hueck/*Nipperdey*, Lehrb II/2, § 47 B VI 3 c, S. 948.

[3] BAG, Beschluß v. 21. 4. 1971 — GS 1/68, AP Nr. 43 zu Art. 9 GG Arbeitskampf, Bl. 7 (unter III A 3 der Gründe). Entsprechend heißt es in den vom Bundesausschuß des Deutschen Gewerkschaftsbundes am 5. Juni 1974 verabschiedeten Arbeitskampfrichtlinien (veröffentlicht in AuR 1974, 272):

§ 8

1. „Die arbeitskampfführende Gewerkschaft hat Regelungen zu treffen, ob und wie zur Erhaltung der Arbeitsplätze erforderliche Notstandsarbeiten zu verrichten sind.
2. ...
3. ...
4. Bei Arbeitskämpfen in Bereichen der Versorgung der Bevölkerung mit lebensnotwendigen Gütern ist dafür Sorge zu tragen, daß eine Notversorgung aufrechterhalten bleibt."

[4] *Lauschke*, Die Notarbeiten S. 2 sowie DB 1970, 1175 (1175); *Isele*, Schnorr von Carolsfeld-Festschrift S. 219 (232).

[5] LAG Frankfurt a. M., Urt. v. 22. 4. 1969 — 5 Sa 627/68, AP Nr. 40 zu Art. 9 GG Arbeitskampf, Bl. 2 R; *Hoeninger*, RdA 1953, 204 (205); *Bertele*, Rechtsnatur S. 108; *Brox/Rüthers*, ArbeitskampfR, § 8 A II 7 a. cc, S. 146, bes. Fußnote 175; *Fenn*, SAE 1970, 189.

Im einzelnen werden unter Erhaltungsarbeiten diejenigen Arbeiten verstanden, die erforderlich sind, um den Produktionsapparat während des Arbeitskampfes zu erhalten[6] bzw. das Substrat[7] oder den Bestand[8] des Betriebes für den Fall der Wiederaufnahme der Arbeit zu sichern. Folgende Beispiele mögen das erläutern: Hochöfen[9], Schmelzöfen in Gießereien[10] und die Ofenkammern der Kokereien[11] müssen auf einer bestimmten Mindesttemperatur gehalten werden, damit in den Anlagen keine Risse entstehen. Im Bergbau darf die Bedienung der Pumpstationen nicht unterbrochen werden, wenn die Schächte nicht absaufen sollen[12]. In der Landwirtschaft muß das Vieh gefüttert und gemolken werden, damit es nicht verendet[13].

Teilweise wird die Ansicht vertreten, Erhaltungsarbeiten hätten auch den Sinn, wirtschaftliche Schäden vom Arbeitgeber abzuwenden, z. B. zu verhindern, daß empfindliche Rohstoffe verderben[14] (sogenannte Abwicklungsarbeiten)[14] oder daß der Arbeitgeber seinen Kundenstamm verliert[15].

B. Notarbeiten leitender Angestellter

Zur Frage, ob und in welchem Umfang leitende Angestellte in einem Arbeitskampf um eigene oder fremde Arbeitsbedingungen zur Verrichtung von Notarbeiten verpflichtet sind, gibt es im Schrifttum nur eine einzige Äußerung. In dem Aufsatz von *Säcker* über „Die Rechtsstellung der leitenden Angestellten im kollektiven Arbeitsrecht" heißt es dazu[16]:

„Die Rechtsordnung sichert der Unternehmensspitze nur die Möglichkeit, auf die leitenden Angestellten durch „moral persuasion" und entsprechend

[6] *Hoeniger*, RdA 1953, 204 (204 - 206); *Huber*, WirtschaftsverwaltungsR II, § 92 II 3 b, S. 399; *Nikisch*, ArbR II, § 62 II 3 f., S. 93; *Bertele*, Rechtsnatur S. 108; *Brox/Rüthers*, ArbeitskampfR, § 8 A II 7 a. cc, S. 146.

[7] *Lauschke*, Die Notarbeiten S. 53.

[8] *Apfel*, Die Sicherung und Erhaltung des Betriebs S. 29.

[9] Dazu die Entscheidung OLG Hamm, Urt. v. 4. 3. 1925 — 5 U 3/24, JW 1925, 1886.

[10] Beispiel von *Apfel*, Die Sicherung und Erhaltung des Betriebs S. 39.

[11] Erwähnt bei *Brox/Rüthers*, ArbeitskampfR, § 8 A II 7 a. cc, S. 146.

[12] Vgl. *Lauschke*, Die Notarbeiten S. 55.

[13] Beispiel von *Grote*, Der Streik S. 85.

[14] *Tomandl*, Streik S. 154; *Schell*, BB 1969, 1179 (1180); *Apfel*, Die Sicherung und Erhaltung des Betriebs S. 40; anders ausdrücklich *Hoeniger*, RdA 1953, 204 (205).

[15] *Siebrecht*, Arbeitskampf S. 96; *Steinert*, Notstands- und Streikarbeit S. 74; dagegen ausdrücklich *Brox/Rüthers*, ArbeitskampfR, § 8 A II 7 a. cc, S. 147. Nach LAG Leipzig, Urt. v. 18. 8. 1932 — 1 Arb D 81/32, ARS 17 II, S. 42 (46) sollen die Erhaltungsarbeiten dem Unternehmen auch „sonst erhebliche Nachteile" ersparen; nach *Boldt*, Sammlung des Arbeitsrechts S. 79 (121) sollen die Erhaltungsarbeiten „unverhältnismäßige Schädigungen des Betriebs" vermeiden.

[16] *Säcker*, BB 1972, 1197 (1200).

attraktive Ausgestaltung der Arbeitsbedingungen Einfluß zu nehmen, damit sie dem Unternehmen auch während des Arbeitskampfes ihre Arbeitskraft zur Verfügung stellen, es sei denn, es besteht unter dem allgemeinen Gesichtspunkt der auch während eines Arbeitskampfes zu erbringenden Notarbeiten eine Rechtspflicht zur Weiterarbeit. Die arbeitsrechtliche Verpflichtung zur Erbringung von Notarbeiten erstreckt sich bekanntlich ja nicht nur auf manuelle, sondern auch auf geistige Dienstleistungen und den Führungs-knowhow."

Im Anschluß an diese Bemerkung berichtet *Säcker*, die betriebliche Alltagspraxis habe das Problem bislang auf ihre Weise gelöst: bei Beginn eines Arbeitskampfes würden von der Unternehmensleitung, ganz offensichtlich ohne vorherige Prüfung der Frage, ob im Falle der Streikteilnahme einzelner (Gruppen) leitender Angestellter die funktionsgerechte Leitung des Unternehmens im Arbeitskampf gefährdet sei, sämtliche leitenden Angestellten als „Notarbeiter" zur Weiterarbeit verpflichtet, um so den Gedanken an eine eventuelle Streikteilnahme von vornherein gar nicht erst aufkommen zu lassen. Sei solcher „Brauch" in seiner Allgemeinheit auch rechtlich unhaltbar, so zeige er doch, daß das allgemeine Arbeitskampfrecht mit seiner Verpflichtung zur Notarbeit über ein ausreichend differenziertes, elastisches Kriterium zur Lösung des Sachproblems verfüge und die Unternehmensleitung nicht schutzlos stelle[16].

Diese Stellungnahme *Säckers* läßt sich dahin zusammenfassen, daß die allgemeinen Grundsätze über die Verrichtung von Notarbeiten in vollem Umfang auch auf die leitenden Angestellten Anwendung finden. Dem ist zuzustimmen. Es sind keinerlei Gesichtspunkte erkennbar, die eine andere Beurteilung rechtfertigen. Denn es liegt im Interesse aller an einem Arbeitskampf Beteiligten — einschließlich der leitenden Angestellten —, daß nach Beendigung des Arbeitskampfes die Arbeit sofort wieder aufgenommen werden kann. Diesem Ziel dienen die Erhaltungsarbeiten. Daß die leitenden Angestellten von der allgemeinen Verpflichtung zur Verrichtung von Notstandsarbeiten, durch die die lebensnotwendige Versorgung der Bevölkerung sichergestellt werden soll, nicht ausgenommen sind, versteht sich von selbst und bedarf keiner weiteren Ausführung.

Die praktische Bedeutung, die der Verpflichtung der leitenden Angestellten zur Erbringung von Notarbeiten zukommt, hängt naturgemäß davon ab, inwieweit die leitenden Angestellten streiken und ausgesperrt werden dürfen. Denn insoweit als die leitenden Angestellten nicht streiken und ausgesperrt werden dürfen, ist ein Rückgriff auf das Rechtsinstitut der Notarbeiten entbehrlich. Der Hinweis auf die Notarbeiten ist daher immer zu ergänzen durch einen Hinweis auf den Umfang des jeweiligen Streik- (Aussperrungs-)rechts. Ein Sympathiestreik zugunsten der Arbeiter und Angestellten ist ohnehin nur den *nicht* „arbeitgeberähnlichen" leitenden Angestellten rechtlich möglich; den „arbeitgeberähnlichen" leitenden Angestellten ist die Teilnahme an einem solchen

Sympathiestreik verwehrt[17]. Ferner dürfen sich an einem Streik leitender Angestellter um ihre eigenen Arbeitsbedingungen diejenigen leitenden Angestellten nicht beteiligen, die aufgrund ihrer Stellung oder eines generellen Auftrages der Unternehmensleitung in den Tarifkommissionen oder während eines Arbeitskampfes mit den Verbänden der leitenden Angestellten die Verhandlungen führen[18].

Diese Beschränkung des Streikrechts der leitenden Angestellten entschärft die Problematik der Notarbeiten aber nur teilweise. Als spezifische Notarbeiten für leitende Angestellte verbleiben die Leitung und Überwachung derjenigen Notarbeiten, die von den Arbeitern und Angestellten zu erbringen sind[19]. Ferner werden gerade leitenden Angestellten diejenigen Planungs- und Organisationsarbeiten obliegen, die erforderlich sind, damit nach Beendigung des Arbeitskampfes die Arbeit im Unternehmen sofort wieder aufgenommen werden kann. Leitende Angestellte werden auch die Zulieferer und Abnehmer des Unternehmens über die Auswirkungen des Streiks unterrichten müssen, damit Schadensersatzansprüche gegen das Unternehmen vermieden werden.

Ergebnis:

Soweit leitende Angestellte streiken und ausgesperrt werden dürfen, sind sie nach allgemeinen Grundsätzen zur Verrichtung von Notarbeiten verpflichtet.

C. Organisation der Notarbeiten leitender Angestellter

Von besonderer Bedeutung ist in der Praxis die Frage, wer die Notarbeiten organisiert, d. h. wer über Art und Umfang insbesondere der Erhaltungsarbeiten entscheidet und die dazu erforderlichen Arbeitnehmer aussucht. Zu dieser Frage werden alle drei denkbaren Ansichten vertreten: das Recht, die Erhaltungsarbeiten zu organisieren, soll den Gewerkschaften[20], dem Arbeitgeber[21] und schließlich beiden gemeinsam[22] zustehen.

---

[17] Vgl. oben 6. Kapitel unter B II 1 und 2.

[18] Vgl. oben 6. Kapitel unter A III am Ende.

[19] Zu deren Umfang vgl. 10. Kapitel unter A, ferner *Schell*, BB 1969, 1179 (1180): Arbeiten zur Abwendung einer Gemeingefahr; Maßnahmen zur Erhaltung der Betriebsanlagen; Abwicklungsarbeiten; Aufrechterhaltung der Verbindung des Unternehmens mit Kunden, Behörden und allen wichtigen Stellen der Außenwelt; Arbeiten zur Versorgung der Notarbeiter.

[20] *Grote*, Der Streik S. 86, 177: für Notstands- und Erhaltungsarbeiten. *Leinemann*, DB 1971, 2309 (2314): für Erhaltungsarbeiten; nach *Leinemann*, DB 1971, 2309 (2314) soll es eine Verpflichtung der Gewerkschaft zur Durchführung von Erhaltungsarbeiten allerdings nicht geben.

[21] *Schell*, BB 1969, 1179 (1180, 1181): für Notstands- und Erhaltungsarbeiten. *Apfel*, Die Sicherung und Erhaltung des Betriebs S. 134, 135: für Erhaltungsarbeiten.

Richtigerweise wird man unterscheiden müssen zwischen der Frage, wer Art und Umfang der Notarbeiten bestimmt und der Frage, wer die dazu erforderlichen Arbeitnehmer aussucht. Während nämlich die Auswahl der Arbeitnehmer eine Ermessensfrage ist, läßt sich der Umfang etwa der zur Verhinderung von Schäden erforderlichen Erhaltungsarbeiten objektiv feststellen[23]; was Erhaltungsarbeiten sind, ist ein Rechtsbegriff, über den — etwa in einem Schadensersatzprozeß — letztlich der Richter entscheidet[24]. Entsprechendes gilt für die Notstandsarbeiten.

Anders verhält es sich mit der Auswahl der für Notarbeiten erforderlichen Arbeitnehmer. Das Recht, einzelne Arbeitnehmer zu Notarbeiten heranzuziehen, kann man nicht den Gewerkschaften, sondern nur dem Arbeitgeber zusprechen. Nur der Arbeitgeber hat individualrechtlich die Möglichkeit, Arbeitnehmer zu Notarbeiten zu verpflichten, und zwar aufgrund des Arbeitsvertrages[25]. Insoweit sind die wechselseitigen Hauptpflichten aus dem Arbeitsverhältnis nicht suspendiert, da das Kollektivrecht Notarbeiten im Arbeitskampf vorsieht[26].

Hätten dagegen die Gewerkschaften das Recht, die Notarbeiten zu organisieren, so könnten diese nur ihre Mitglieder verbandsrechtlich zu den Notarbeiten heranziehen. Diese Basis wäre zu schmal, da nur rund 30 % der Arbeitnehmer Mitglieder der Gewerkschaften sind[27]. Hinzu kommt, daß die im DGB zusammengeschlossenen Gewerkschaften im Falle von

---

[22] LAG Frankfurt a. M., Urt. v. 22. 4. 1969 — 5 Sa 627/68, AP Nr. 40 zu Art. 9 GG Arbeitskampf: „Bei Arbeitskämpfen sind Arbeitgeber und Gewerkschaften verpflichtet, die Notarbeiten gemeinsam zu organisieren." (Leitsatz). *Huber*, WirtschaftsverwaltungsR II, § 92 III b, S. 399; *Brox/Rüthers*, ArbeitskampfR, § 8 A II 7 a. cc, S. 147; *Brox*, Nipperdey-Festschrift S. 55 (76); *Steinert*, Notstands- und Streikarbeit S. 75 (alle für Erhaltungsarbeiten). Eine vierte Ansicht vertritt *Lauschke*, Die Notarbeiten S. 53 und DB 1970, 1175 (1176, 1178); danach ist diejenige Kampfpartei für die Organisation der Erhaltungsarbeiten verantwortlich, welche die Betriebsstörung verursacht hat (beim Angriffsstreik die Gewerkschaft, bei der Angriffsaussperrung der Arbeitgeber); ebenso *Tomandl*, Streik S. 154.

[23] *Hoeniger*, RdA 1953, 204 (205).

[24] *Fenn*, SAE 1970, 189 (191); *Herschel*, AuR 1970, 352.

[25] *Fenn*, SAE 1970, 189 (192); a. A. *Lauschke*, DB 1970, 1175 (1177); *Leinemann*, DB 1971, 2309 (2310, 2314). Allerdings können die organisierten Arbeitnehmer den Gewerkschaften gegenüber verbandsrechtlich zu Notarbeiten verpflichtet sein: vgl. § 8 Abs. 2 und 3 der vom Bundesausschuß des Deutschen Gewerkschaftsbundes am 5. Juni 1974 verabschiedeten Arbeitskampfrichtlinien (veröffentlicht in AuR 1974, 272):

„2. Die Satzungen oder Arbeitskampfrichtlinien der Gewerkschaften *sollen* die Gewerkschaftsmitglieder verpflichten, von den Gewerkschaften *gebilligte* Notstandsarbeiten durchzuführen.

3. Sie sollen Bestimmungen darüber enthalten, daß Notstandsarbeiten für den Fall von *Aussperrungen nicht* geleistet werden. Dies gilt nicht, wenn schwerwiegende und nicht wiedergutzumachende Schäden für die Allgemeinheit verhindert werden müssen."

[26] Vgl. *Apfel*, Die Sicherung und Erhaltung des Betriebs S. 169, 170.

[27] Vgl. *Fenn*, SAE 1970, 189 (192).

Aussperrungen nur noch sehr begrenzt zur Leistung von Notarbeiten bereit sind[28]. Nach alledem kann das Recht, einzelne Arbeitnehmer zu Notarbeiten heranzuziehen, nicht den Gewerkschaften, sondern nur dem Arbeitgeber zustehen. Die für dieses Ergebnis ins Feld geführten Erwägungen treffen auch für Notarbeiten leitender Angestellter zu. Besonderes Gewicht hat aber noch folgender Gesichtspunkt: bei einer *gemeinsamen* Organisation der Notarbeiten durch die beiden Arbeitskampfparteien ist die Arbeitnehmerseite — jedenfalls bei einem überwiegend von den Arbeitern und/oder Angestellten getragenen Streik — durch den Betriebsrat bzw. die Gewerkschaft vertreten. Der Betriebsrat repräsentiert die leitenden Angestellten aber überhaupt nicht und die im DGB zusammengeschlossenen Gewerkschaften nur zu einem geringen Prozentsatz. Es wäre daher verfehlt, ihnen bei der Einteilung gerade von leitenden Angestellten zu Notarbeiten ein Mitwirkungsrecht einzuräumen. Ein solches Mitwirkungsrecht käme höchstens für die in der ULA zusammengeschlossenen Verbände in Betracht[29]. Auch das ist aber aus den oben angestellten allgemeinen Erwägungen abzulehnen.

Ergebnis: das Recht, leitende Angestellte zu Notarbeiten heranzuziehen, steht dem Arbeitgeber zu.

---

[28] Vgl. § 8 Abs. 3 der in der Fußnote 25 zitierten Arbeitskampfrichtlinien.

[29] Auch nur insoweit, als es sich um Gewerkschaften handelt.

Elftes Kapitel

Zusammenfassung der Ergebnisse

I. Streik leitender Angestellter

1. Ein Streik leitender Angestellter zur unmittelbaren Wahrnehmung eigener Interessen ist mit der Einschränkung zulässig, daß die „arbeitgeberähnlichen" leitenden Angestellten nur dem Streikaufruf einer Gewerkschaft leitender Angestellter folgen dürfen. Ein Streikverbot besteht lediglich für diejenigen leitenden Angestellten, die aufgrund ihrer Stellung oder eines generellen Auftrages der Unternehmensleitung in den Tarifkommissionen oder während eines Arbeitskampfes mit den Verbänden der leitenden Angestellten die Verhandlungen führen.

2. Sowohl bei einem Sympathiestreik leitender Angestellter zugunsten der Belegschaft ihres Unternehmens als auch bei der Beteiligung leitender Angestellter an einem Sympathiestreik der Belegschaft ihres Unternehmens zugunsten der Arbeiter und Angestellten anderer Unternehmen ist zu unterscheiden:

   a) Ein Sympathiestreik der „arbeitgeberähnlichen" leitenden Angestellten ist rechtswidrig.

   b) Ein Sympathiestreik der *nicht* „arbeitgeberähnlichen" leitenden Angestellten ist im Rahmen der *allgemein* für Sympathiestreiks geltenden Grundsätze zulässig.

3. Ein Sympathiestreik leitender Angestellter zugunsten leitender Angestellter (desselben oder eines fremden Unternehmens) ist im Rahmen der *allgemein* für Sympathiestreiks geltenden Grundsätze zulässig. Rechtswidrig ist lediglich ein Sympathiestreik derjenigen leitenden Angestellten, die aufgrund ihrer Stellung oder eines generellen Auftrages der Unternehmensleitung in den Tarifkommissionen oder während eines Arbeitskampfes mit den Verbänden der leitenden Angestellten die Verhandlungen führen.

II. Aussperrung leitender Angestellter

1. Leitende Angestellte dürfen in einem Arbeitskampf um ihre eigenen Arbeitsbedingungen ausgesperrt werden. In die Aussperrung dürfen auch solche leitenden Angestellten einbezogen werden, deren Arbeits-

bedingungen von dem Arbeitskampf nicht berührt werden. Ausgenommen sind nur diejenigen leitenden Angestellten, die aufgrund ihrer Stellung oder eines generellen Auftrages der Unternehmensleitung in den Tarifkommissionen oder während eines Arbeitskampfes mit den Verbänden der leitenden Angestellten Verhandlungen führen. Mit dieser Einschränkung ist auch eine Sympathieaussperrung leitender Angestellter durch einen vom Hauptarbeitskampf nicht betroffenen Arbeitgeber im Rahmen der *allgemein* für Sympathieaussperrungen geltenden Grundsätze zulässig.

2. In einem Arbeitskampf um die Arbeitsbedingungen der Arbeiter und Angestellten darf der Arbeitgeber auch die leitenden Angestellten mit Ausnahme der „arbeitgeberähnlichen“ leitenden Angestellten aussperren. Mit dieser Einschränkung ist auch eine Sympathieaussperrung leitender Angestellter durch einen vom Hauptarbeitskampf nicht betroffenen Arbeitgeber im Rahmen der *allgemein* für Sympathieaussperrungen geltenden Grundsätze zulässig.

III. Betriebsrisikolehre und leitende Angestellte

Soweit Streiks zu Betriebsstörungen führen und daher die Ursache fehlender Beschäftigungsmöglichkeiten sind, gelten folgende Grundsätze:

1. Bei einem Streik der Arbeiter und/oder Angestellten verlieren die *nicht* „arbeitgeberähnlichen“ leitenden Angestellten ihre Gehaltsansprüche, die „arbeitgeberähnlichen“ leitenden Angestellten behalten sie.
2. Bei einem Streik *nur* von „arbeitgeberähnlichen“ leitenden Angestellten verlieren die leitenden Angestellten ihre Gehaltsansprüche, die Arbeiter und Angestellten behalten ihre Lohn- und Gehaltsansprüche.
3. Bei einem Streik der *nicht* „arbeitgeberähnlichen“ leitenden Angestellten (allein oder gemeinsam mit den „arbeitgeberähnlichen“ leitenden Angestellten) verlieren Arbeiter, Angestellte und leitende Angestellte ihre Lohn- bzw. Gehaltsansprüche.
4. Diejenigen leitenden Angestellten, die aufgrund ihrer Stellung oder eines generellen Auftrages der Unternehmensleitung in den Tarifkommissionen oder während eines Arbeitskampfes mit den Verbänden der leitenden Angestellten die Verhandlungen führen, behalten bei jeder der drei angeführten Fallgestaltungen ihre Gehaltsansprüche.

IV. Streikarbeit und leitende Angestellte

1. Bei einem Streik der Arbeiter und/oder Angestellten sind die *nicht* „arbeitgeberähnlichen“ leitenden Angestellten zur Verrichtung direkter Streikarbeit nicht verpflichtet.

2. Bei einem Streik der *nicht* „arbeitgeberähnlichen“ oder der „arbeitgeberähnlichen“ leitenden Angestellten ist die jeweils andere Gruppe zur Verrichtung direkter Streikarbeit nicht verpflichtet.

3. Bei einem Streik der Arbeiter und/oder Angestellten dürfen die „arbeitgeberähnlichen“ leitenden Angestellten direkte Streikarbeit *unter Berufung auf den Solidaritätsgrundsatz* nicht verweigern. Dasselbe gilt im Falle eines Streiks leitender Angestellter für diejenigen leitenden Angestellten, die aufgrund ihrer Stellung oder eines generellen Auftrags der Unternehmensleitung in den Tarifkommissionen oder während eines Arbeitskampfes mit den Verbänden der leitenden Angestellten die Verhandlungen führen. Insoweit zählen auch Streiks zu denjenigen Notsituationen, in denen nach *allgemeinen* Grundsätzen die Arbeitspflicht und damit das Weisungsrecht des Arbeitgebers den arbeitsvertraglichen Rahmen überschreiten können.

V. Notarbeiten und leitende Angestellte

1. Soweit leitende Angestellte streiken und ausgesperrt werden dürfen, sind sie nach allgemeinen Grundsätzen zur Verrichtung von Notarbeiten verpflichtet.

2. Das Recht, leitende Angestellte zu Notarbeiten heranzuziehen, steht dem Arbeitgeber zu.

Literaturverzeichnis

Adomeit, Klaus: Rechtsquellenfragen im Arbeitsrecht. München 1969.

Alber, Jörg: Die Kampfmittelparität der Sozialpartner. Rechtswiss. Diss. Köln 1971.

Albers, Detlev, Werner *Goldschmidt*, Paul *Oehlke:* Klassenkämpfe in Westeuropa. Reinbek bei Hamburg 1971.

Anthes, Hans-Georg: Inhalt und Umfang der tariflichen Friedenspflicht. In: NZfA 1931, Sp. 81 - 98.

Apel, Günther: Leitende und wissenschaftliche Angestellte in einer künftigen Rechtsordnung. In: BB 1970, 1145 - 1148.

Apfel, Georg: Die Sicherung und Erhaltung des Betriebs bei Arbeitskämpfen. Notdienst und Notstandsarbeiten. Rechtswiss. Diss. Frankfurt a. M. 1970.

Auffarth, Fritz: Das neue Betriebsverfassungsgesetz. In: AuR 1972, 33 - 42.

Badura, Peter: Arbeitsgesetzbuch, Koalitionsfreiheit und Tarifautonomie. In: RdA 1974, 129 - 138.

Ballerstedt, Kurt: Arbeitskampf und Lohnrisiko. Besprechung von Nipperdey/Mayer-Maly, Risikoverteilung in mittelbar von rechtmäßigen Arbeitskämpfen betroffenen Betrieben. In: AuR 1966, 225 - 235.

Becker-Schaffner, Reinhard: Der Begriff der leitenden Angestellten nach dem Betriebsverfassungsgesetz. In: BlStSozArbR 1972, 257 - 260.

— Zur Frage der Zulässigkeit von Sprecherausschüssen der leitenden Angestellten. In: BlStSozArbR 1974, 151 - 153.

Berg, Fritz: Das Arbeitsrecht der leitenden Angestellten. Rechtswiss. Diss. Köln 1930.

Bertele, Franz: Rechtsnatur und Rechtsfolgen der Aussperrung. Heidelberg 1960.

Beuthien, Volker: Anmerkung zu BAG, Beschluß v. 5. 3. 1974 — 1 ABR 19/73, AP Nr. 1 zu § 5 BetrVG 1972. In: SAE 1974, 173 - 177.

Biedenkopf, Kurt H.: Auswirkungen der Unternehmensverfassung auf die Grenzen der Tarifautonomie. In: Das Unternehmen in der Rechtsordnung. Festgabe für Heinrich Kronstein aus Anlaß seines 70. Geburtstages am 12. September 1967. Hrsg. von Kurt H. Biedenkopf, Helmut Coing, Ernst-Joachim Mestmäcker. Karlsruhe 1967. S. 79 - 105. Gleichlautend in: Biedenkopf, Kurt H. Mitbestimmung. Beiträge zur ordnungspolitischen Diskussion. Köln 1972. S. 213 - 245.

— Die Betriebsrisikolehre als Beispiel richterlicher Rechtsfortbildung. Vortrag gehalten vor der Juristischen Studiengesellschaft in Karlsruhe am 23. Februar 1970. Karlsruhe 1970.

— Grenzen der Tarifautonomie. Karlsruhe 1964.

— Mitbestimmung am Scheideweg. In: F.A.Z. vom 9. Dezember 1972, Wirtschaftsblatt S. 17.

Birkle, Hans, Gustav *Bracht*, Hans *Busch*, Hans-Jürgen *Heß*, Friedrich *Meyer* und Reinhold *Stühlmeyer:* Bericht zum „Selbstverständnis der Gewerkschaften". In: Gewerkschaftliche Praxis, Monatsschrift der Deutschen Postgewerkschaft für Mitarbeiter und Personalräte. Juni/Juli 1971, S. 127 - 170.

Bleistein, Franz-Josef: Betriebsverfassung in der Praxis. Praxisnaher Leitfaden und Kommentar zum Betriebsverfassungsgesetz 1972. Bonn 1974.

Böker, Alexander: Der leitende Angestellte, Funktion und Merkmale aus arbeitsrechtlicher Sicht. Rechtswiss. Diss. Frankfurt a. M. 1969.

Boldt, Gerhard: Die Rechtsstellung der leitenden Angestellten im Arbeitsrecht der Bundesrepublik Deutschland. In: Zeitschrift für Arbeitsrecht und Sozialrecht (ZAS) 1973, 3 - 6.

— Die Rechtsstellung des leitenden Angestellten im Bergbau. In: Bergfreiheit. Zeitschrift für Führungskräfte in der Bergbau-, Mineralöl- und Kraftwirtschaft. 1961. 259 - 271.

— Die Rechtsstellung der leitenden Angestellten nach dem Betriebsverfassungsgesetz 1972. Zur Abgrenzung der leitenden Angestellten nach § 5 Abs. 3 (BetrVG). In: DB 1972, Beilage Nr. 5 zu Heft Nr. 18. Zugleich veröffentlicht in der ULA-Schriftenreihe Nr. 5, April 1972, 2. Aufl. Juli 1972, unter dem Titel: Zur Abgrenzung der leitenden Angestellten nach § 5 Abs. 3 BetrVG 1972.

— Sprecherausschüsse der leitenden Angestellten. In: Die Aktiengesellschaft 1974, 239 - 247.

— Streik und Aussperrung nach Deutschem Recht. In: Sammlung des Arbeitsrechts. Das Arbeitsrecht in der Gemeinschaft, V, Streik und Aussperrung. Luxemburg 1961. S. 79 - 143.

Borgwardt, Jürgen: Leitende Angestellte und Betriebsverfassung. In: BB 1971, 1106 - 1110.

Borgwardt, Jürgen und Friedhelm *Steffens:* Sprecherausschüsse leitender Angestellter. In: RdA 1973, 70 - 77.

Brecht, Hans-Theo: Kommentar zum Betriebsverfassungsgesetz mit Wahlordnung. Herne 1972.

Brill, Werner: Die neue Rechtsprechung zum Betriebsverfassungsgesetz. In: BB 1973, Beilage Nr. 15 zu Heft 34.

— Übersicht über die Rechtsprechung zum Betriebsverfassungsgesetz 1972. In: BB 1973, Beilage Nr. 3 zu Heft 8.

Brockmann, Lambertus: Der Arbeitsdirektor im Montan-Mitbestimmungsrecht. Rechtswiss. Diss. Köln 1968.

Brox, Hans: Zur Wirkung der rechtmäßigen Aussperrung auf den Arbeitsvertrag. In: Festschrift für Hans Carl Nipperdey zum 70. Geburtstag. Hrsg. von Rolf Dietz und Heinz Hübner. Band II. München und Berlin 1965. S. 55 - 77.

Brox, Hans und Bernd *Rüthers:* Arbeitskampfrecht. Ein Handbuch für die Praxis. Stuttgart 1965.

Buchner, Herbert: Die Entwicklung der Rechtsprechung des Bundesarbeitsgerichts im Jahre 1971. In: ZfA 1972, 345 - 402.

— Kooperation als Leitmaxime des Betriebsverfassungsrechtes. In: DB 1974, 530 - 535.

Bulla, Gustav-Adolf: Der leitende Angestellte im Sinne des Betriebsverfassungsrechts. (Eine Studie zu § 4 Abs. 2 lit. c BetrVG). In: Festschrift für Wilhelm Herschel. Stuttgart 1955. S. 121 - 157.

— Sympathie — Maßnahmen im Arbeitskampf. In: Festschrift für Erich Molitor zum 75. Geburtstag am 3. Oktober 1961. Hrsg. im Auftrag der Mitarbeiter von Hans Carl Nipperdey. München und Berlin 1962. S. 293 - 306.

Bydlinski, Franz: Schadensrecht und Arbeitskampf. In: Österreichische Zeitschrift für öffentliches Recht, Band IX (1958, 1959), 518 - 568.

— Die Stellung der Rechtsordnung zu Arbeitskämpfen. In: Die kollektiven Mächte im Arbeitsleben. Hrsg. von Hans Floretta und Rudolf Strasser. Wien 1963. S. 79 - 94.

Däubler, Wolfgang: Das Grundrecht auf Streik — eine Skizze. In: ZfA 1973, 201 - 226.

Danz, Fritz-Jürgen: Die Verteilung des Lohnrisikos in kampfbetroffenen Drittbetrieben. Rechtswiss. Diss. Köln 1972.

Dersch, Hermann: Der leitende Angestellte. In: Die Union 1955, 98 - 105.

Dietz, Rolf: Betriebsverfassungsgesetz mit Wahlordnung. Kommentar. 4. Aufl. München und Berlin 1967.

— Friedenspflicht und Arbeitskampfrecht. In: JZ 1959, 425 - 431.

— Grundfragen des Streikrechts. In: JuS 1968, 1 - 10.

— Die Koalitionsfreiheit. In: Die Grundrechte. Hrsg. von Bettermann, Karl August / Nipperdey, Hans Carl / Scheuner, Ulrich. 3. Bd., 1. Halbbd. Berlin 1958. S. 417 - 473.

— Welche Ziele muß ein Arbeitskampf verfolgen, um gerechtfertigt zu sein? In: Zeitschrift für Arbeitsrecht und Sozialrecht (ZAS) 1970, 41 - 51.

Dietz, Rolf und Reinhard *Richardi:* Betriebsverfassungsgesetz mit Wahlordnungen. 5. Aufl. München 1973.

Döhner, Marita: Der Sympathiearbeitskampf. Rechtswiss. Diss. München 1966.

Dütz, Wilhelm: Zwangsschlichtung im Betrieb. Kompetenz und Funktion der Einigungsstelle nach dem BetrVG 1972. In: DB 1972, 383 - 392.

Ebert, Hans: Zur Abgrenzung der Leitenden Angestellten. In: BB 1975, 609 bis 612.

Ehmann, Horst: Das Lohnrisiko der an einem rechtmäßigen Arbeitskampf nicht beteiligten Arbeitnehmer. In: DB 1973, 1946 - 1950 sowie 1994 - 2000.

Ellefret, Paul: Die betriebsverfassungsrechtliche Stellung der leitenden Angestellten. Rechtswiss. Diss. Köln 1957.

Erdmann, Ernst-Gerhard, Claus *Jürging* und Klaus-Udo *Kammann:* Betriebsverfassungsgesetz. Neuwied und Berlin 1972.

Eser, Albin: Wahrnehmung berechtigter Interessen als allgemeiner Rechtfertigungsgrund. Bad Homburg v. d. H. / Berlin / Zürich 1969.

Esser, Josef: Vorverständnis und Methodenwahl in der Rechtsfindung. Rationalitätsgarantien der richterlichen Entscheidungspraxis. Frankfurt a. M. 1970.

Evers, Hans-Ulrich: Arbeitskampffreiheit, Neutralität, Waffengleichheit und Aussperrung. Rechtsgutachten zum Aussperrungsverbot der Hessischen Landesverfassung. Hamburg 1969.

Fabricius, Fritz, Alfons *Kraft* / Wolfgang *Thiele* und Günther *Wiese:* Betriebsverfassungsgesetz. Gemeinschaftskommentar. Neuwied und Berlin 1973 ff.

Fay, Peter: Schadensersatzansprüche der Arbeitgeberseite bei Streiks. Rechtswiss. Diss. Köln 1960.

Fenn, Herbert: Anmerkung zu LAG Frankfurt, Urt. v. 22. 4. 1969 — 5 Sa 627/68, AP Nr. 40 zu Art. 9 GG Arbeitskampf. In: SAE 1970, 189 - 192.

Fischer, Ansgar: Die Abgrenzung der leitenden Angestellten nach § 5 Abs. 3 BetrVG. In: DB 1972, 437 - 438.

Fischer, Guido: Probleme zur Abgrenzung und Eingliederung der „leitenden Angestellten". In: Personal, Mensch und Arbeit im Betrieb 1971, 43 - 48.

Fitting, Karl, Fritz *Auffarth* und Heinz *Kaiser:* Betriebsverfassungsgesetz. 11. Aufl. München 1974.

Föhr, Horst: Die Abgrenzung der leitenden Angestellten nach dem Beschluß des Bundesarbeitsgerichts vom 5. 3. 1974. In: DB 1974, 1767 - 1769.

— Zur betrieblichen und überbetrieblichen Organisierung von leitenden Angestellten. In: BB 1975, 140 - 143.

Forsthoff, Ernst: Die politischen Streikaktionen des Deutschen Gewerkschaftsbundes anläßlich der parlamentarischen Beratung des Betriebsverfassungsgesetzes in ihrer verfassungs- und zivilrechtlichen Bedeutung. Zwei Rechtsgutachten von Ernst Forsthoff und Alfred Hueck. Köln 1952.

Frauenkron, Karl-Peter: Betriebsverfassungsgesetz mit Wahlordnung. Stuttgart/Berlin/Köln/Mainz 1972.

Freund, Ferdinand: Begriff und Erscheinungsformen, grundsätzliche Zulässigkeit und Grenzen der Rechtmäßigkeit von Sympathieaussperrungen. Rechtswiss. Diss. Tübingen 1969.

Frey, August-Wilhelm: Die Rechtsstellung des Arbeitsdirektors auf Unternehmens- und Verbandsebene. Rechtswiss. Diss. Köln 1960.

Gaber, Rolf: Die Bedeutung des Solidaritätsprinzips für die Verteilung des Betriebsrisikos im Arbeitskampf. Rechtswiss. Diss. Köln 1962.

Galperin, Hans: Das Betriebsverfassungsgesetz 1972. Leitfaden für die Praxis. Heidelberg 1972.

— Führungskräfte brauchen eigene Repräsentanz. In: Der leitende Angestellte 1971, Heft 7, S. 3 - 8.

— Sozialadäquanz und Arbeitskampfordnung. In: Festschrift für Hans Carl Nipperdey zum 70. Geburtstag. Hrsg. von Rolf Dietz und Heinz Hübner. Band II. München und Berlin 1965. S. 197 - 220.

Galperin, Hans und Wolfgang *Siebert:* Kommentar zum Betriebsverfassungsgesetz, 4. Aufl. Heidelberg 1963.

Gamillscheg, Franz: Arbeitsrecht (Prüfe Dein Wissen, Heft 14). 3. Aufl. München 1973.

— Die Solidarität als Rechtsbegriff. In: Festschrift für Erich Fechner. Tübingen 1973. S. 135 - 153.

Gaul, Dieter: Zur Kennzeichnung des leitenden Angestellten. In: DB 1961, 271 - 274.

Geib, Heinz-Jürgen: Begriff, Formen und Zulässigkeit des Sympathiearbeitskampfes unter besonderer Berücksichtigung des Begriffs und der Formen der Solidarität und unter Einschluß des Begriffs und der Zulässigkeit des Hilfsarbeitskampfes. Rechtswiss. Diss. Frankfurt a. M. 1971.

Geitner, Dirk: Zur Zulässigkeit der Gründung von Sprecherausschüssen für leitende Angestellte. In: DB 1973, 280 - 284.

Gelder, Alfons van und Wolfgang *Leinemann:* Die Streikbeteiligung des organisierten und des nichtorganisierten Arbeitnehmers. In: AuR 1970, 1 - 8.

Gitter, Wolfgang: Probleme des Arbeitskampfes in supranationaler, internationaler und international-privatrechtlicher Sicht. In: ZfA 1971, 127 - 150.

Gnade, Albert: Die Einigungsstelle nach dem neuen Betriebsverfassungsgesetz. In: AuR 1973, 43 - 48.

Gnade, Albert, Karl *Kehrmann* und Wolfgang *Schneider:* Betriebsverfassungsgesetz. Kommentar für die Praxis. Köln 1972.

Göbel, Jürgen: Das neue Betriebsverfassungsrecht (III). In: BlStSozArbR 1972, 45 - 48.

Grote, Hermann: Der Streik. Taktik und Strategie. Köln 1952.

Grüll, Ferdinand: Die leitenden Angestellten im neuen Betriebsverfassungsrecht. In: RdA 1972, 171 - 177.

— Leitender Angestellter im Sinne des § 5 Abs. 3 Nr. 3 BetrVG. Eine Stellungnahme zum Beschluß des BAG vom 5. 3. 1974 — 1 ABR 19/73. In: BB 1974, 653 - 655.

— (Hrsg..): Handbuch für Leitende Angestellte. Band 1. Heidelberg 1962.

Gumpert, Jobst: Aufhebung der Versicherungspflichtgrenze und Begriff des leitenden Angestellten. In: BB 1967, 925 - 927.

Haberkorn, Kurt: Zum Begriff des „Leitenden Angestellten" im Arbeitskampfrecht. In: MuA 1965, 204 - 206.

Hacker, Eleonore: Das Verhältnis von Sittenwidrigkeit und sozialer Inadäquanz bei Arbeitskämpfen. Rechtswiss. Diss. Köln 1963.

Hamann, Andreas und Helmut *Lenz:* Das Grundgesetz für die Bundesrepublik Deutschland vom 23. Mai 1949. 3. Aufl. Neuwied und Berlin 1970.

Hanau, Peter und Klaus *Adomeit:* Arbeitsrecht. 3. Aufl. Frankfurt a. M. 1974.

Hartfiel, Günther: „Leitende Angestellte" — leidende Angestellte in der Betriebsverfassung? In: Gewerkschaftliche Monatshefte (GMH) 1972, 9 - 19.

Hartje, Jürgen: Der Sympathiearbeitskampf. Begriff und Zulässigkeit. Rechtswiss. Diss. Freiburg i. Br. 1971.

Hartmann, Heinz: Soziallage und Interessenvertretung der Leitenden. In: ArbSozPol 1972, 91 - 101.

Hartmann, Heinz und Erika *Bock-Rosenthal:* Leitende Angestellte befürworten die Mitbestimmung ihrer Interessen. In: F.A.Z. vom 1. Dezember 1972, Wirtschaftsblatt, S. 19.

Hartmann, Heinz, Erika *Bock-Rosenthal* und Elvira *Helmer:* Leitende Angestellte. Selbstverständnis und kollektive Forderungen. Ergebnisse einer empirischen Untersuchung. Neuwied und Berlin 1973.

Hartung, Otto: Der Streik. Sein Begriff, seine Arten und die Voraussetzungen seiner Rechtmäßigkeit. Rechtswiss. Diss. Halle 1934.

Haßkamp, Peter: Schadenersatzverpflichtung einzelner Arbeitnehmer beim Streik. Rechtswiss. Diss. Köln 1966.

Haupt, Volkmar: Begriff, Erscheinungsformen, Rechtsnatur und Grenzen der Zulässigkeit des Sympathiestreiks. Rechtswiss. Diss. Köln 1966.

Herrmann, Harald: Leitende Angestellte im Sinne einer neuen Verfassung des Unternehmens. In: BB 1974, 934 - 939.

Herschel, Wilhelm: Anmerkung zu LAG Frankfurt a. M., Urt. v. 22. 4. 1969 — 5 Sa 627/68, AP Nr. 40 zu Art. 9 GG Arbeitskampf. In: AuR 1970, 352.

— Tariffähigkeit und Tarifmacht. Mannheim/Berlin/Leipzig 1932.

— Tariffähigkeit und Unabhängigkeit. In: JZ 1965, 81 - 86.

Hertel, Joachim: Der Arbeitskampf im Spiegel der Rechtsordnung. Sonderdruck aus „WMZ" Nr. 4 und 5, 1962. Neustadt/Weinstr. 1962.

Höfchen, C.: Begriffsbestimmung und arbeitsrechtliche Stellung des „leitenden Angestellten". In: ArbR 1921, S. 277 - 283.

Hoeniger, Heinrich: Einige Gedanken zum Recht des Arbeitskampfes. In: RdA 1953, 204 - 211.

Hoffmann, Dietrich: Der Beschluß des Bundesarbeitsgerichtes zum Begriff des leitenden Angestellten. In: NJW 1974, 1161 - 1166.

Hoffmann, Rudolf: Leitende Angestellte in der Betriebsverfassung — Zwischenbilanz und Ausblick —. In: RdA 1975, 119 - 121.

Hohenester, Hermann: Die Grenzen der Streikfreiheit im Hinblick auf die Arbeitsniederlegung als solche. Rechtswiss. Diss. München 1956.

Huber, Ernst Rudolf: Wirtschaftsverwaltungsrecht. 2. Bd. 2. Aufl. Tübingen 1954.

Hueck, Alfred: Zum Begriff des leitenden Angestellten im Sinne des § 4 Abs. 2 Buchstabe c BetrVG. In: RdA 1953, 441 - 447 = Die Union 1954, 2 - 8.

Hueck, Alfred und Hans Carl *Nipperdey:* Lehrbuch des Arbeitsrechts. 7. Aufl. 1. Bd. von A. Hueck. Berlin und Frankfurt a. M. 1963. 2. Bd., 1. Halbbd. von Hans Carl Nipperdey. Berlin und Frankfurt a. M. 1967. 2. Bd., 2. Halbbd. von Hans Carl Nipperdey unter Mitarbeit von Franz-Jürgen Säcker. Berlin und Frankfurt a. M. 1970.

Hueck, Alfred, Hans Carl *Nipperdey* und Ernst *Tophoven:* Tarifvertragsgesetz mit Durchführungs- und Nebenvorschriften. 4. Aufl. von Eugen Stahlhacke. München und Berlin 1964.

Isele, Hellmut Georg: Grundfragen der Aussperrung. In: JuS 1964, 41 - 46.

— Zur Problematik des Streiks in Versorgungsbetrieben. In: Festschrift für Ludwig Schnorr von Carolsfeld zum 70. Geburtstag 26. Januar 1973. Hrsg. von Heinrich Hubmann und Heinz Hübner. Köln/Berlin/Bonn/München 1972. S. 219 - 234.

Jacobi, Erwin: Grundlehren des Arbeitsrechts. Leipzig 1927.

Janert, Wolf-Rüdiger: Leitende Angestellte i. S. von § 5 Abs. 3 BetrVG. In: DB 1974, 286 - 288.

— Dezimierung der leitenden Angestellten durch das BAG? In: DB 1974, 1237 - 1238.

Jülicher, Friedrich: Die Neutralität der Bundesanstalt für Arbeit bei Arbeitskämpfen (1). In: DB 1973, 720 - 724.

Kaiser, Hermann D.: Zur Entscheidungsbefugnis des Personalleiters. In: BB 1974, 792 - 794.

Kaiser, Joseph H.: Der politische Streik. 2. Aufl. Berlin 1959.

Kaskel, Walter und Hermann *Dersch:* Arbeitsrecht. 5. Aufl. Berlin/Göttingen/Heidelberg 1957.

Kehrmann, Karl und Wolfgang *Schneider:* Die Betriebsratswahl. In: BlStSozArbR 1972, 81 - 86.

Kettner, Hans-Joachim: Sympathiestreiks im überstaatlichen Raum. In: Der Arbeitgeber 1959, 445 - 446.

Kleine, Gisela: Pressekonferenz des Bundesarbeitsgerichts zur Rechtsproblematik des leitenden Angestellten. In: Der leitende Angestellte 1966, 163 - 166.

— Sind Stabsangestellte leitende Angestellte? In: Der leitende Angestellte 1973, 114 - 117.

Koch, Jürgen R.: Wer gilt nach § 4 Abs. 2 c des Betriebsverfassungsgesetzes nicht als Arbeitnehmer? In: BB 1953, 265 - 266.

Konzen, Horst: Übernahme und Unterstützung wilder Streiks durch Gewerkschaften — zugleich ein Beitrag zur Theorie vom einheitlichen Streikgeschehen —. In: ZfA 1970, 159 - 195.

Kraft, Alfons: Anmerkung zu BAG, Beschluß v. 5. 3. 1974 — 1 ABR 19/73, AP Nr. 1 zu § 5 BetrVG 1972. In: EzA § 5 BetrVG 1972, Nr. 7.

— Das sogenannte einheitliche Geschehen des Streiks und seine Rechtswidrigkeit. In: RdA 1968, 434 - 437.

Krasnitzky, Norbert J.: Die Lehre vom Betriebsrisiko. Eine ökonomisch orientierte Kritik juristisch-ökonomischer Argumente. Rechtswiss. Diss. Frankfurt a. M. 1971.

Kunze, Otto: Streikbereitschaft als Voraussetzung der Tariffähigkeit. In: BB 1964, 1311 - 1316.

Larenz, Karl: Methodenlehre der Rechtswissenschaft. 3. Aufl. Berlin/Heidelberg/New York 1975.

— Allgemeiner Teil des deutschen Bürgerlichen Rechts. 3. Aufl. München 1975.

Lauschke, Gerhard: Die Notarbeiten im Arbeitskampf unter besonderer Berücksichtigung der Rechtsprechung. Rechtswiss. Diss. Köln 1967.

— Die Notarbeiten im Arbeitskampf als kollektivrechtliche Maßnahme. In: DB 1970, 1175 - 1180.

Leinemann, Wolfgang: Erhaltungsarbeiten nach Beginn eines Arbeitskampfes und Arbeitsverhältnis. In: DB 1971, 2309 - 2315.

Lerche, Peter: Verfassungsrechtliche Zentralfragen des Arbeitskampfes — zum hessischen Aussperrungsverbot —. Bad Homburg v. d. H. / Berlin / Zürich 1968.

Lieb, Manfred und Stefan *Westhoff:* Voraussetzungen und Abgrenzung von richterlicher Inhaltskontrolle und Rechtsfortbildung. In: DB 1973, 69 - 76.

Löwisch, Manfred: Zur Frage des Anspruchs auf Arbeitsentgelt bei Betriebsstörungen infolge von Arbeitskämpfen. In: DB 1963, 899 - 901.

— Mitbestimmung und Arbeitsverhältnis. In: Böhm, Franz / Briefs, Goetz (Hrsg.): Mitbestimmung — Ordnungselement oder politischer Kompromiß. Stuttgart 1971. S. 131 - 157.

— Probleme der Zulässigkeit von Sympathiestreik und Sympathieaussperrung. In: RdA 1962, 314 - 317.

— Gewollte Tarifunfähigkeit im modernen Kollektivarbeitsrecht. In: ZfA 1974, 29 - 45.

— Die Voraussetzungen der Tariffähigkeit. In: ZfA 1970, 295 - 318.

Mangoldt, Hermann von und Friedrich *Klein:* Das Bonner Grundgesetz. Band II. 2. Aufl. Berlin und Frankfurt a. M. 1964.

Maschke, Richard: Boykott, Sperre und Aussperrung. Jena 1911.

Materialien zum Bericht zur Lage der Nation. Hrsg. vom Bundesministerium für innerdeutsche Beziehungen. Berlin 1974. (= Bundestags-Drucksache 7/2423).

Maunz, Theodor, Günter *Dürig* und Roman *Herzog:* Grundgesetz. Kommentar. 4. Aufl. München 1974.

Mayer-Maly, Theo: Der leitende Angestellte im österreichischen Recht. In: Zeitschrift für Arbeitsrecht und Sozialrecht 1974, 203 - 209.

— Anmerkung zu BAG, Beschluß v. 9. 7. 1968 — 1 ABR 2/67. In: AP Nr. 25 zu § 2 TVG.

— Besprechung von Promberger, Arbeitskampf und Einzelvertrag. In: RdA 1969, 89.

— Gedanken zur Entwicklung der Abgrenzung der leitenden Angestellten. In: BB 1974, 1124 - 1127.

— Der Verhandlungsanspruch tariffähiger Verbände. In: RdA 1966, 201 - 207.

Mayer-Maly, Theo und Hans Carl *Nipperdey:* Risikoverteilung in mittelbar von rechtmäßigen Arbeitskämpfen betroffenen Betrieben. Tübingen 1965.

Meenzen, Hans: Leitende Angestellte: Die dritte Kraft formiert sich. Stuttgart 1973.

Mellerowicz, Konrad: Allgemeine Betriebswirtschaftslehre. 4. Bd. 12. Aufl. Berlin 1968.

Mertens, Hans-Joachim: Über politische Argumente in der verfassungsrechtlichen Diskussion der paritätischen Mitbestimmung. In: RdA 1975, 89 - 99.

Monjau, Herbert: Der leitende Angestellte im deutschen Arbeitsrecht. In: Der leitende Angestellte 1967, 22 - 29.

Müller, Gerhard: Der Leitende Angestellte der § 5 Abs. 3 Nr. 3 BetrVG 1972 in der bisherigen Rechtsprechung des Bundesarbeitsgerichts. In: RdA 1975, 63 - 68.

— Der Arbeitskampf als Rechtsinstitution — Gedanken zum Arbeitskampfrecht in der Bundesrepublik Deutschland. In: AuR 1972, 1 - 9.

— Einflüsse des kollektiven Arbeitsrechts auf das Arbeitsverhältnis. In: DB 1967, 903 - 909 und DB 1967, 948 - 950.

— Die Entscheidung des Bundesarbeitsgerichts der Bundesrepublik Deutschland vom 5. März 1974 zur Frage der leitenden Angestellten. In: Festschrift für Professor Brun, Lyon 1975. (Dem Verf. lag nur ein maschinenschriftliches Manuskript vor).

— Fragen zum Arbeitskampfrecht nach dem Beschluß des Großen Senats des Bundesarbeitsgerichts vom 21. April 1971. In: Gewerkschaftliche Monatshefte (GMH) 1972, 273 - 286.

— Gedanken zum Entwurf des Mitbestimmungsgesetzes (MitbestG). In: DB 1975, 205 - 210 und DB 1975, 253 - 259.

— Gedanken zum Koalitionsrecht. In: 1950 - 1970. Zwanzig Jahre Verband Oberer Angestellter der Eisen- und Stahlindustrie e. V. S. 48 - 73.

— Gedanken zur Rechtsstellung des leitenden Angestellten. In: Bergfreiheit. Zeitschrift für Führungskräfte in der Bergbau-, Mineralöl- und Kraftwirtschaft, 1969, 133 - 151.

— Jahresbericht des Bundesarbeitsgerichts für 1971. In: BABl 1972, 641 - 651.

Müller, Gerhard: Die Koalitionen in der Rechtsordnung der Bundesrepublik Deutschland. Gedanken zu einem Kernbereich des kollektiven Arbeitsrechts. In: Juristen-Jahrbuch Bd. 10 (1969/70). S. 125 - 156.

— Streik und Aussperrung in der Rechtsprechung des Deutschen Bundesarbeitsgerichts. In: Arbeitskonflikte und Arbeitskampf. Auswirkungen und Berechtigungen von Arbeitskonflikten. Hrsg. von der Internationalen Stiftung Humanum, Band 6. Köln 1973. S. 63 - 91.

Müller, Rolf: Die Verbände der leitenden Angestellten in der Bundesrepublik Deutschland. Entwicklung — Aufbau — Aufgaben. Wirtschaftswiss. Diss. Köln 1966.

Münch, Ingo von (Hrsg.): Grundgesetz. Kommentar. 1. Bd. (Präambel bis Art. 20). Frankfurt a. M. 1974.

— Besonderes Verwaltungsrecht. 3. Aufl. Frankfurt a. M. 1972.

Neumann-Duesberg, Horst: Betriebsverfassungsrecht. Ein Lehrbuch. Berlin 1960.

Niese, Werner: Streik und Strafrecht. Tübingen 1954.

Nikisch, Arthur: Arbeitsrecht. 1. Bd.: Allgemeine Lehren und Arbeitsvertragsrecht. 3. Aufl. Tübingen 1961. 2. Bd.: Koalitionsrecht, Arbeitskampfrecht und Tarifvertragsrecht. 2. Aufl. Tübingen 1959.

Nipperdey, Hans Carl: Die betrieblichen Arbeitsbedingungen des § 56 Betriebsverfassungsgesetz. In: RdA 1968, 450 - 452.

— Das Erfordernis der Gegnerfreiheit bei Koalitionen, namentlich im öffentlichen Dienst. In: Festschrift für Philipp Möhring. München und Berlin 1965. S. 87 - 113.

— Die Ersatzansprüche für die Schäden, die durch den von den Gewerkschaften gegen das geplante Betriebsverfassungsgesetz geführten Zeitungsstreik vom 27. - 29. Mai 1952 entstanden sind. Köln 1953.

— Zur Frage des Boykotts der „billigen Flaggen". In: Staat und Gesellschaft. Festgabe für Günther Küchenhoff zum 60. Geburtstag am 21. August 1967. Hrsg. von Franz Mayer. Göttingen 1967. S. 133 - 154.

Nipperdey, Hans Carl und Franz-Jürgen *Säcker:* Geschichtliche Entwicklung, Begriff und Rechtsstellung der Berufsverbände. In: Arbeitsrecht-Blattei, D Berufsverbände I, I Entwicklung, Begriff, Rechtsstellung (1970).

Nipperdey, Hans Carl und Franz-Jürgen *Säcker:* Die Tariffähigkeit und die Tarifzuständigkeit. In: Arbeitsrecht-Blattei, D Tarifvertrag II A, II Abschluß, A Tariffähigkeit und Tarifzuständigkeit.

Oertmann, Paul: Zur Lehre vom Sympathiestreik. In: Zentralblatt für Handelsrecht (ZfHR) 1928, 48 - 52.

Osswald, Richard: Der Streik und die ihm durch das Strafrecht gezogenen Grenzen. Köln 1954.

Pernthaler, Peter: Qualifizierte Mitbestimmung und Verfassungsrecht. Berlin 1972.

Pfarr, Heide M. und Michael *Kittner:* Solidarität im Arbeitsrecht. In: RdA 1974, 284 - 295.

Potthoff, Heinz: Die leitenden Angestellten im künftigen Arbeitsrechte. In: ArbR 1922, Sp. 145 - 158.

— Nachwort zu Höfchen, Begriffsbestimmung und arbeitsrechtliche Stellung des „leitenden Angestellten". In: ArbR 1921, S. 282 - 283.

Promberger, Günter: Arbeitskampf und Einzelarbeitsvertrag. Eine vergleichende Untersuchung ihres Verhältnisses zueinander nach dem deutschen Recht und dem Recht der Vereinigten Staaten von Amerika. München 1967.

Raatz, Günter: Personalleitung und Betriebsverfassung. In: DB 1972, Beilage Nr. 1 zu Heft Nr. 1.

Ramm, Thilo: Der Arbeitskampf und die Gesellschaftsordnung des Grundgesetzes. Beitrag zu einer Verfassungslehre. Stuttgart 1965.

— Koalitionsbegriff und Tariffähigkeit — BVerfGE 18, 18. In: JuS 1966, 223 - 230.

— Der nichtgewerkschaftliche Streik. In: AuR 1971, 65 - 78 und 97 - 107.

Reichel, Hans: Rechtsfragen zur Tariffähigkeit. In: RdA 1972, 143 - 152.

Reuss, Wilhelm: Arbeitskampfbereitschaft als Voraussetzung der Tarifhoheit. Zum Beschluß des BAG vom 19. 1. 1962 und zum Urteil des BVerfG vom 6. 5. 1964. In: RdA 1964, 362 - 368.

— Die Bedeutung der „Mächtigkeit" von Verbänden im kollektiven Arbeitsrecht. In: RdA 1972, 4 - 8.

— Einige Gedanken zur Beschränkung der Arbeitskampffreiheit. In: Recht im Wandel. Festschraft Hundertfünfzig Jahre Carl Heymanns Verlag KG. Köln/Berlin/Bonn/München 1965. S. 253 - 269.

— Die Stellung der Koalitionen in der geltenden Rechtsordnung. In: Das Arbeitsrecht der Gegenwart. Bd. 1. 1964. S. 144 - 163.

Richardi, Reinhard: Aussperrung und Arbeitsverhältnis. In: RdA 1970, 65 - 73.

— Der Beschluß des Großen Senats des Bundesarbeitsgerichts vom 21. April 1971. In: RdA 1971, 334 - 346.

— Kollektivgewalt und Individualwille bei der Gestaltung des Arbeitsverhältnisses. München 1968.

Rippe, Wolfgang: Stab oder Linie oder beides nicht? In: Analysen. Zeitschrift zur Wissenschafts- und Berufspraxis, September 1971 (Heft Nr. 7), 22 - 23.

Roscher, Falk: Paritätische Mitbestimmung, Gegnerunabhängigkeit und Art. 9 Abs. 3 GG. In: RdA 1972, 279 - 282.

Rose, Gunter: Zum Streit um die Begriffsbestimmung des „leitenden Angestellten" nach § 5 Abs. 3 BetrVG 1972. In: AuR 1972, 309 - 317.

Rüthers, Bernd: Arbeitsrecht und politisches System. Frankfurt a. M. 1973.

— Ein hochpolitisches BAG-Urteil. Erhebliche Unsicherheiten über Definition der leitenden Angestellten. In: Handelsblatt vom 11. Juni 1974, S. 3.

— Gesetzesanwendung oder Rechtspolitik? Bemerkungen zum Beschluß des BAG vom 5. 3. 1974 über die Definition der „leitenden Angestellten" in der Betriebsverfassung. In: JZ 1974, 625 - 629.

— Zur Kampfparität im Arbeitskampfrecht. In: JurA 1970, 85 - 111.

— Zur Rechtmäßigkeit von Sympathiearbeitskämpfen. In: BB 1964, 312 - 315.

— Institutionelles Rechtsdenken im Wandel der Verfassungsepochen. Bad Homburg v. d. H. / Berlin / Zürich 1970.

— Rechtsprobleme betrieblicher Sondervertretungen für leitende Angestellte. In: BB 1972, 1105 - 1110.

— Rechtsprobleme des betriebsbezogenen wilden Streiks. In: JZ 1970, 625 - 632.

— Rechtsprobleme des „tarifbezogenen" wilden Streiks. In: DB 1970, 2120 bis 2129.

Rüthers, Bernd: Solidaritätsprinzip und Vertragstreue im Arbeitskampf — zur Rechtmäßigkeit der Verweigerung von Streikbrecherarbeiten —. In: ZfA 1972, 403 - 440.

— Die Spannung zwischen individualrechtlichen und kollektivrechtlichen Wertmaßstäben im Arbeitskampfrecht. In: AuR 1967, 129 - 138.

— Tarifautonomie und gerichtliche Zwangsschlichtung. Konstanz 1973.

Rüthers, Bernd und Heinrich Meinhard *Stindt:* Der Kreis der leitenden Angestellten in der neuen Betriebsverfassung. In: BB 1972, 973 - 978.

Rüthers, Bernd und Theodor *Tomandl:* Aktuelle Fragen des Arbeitsrechts. Paderborn 1972.

Säcker, Franz-Jürgen: Gewerkschaften und wilder Streik. In: BB 1971, 962 bis 967.

— Grundprobleme der kollektiven Koalitionsfreiheit. Düsseldorf 1969.

— Gruppenautonomie und Übermachtkontrolle im Arbeitsrecht. Berlin 1972.

— Gruppenparität und Staatsneutralität als verfassungsrechtliche Grundprinzipien des Arbeitskampfrechts. Eine arbeits- und sozialrechtliche Untersuchung zu § 116 des Arbeitsförderungsgesetzes vom 25. Juni 1969. Heidelberg 1974.

— Die Mitbestimmung im Unternehmen im Meinungsstreit. In: DRdA 1973, 89 - 97.

— Die Rechtsstellung der leitenden Angestellten im kollektiven Arbeitsrecht. In: BB 1972, 1197 - 1201.

— Streikhilfeabkommen und Kartellrecht. In: ZHR 137 (1973), 455 - 481.

— Die Tariffähigkeit und die Tarifzuständigkeit. In: Arbeitsrecht-Blattei. Handbuch für die Praxis. D Tarifvertrag II A, II Abschluß, A Tariffähigkeit und Tarifzuständigkeit (1970).

Sahmer, Heinz: Betriebsverfassungsgesetz. 1974.

Schäfer, Hermann: Zur Begriffsbestimmung des „leitenden Angestellten“. In: ArbR 1920, S. 188 - 190.

Schaub, Günter: Arbeitsrechtshandbuch. 2. Aufl. München 1975.

Schell, Heinz: Notdienstarbeiten im Streik. In: BB 1969, 1179 - 1181.

Schimetschek, Bruno: Die arbeitsrechtliche Stellung des leitenden Angestellten. In: Im Dienste der Sozialreform. Festschrift für Karl Kummer. Wien 1965. S. 313 - 322.

Schippel, Helmut: Das Recht am eingerichteten und ausgeübten Gewerbebetrieb. München/Köln/Berlin 1956.

Schmid, Hans Dieter: Arbeitskampf und Notstand aus der Sicht des Art. 9 Abs. 3 S. 3 GG. Berlin 1972.

Schnorbusch, Anton: Die Stellung des leitenden Angestellten im Arbeitsrecht. Rechtswiss. Diss. Köln 1929.

Schnorr von Carolsfeld, Ludwig: Arbeitsrecht. 2. Aufl. Göttingen 1954.

Schoeneberg, Thomas: Der Begriff des leitenden Angestellten im Betriebsverfassungsgesetz 1972. Rechtswiss. Diss. Hamburg 1974.

Scholz, Rupert: Arbeitsverfassung und Richterrecht. In: DB 1972, 1771 - 1780.

— Die Koalitionsfreiheit als Verfassungsproblem. München 1971.

— Paritätische Mitbestimmung und Grundgesetz. Verfassungsrechtliche Fragen zur gesetzlichen Einführung der paritätischen Unternehmensmitbestimmung. Berlin 1974.

Schwarz, Horst: Arbeitsplatzbeschreibungen, 2. Aufl. Freiburg i. Br. 1968.

Schwerdtfeger, Gunther: Arbeitslosenversicherung und Arbeitskampf. Neue Aspekte zum unbestimmten Gesetzesbegriff. Berlin 1974.

— Unternehmerische Mitbestimmung der Arbeitnehmer und Grundgesetz. Frankfurt a. M. 1972.

Seeler, Hans-Joachim: Der Arbeitskampf in der deutschen und ausländischen Gesetzgebung. Frankfurt a. M. / Berlin 1958.

Siebrecht, Fritz: Das Recht im Arbeitskampf. 3. Aufl. Köln 1964.

Söllner, Alfred: Arbeitsrecht. 4. Aufl. Stuttgart/Berlin/Köln/Mainz 1974.

Stadler, Hubert: Sympathie — Arbeitskampf. In: BB 1967, 719 - 723.

Steffens, Friedhelm: Institution und Funktion der Sprecherausschüsse der leitenden Angestellten im Betrieb und Unternehmen. Rechtswiss. Diss. Berlin 1973.

Stege, Dieter und F. K. *Weinspach:* Betriebsverfassungsgesetz 1972. Handbuch für die betriebliche Praxis. Köln 1972.

Stein/Jonas: Kommentar zur Zivilprozeßordnung. 19. Aufl. Bearbeitet seit 1953 von Rudolf Pohle. Bd. 1. Tübingen 1972.

Steindorff, Ernst: Mitbestimmung durch leitende Angestellte? In: AuR 1973, 97 - 105.

Steinert, Joachim: Notstands- und Streikarbeit bei Arbeitskämpfen. Rechtswiss. Diss. Köln 1968.

Steinmann, Georg: Zum Begriff des leitenden Angestellten im Sinne des § 4 Abs. 2 Buchstabe c BetrVG (Betriebsverfassungsgesetz) insbesondere zum Begriff des leitenden Angestellten in Vertrauensstellung. In: BABl 1953, 399 - 403.

Stephan, Günter: Führungskräfte aus der Sicht der Gewerkschaften. In: Das Mitbestimmungsgespräch 1972, 217 - 220.

Stinglwagner, Friedrich: Tariffähigkeit und Arbeitskampfbereitschaft. Rechtswiss. Diss. Köln 1966.

Strasser, Rudolf und Rudolf *Reischauer:* Der Arbeitskampf. Eine rechtsdogmatische und rechtspolitische Studie. Wien 1972.

Sturzenhecker, Werner: Der leitende Angestellte in Theorie und Praxis — Eine Studie zum Begriff des leitenden Angestellten —. Wirtschaftswiss. Diss. Münster 1965.

Tillmann, Wolfgang: Politischer Streik und Verfassung. Bonn 1958.

Tomandl, Theodor: Streik und Aussperrung als Mittel des Arbeitskampfes. Wien / New York 1965.

Totschek, Carl: Der Begriff des leitenden Angestellten. Rechtswiss. Diss. Leipzig 1932.

Trinkhaus, Hans: Der leitende Angestellte. In: Arbeitsrecht-Blattei. Handbuch für die Praxis. D Angestellter II, II Leitende Angestellte (1968).

— Aktuelle Probleme des Rechts der leitenden Angestellten. In: DB 1968, 1756 - 1761 und DB 1968, 1813 - 1816.

Ule, Carl Hermann: Verwaltungsprozeßrecht. 5. Aufl. München 1971.

Weber, Werner: Koalitionsfreiheit und Tarifautonomie als Verfassungsproblem. Berlin 1965.

Weber, Werner: Die Sozialpartner in der Verfassungsordnung. In: Göttinger Festschrift für das Oberlandesgericht Celle. Zum 250jährigen Bestehen des Oberlandesgerichts Celle.

Weiss, Manfred: Arbeitskampfbedingte Störungen in Drittbetrieben und Lohnanspruch der Arbeitnehmer. In: AuR 1974, 37 - 49.

Weitnauer, Hermann: Rechtmäßigkeit und rechtliche Folgen des „wilden" Streiks. In: DB 1970, 1639 - 1644 und DB 1970, 1687 - 1691.

Weyrich, J.: Wirtschaftsprüfer-Prokuristen als leitende Angestellte i. S. des BetrVG? In: BB 1953, 354.

Wiedemann, Herbert: Die „arbeitgeberähnlichen" leitenden Angestellten im Betriebsverfassungsrecht. In: RdA 1972, 210 - 217.

— Die deutschen Gewerkschaften — Mitgliederverband oder Berufsorgan? Gedanken zur Stellung der Gewerkschaften gegenüber der nichtorganisierten Arbeitnehmerschaft. In: RdA 1969, 321 - 336.

Wiegand, Dietrich: Der leitende Angestellte als Arbeitnehmer. Freiburg i. Br. 1972.

Willgerodt, Hans: Demokratisierung der Gesellschaft und die Freiheit des einzelnen. In: Böhm, Franz / Briefs, Goetz (Hrsg.): Mitbestimmung — Ordnungselement oder politischer Kompromiß. Stuttgart 1971. S. 9 - 29.

Witte, Eberhard und Rolf *Bronner:* Zur Abgrenzung der leitenden Angestellten. In: DB 74, 1233 - 1237.

Witte, Eberhard und Rolf *Bronner:* Die leitenden Angestellten. Eine empirische Untersuchung. München 1974.

Wittholz, Joachim: Wer gilt nicht als Arbeitnehmer im Sinne des Betriebsverfassungsgesetzes? In: AuR 1953, 111 - 113.

Wöhe, Günter: Einführung in die allgemeine Betriebswirtschaftslehre. 11. Aufl. München 1973.

Wolf, Ernst: Besprechung von Evers, Arbeitskampffreiheit, Neutralität, Waffengleichheit und Aussperrung. In: RdA 1970, 53 - 55.

Zöllner, Wolfgang: Zur Abgrenzung der leitenden Angestellten im Sinn des Betriebsverfassungsrechts, dargelegt am Beispiel der angestellten Wirtschaftsprüfer. In: Gedächtnisschrift für Rolf Dietz. Im Auftrag der Freunde und Schüler hrsg. von Götz Hueck und Reinhard Richardi. München 1973. S. 377 - 406.

— Arbeitsrecht und Politik. In: DB 1970, 54 - 62.

— Aussperrung und arbeitskampfrechtliche Parität. Düsseldorf 1974.

— (Hrsg.): Kölner Kommentar zum Aktiengesetz. Bearbeitet von Kurt H. Biedenkopf, Carsten P. Claussen, Gerd Geilen, Hans-Georg Koppensteiner, Alfons Kraft, Heinrich Kronstein, Marcus Lutter, Hans-Joachim Mertens, Wolfgang Zöllner. Köln/Berlin/Bonn/München 1970 ff.

Zöllner, Wolfgang und Hugo *Seiter:* Paritätische Mitbestimmung und Artikel 9 Abs. 3 Grundgesetz. In: ZfA 1970, 97 - 158.

FSC
www.fsc.org
MIX
Papier | Fördert gute Waldnutzung
FSC® C083411

Kolibri 360 GmbH
Ferdinand-Jühlke-Straße 7
99095 Erfurt, Deutschland
produktsicherheit@kolibri360.de

Druck:
CPI Druckdienstleistungen GmbH
im Auftrag der
Kolibri 360 GmbH
Ferdinand-Jühlke-Str. 7
99095 Erfurt